ÁMSTERDAM

ÁMSTERDAM

CONTENIDOS

DESCUBRE 6

EXPLORA 68

GUÍA ESENCIAL 220

Izquierda: Bicicleta amarrada en un puente al atardecer
Páginas anteriores: Montelbaanstoren vista desde el Oudeschans
Cubierta: Edificios con las típicas fachadas en el canal Damrak

DESCUBRE

Vista de Amsterdam al atardecer

BIENVENIDO A ÁMSTERDAM

Ámsterdam, con sus casas inclinadas, sus emblemáticos puentes y el brillo del agua en los canales, es una ciudad diferente y llena de contrastes: museos y arte callejero, cruceros y paseos en bicicleta, gastronomía holandesa y puestos de comida del mundo entero. Sea cual sea el viaje soñado, la Guía Visual de Ámsterdam es una estupenda fuente de inspiración.

1 Las luces del Barrio Rojo se reflejan en el canal.

2 Clientes de un *bruin café* en Jordaan.

3 Casas típicas al borde de uno de los canales.

En Ámsterdam se sienten con intensidad tanto el pasado como el presente. Se han preservado majestuosas mansiones del siglo XVII y almacenes del siglo XX se han transformado en peculiares centros de ocio.

El inmenso Rijksmuseum alberga a los viejos maestros justo al lado del Stedelijk Museum, con sus fantásticas instalaciones de arte contemporáneo. Tristemente célebre por la prostitución, la vida nocturna de Ámsterdam va mucho más allá del Barrio Rojo. Además de animados cafés junto a los canales, hay salas de conciertos de primera línea, como el vanguardista Muziekgebouw aan 't IJ.

Cerca de Ámsterdam hay pueblecitos de postal y localidades con un rico patrimonio histórico. Playas barridas por el viento, llanuras salpicadas de molinos y campos de tulipanes marcan el paisaje holandés. Las ciudades también tienen mucho que ofrecer: la ultramoderna Rotterdam y la histórica Haarlem, La Haya majestuosa y la relajada Leiden. Acogen museos de categoría mundial, como el Mauritshuis y el museo de la conejita Miffy en Utrecht.

Tal variedad de lugares puede abrumar. Por eso se ha dividido la ciudad en zonas fáciles de recorrer, con itinerarios detallados, información de expertos locales y planos exhaustivos para que la visita sea perfecta. Tanto si la estancia va a durar un fin de semana como una semana o más tiempo, esta Guía Visual está diseñada para que el viajero vea lo mejor de Ámsterdam. Solo queda disfrutar de la guía y disfrutar de Ámsterdam.

POR QUÉ VISITAR
ÁMSTERDAM

Es una preciosa ciudad, conocida por su vida nocturna, cuyos habitantes se desplazan en bicicleta y barco. Cada amsterdamés tiene sus propios motivos para amarla. He aquí algunas buenas razones para visitarla.

1 RIJKSMUSEUM

Pocas colecciones de arte pueden rivalizar con la genialidad que reúne el museo más famoso de Ámsterdam. *La ronda nocturna (p. 126),* de Rembrandt, es imprescindible.

UN PASEO EN BARCO POR LOS CANALES *2*

Permite admirar las fachadas únicas de las casas de los canales, mientras se exploran los anillos que forman estos bonitos canales *(p. 50).*

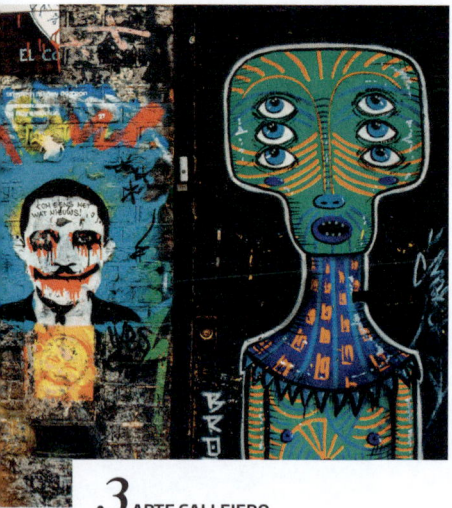

3 ARTE CALLEJERO

En muchas fachadas de la ciudad hay atrevidas obras de arte de grandes dimensiones, y siempre se pueden ver obras en estado puro, si se sabe dónde mirar, como estas de BRONIK e Ives.One *(p. 36).*

4 OUDE KERK

En la iglesia más antigua de la ciudad *(p. 92)* es posible sentir los siglos de devoción y ensimismarse con los reflejos de colores que producen las vidrieras del siglo XVI.

MUSEUM HET REMBRANDTHUIS 5

Este emotivo museo permite descubrir al verdadero hombre que había tras los lienzos. Casi es posible sentir la mano de Rembrandt en el hombro mientras se camina por la que fue su casa *(p. 96)*.

UNA CATA DE *JENEVER* 6

Es toda una experiencia saborear este antepasado de la ginebra a la cálida luz de un *proeflokaal*. En el siglo XVII, los clientes podían probar la intensa *jenever* en estas salas de cata antes de comprarla.

JOODS MUSEUM 7

Este conjunto de sinagogas permite apreciar la riqueza y magnitud del patrimonio judío de la ciudad *(p. 94)*.

BARES Y CAFÉS 8

Ámsterdam es una ciudad nocturna. Se puede disfrutar de una pinta en uno de los muchos cafés tradicionales o acudir directamente a las animadas terrazas que flanquean Leidseplein y Rembrandtplein.

9 COMIDA CALLEJERA EN EL ALBERT CUYPMARKT

En este mercado se puede probar de todo, desde los tradicionales *haring* (arenques) servidos con cebolla cruda y pepinillos, hasta platos de Asia, África, Sudamérica, Oriente Próximo y el Mediterráneo *(p. 147)*.

10 HET SCHEEPVAARTMUSEUM

El buque insignia de este fabuloso museo marítimo, que evoca la época en que los Países Bajos fueron una gran potencia, es el magnífico *Amsterdam*, réplica de un barco del siglo XVIII de la Compañía de las Indias Orientales *(p. 168)*.

EN BICICLETA POR NOORD 11

Un viaje a la capital neerlandesa no estaría completo sin disfrutar del pasatiempo nacional: la bicicleta. Se puede dar un paseo sobre dos ruedas por las calles grafiteadas de Noord e ir parando en sus originales bares y cafés *(p. 46)*.

VAN GOGH MUSEUM 12

En el templo del artista neerlandés *(p. 130)* el visitante queda maravillado ante los trazos dorados de *Los girasoles,* la perspectiva de vértigo de *La habitación* o el contraste de colores de *Lirios*.

ÁMSTERDAM
EN EL MAPA

Esta guía divide Ámsterdam en ocho zonas, cada una diferenciada con un color, como puede verse en el plano. En las páginas siguientes se amplía la información de cada zona. Más información sobre Noord-Holland, Zuid-Holland, Utrecht y Gelderland en *Fuera del centro (p. 184)*.

IJ Hallen

NDSM

Westerpark

EYE

A'DAM Toren

JORDAAN Y LAS ISLAS OCCIDENTALES
p. 154

NIEUWE ZIJDE
p. 70

Anne Frank Huis

Nieuwe Kerk

Oude Kerk

Koninklijk Paleis

Waag

Amsterdam Museum

Nationale Opera & Ballet

Begijnhof

ANILLO CENTRAL
p. 108

Melkweg

Internationaal Theater Amsterdam

Museum Van Loon

Magere Brug

Vondelkerk

Rijksmuseum

ANILLO ESTE
p. 140

Vondelpark

Van Gogh Museum

BARRIO DE LOS MUSEOS
p. 122

Concertgebouw

Sarphatipark

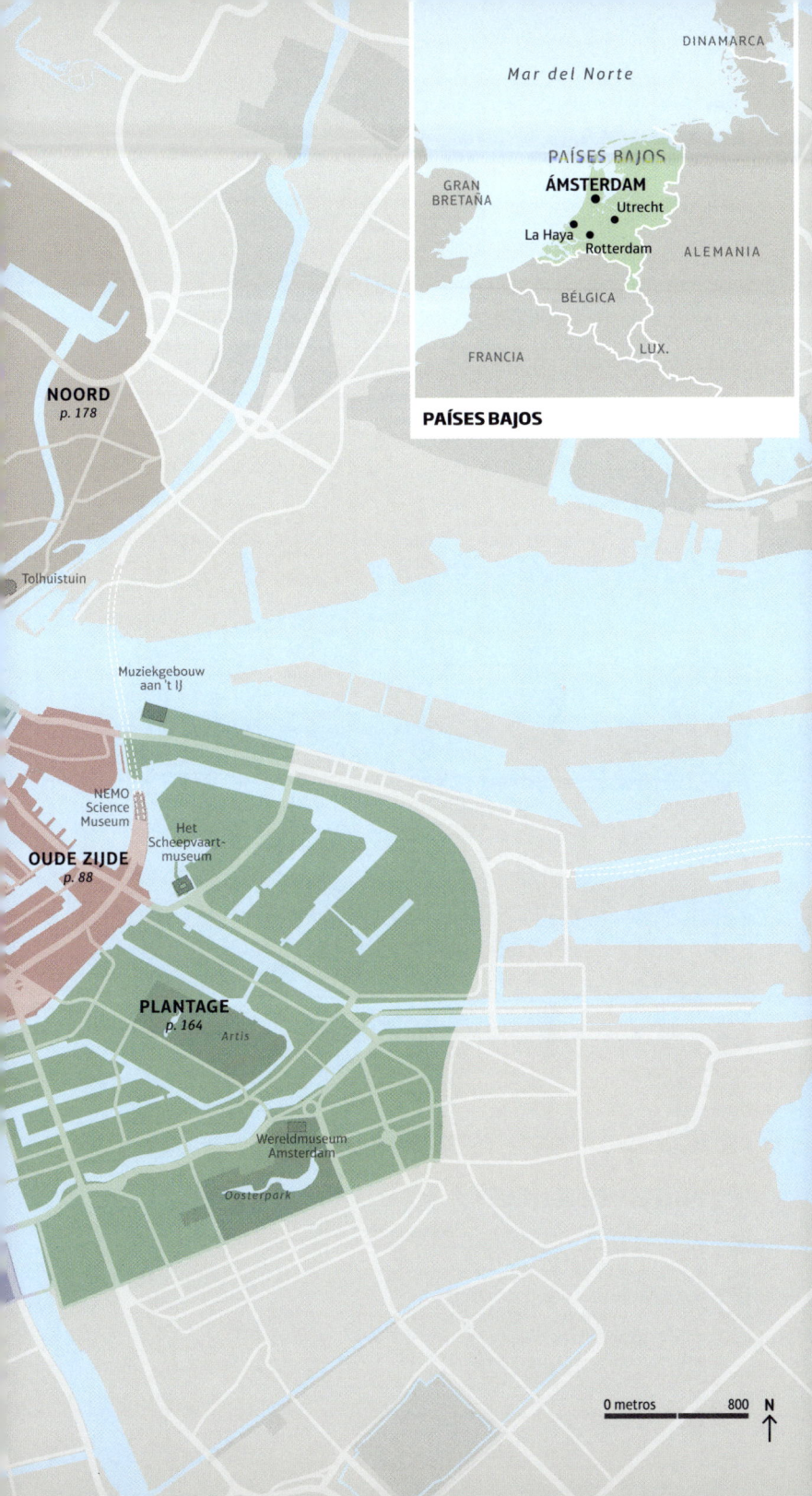

NOORD
p. 178

Tolhuistuin

Muziekgebouw
aan 't IJ

NEMO
Science
Museum

Het
Scheepvaart-
museum

OUDE ZIJDE
p. 88

PLANTAGE
p. 164

Artis

Wereldmuseum
Amsterdam

Oosterpark

DINAMARCA

Mar del Norte

PAÍSES BAJOS
ÁMSTERDAM
Utrecht
GRAN
BRETAÑA
La Haya
Rotterdam
ALEMANIA

BÉLGICA

FRANCIA
LUX.

PAÍSES BAJOS

0 metros   800   N

CONOCIENDO ÁMSTERDAM

La multitud de canales hace de Ámsterdam una ciudad única. Aunque el Grachtengordel -el anillo de canales que conforma la Oude Zijde y la Nieuwe Zijde- engloba la mayoría de los principales lugares de interés, queda mucho por descubrir más allá de sus aguas.

PÁGINA 70

NIEUWE ZIJDE

Hoteles, tiendas, bares y restaurantes se suceden en el barrio más turístico de Ámsterdam. En el centro, la plaza Dam es un hervidero de visitantes que se dirigen a los lugares de interés mientras los artistas callejeros tratan de llamar su atención. El sereno Begijnhof ofrece un oasis de calma en la Zona Nueva.

Lo mejor
Pasear por la zona

Qué ver
Amsterdam Museum, Nieuwe Kerk, Begijnhof, Museum Ons' Lieve Heer op Solder

Experiencias
Cata de jenever en un proeflokaal tradicional

PÁGINA 88

OUDE ZIJDE

La Zona Vieja está llena de contrastes: un barrio intensamente urbano donde conviven religión y pornografía. El resplandor de las luces del Barrio Rojo prácticamente baña las paredes de la Oude Kerk del siglo XIV, mientras el olor del incienso se mezcla con el aroma de la marihuana que flota por las calles.

Lo mejor
El patrimonio cultural

Qué ver
Oude Kerk, Museum Het Rembrandthuis, Joods Museum

Experiencias
El Zeedijk, la calle principal de Chinatown

PÁGINA 108

ANILLO CENTRAL

Curvándose entre el IJ y el Amstel como ondas concéntricas, los canales Singel, Herengracht, Keizersgracht y Prinsengracht definen el Anillo Central. En comparación con la estrecha Nieuwe Zijde, en esta parte de la ciudad la sensación de amplitud es mayor. Leidseplein, el eje principal, está lleno de cafés al aire libre, pero cuando de verdad cobra vida esta plaza es por la noche, cuando los bares con música en directo y discotecas atraen a multitud de visitantes y residentes. En verano, la fiesta se extiende por las calles de la orilla y esta zona es pura efervescencia.

Lo mejor
Travesías por el canal y paseos

Qué ver
Anne Frank Huis, Het Grachtenmuseum

Experiencias
Un paseo por los pintorescos canales de la zona a bordo de un hidropedal

→

BARRIO DE LOS MUSEOS

La Museumplein es para los amantes de la cultura la esencia de Ámsterdam. Tres museos de prestigio internacional y una de las mejores salas de conciertos del mundo se concentran en torno a un tranquilo espacio verde. Los visitantes acuden a hacer pícnics en la explanada, a admirar a los viejos maestros en el Rijksmuseum y a los modernos en el Stedelijk Museum, aunque la gran estrella es el Van Gogh Museum.

Lo mejor
Museos de arte de categoría mundial

Qué ver
Rijksmuseum, Van Gogh Museum, Stedelijk Museum

Experiencias
La variedad del arte expuesto en torno a la Museumplein, luego un pícnic en el Vondelpark

ANILLO ESTE

El canal Singel y el río Amstel delimitan este barrio, y Vijzelstraat y Vijzelgracht lo atraviesan por el centro. En el extremo norte de Vijzelstraat hay un lugar que gusta mucho a los visitantes: el Bloemenmarkt, con los puestos de flores flotantes. Al sur de Singelgracht –en la zona de De Pijp– el paisaje cambia. Una impactante arquitectura moderna reemplaza a las elegantes fachadas del siglo XVII de las casas de los canales. Este es el barrio más multicultural de Ámsterdam, en cuyo corazón está el Albert Cuypmarkt: el aire se llena de aromas irresistibles y llamadas de los vendedores.

Lo mejor
Museos originales y comida callejera multicultural

Qué ver
Museum Willet-Holthuysen, Foam, Museum Van Loon

Experiencias
La deliciosa variedad de comida callejera disponible en el Albert Cuypmarkt permite saborear la riqueza multicultural de los Países Bajos

JORDAAN Y LAS ISLAS OCCIDENTALES

La gentrificación se ha apoderado del antaño bohemio Jordaan. Las tabernas antiguas ya son minoría ante las *boutiques* y las galerías a la última. Los artistas bohemios, artesanos, actores y otras mentes creativas prefieren ahora las calles en torno al Westerpark. A pesar del repique de las campanas de la Westerkerk, aquí el ambiente es más hedonista que religioso, con multitud de bares, cafés, galerías y restaurantes al gusto de una clientela *hipster*.

Lo mejor
Originales tiendas y galerías

Qué ver
Hofjes y bruin cafés históricos

Experiencias
Una exposición de arte, un espectáculo de baile funky o un festival culinario en el animado complejo cultural Westergasfabriek

→

PLANTAGE

Al este del Amstel, esta península de avenidas arboladas y edificios del siglo XIX, impecablemente planificada, contrasta con las calles atestadas de la Oude Zijde, a tan solo una o dos manzanas de distancia. Alberga en el centro dos espacios verdes: el Artis –el zoo de la ciudad– y el Hortus Botanicus Amsterdam, con amplias zonas para que los niños disfruten. En el gentrificado Entrepotdok, los almacenes centenarios junto a la orilla se han convertido en viviendas de lujo. Donde confluyen las aguas del Nieuwevaart y el Oosterdok, permanece anclada una flotilla de barcos históricos.

Lo mejor
Un día al aire libre en familia

Qué ver
Het Scheepvaartmuseum, Wereldmuseum Amsterdam

Experiencias
Un concierto en el innovador auditorio Muziekgebouw aan 't IJ

NOORD

Este barrio fuera de lo convencional está a cinco minutos en ferri del centro, al otro lado del IJ. Noord es una zona portuaria revitalizada, con un ambiente joven, postindustrial. Las antiguas factorías y almacenes se han reconvertido en salas de espectáculos, talleres y galerías, restaurantes y hoteles *boutique*. El arte callejero da vida a edificios antes abandonados, los mercadillos animan las calles y los habitantes se relajan en las tumbonas de su playa artificial. La A'DAM Toren, de 100 m de alto, con sus discotecas de moda y su restaurante giratorio, es el emblema de la transformación del distrito.

Lo mejor
Cultura innovadora y vida nocturna

Qué ver
A'DAM Toren

Experiencias
Nuevos horizontes desde el columpio más alto de Europa en la A'DAM Toren

FUERA DEL CENTRO

A menos de una hora de Ámsterdam hay vibrantes y pintorescas localidades, grandes palacios y deslumbrantes campos de flores. Noord-Holland se extiende al norte de la ciudad, junto al mar del Norte, salpicada de bonitos pueblos pesqueros y enclaves históricos. Al sur se encuentra la heterogénea Zuid-Holland, con la futurista Rotterdam, La Haya y Delft, famosa por la cerámica. Las provincias de Utrecht y Gelderland, en el sureste, son conocidas por sus singulares vías fluviales repletas de cafés, restaurantes y bares, y por sus impresionantes paisajes.

Lo mejor
Visitas turísticas, paseos por los canales y exuberantes campos

Qué ver
Zuiderzeemuseum, Haarlem, campos de flores, Leiden, La Haya, Delft, Rotterdam, Utrecht, Paleis Het Loo

Experiencias
Un recorrido por los 30 km que separan Haarlem y Leiden, donde se encuentran los campos de flores

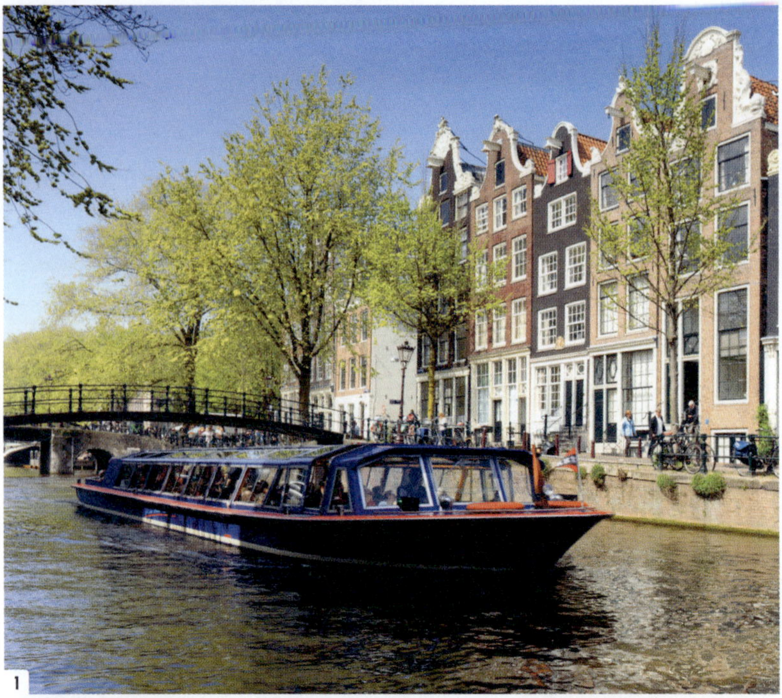

←

1 Crucero por los canales en *rondvaartboot*.

2 Un músico en Leidseplein.

3 El interior *art déco* del Café Americain.

4 Tulipanes a la venta en el Bloemenmarkt.

Ámsterdam es una ciudad compacta, con muchos lugares de interés y experiencias únicas. Aquí se sugieren algunos itinerarios para aprovechar la visita al máximo. Se pueden combinar para organizar un itinerario de una semana.

5 HORAS

Mañana

Tanto si llegas desde el aeropuerto como en tren, Centraal Station es la puerta de acceso ideal al corazón de esta vibrante ciudad. Históricamente, ha sido el agua lo que ha modelado Ámsterdam, así que lo suyo es que la primera toma de contacto la hagas en barco en vez de a pie. El Open Havenfront, delante de la estación, es ideal para que tomes un barco (p. 50). Entre las diversas opciones, están los barcos con múltiples paradas que conectan los principales museos si lo que deseas es hacer muchas visitas en un tiempo breve. Disfruta de una introducción más relajada a la ciudad y toma uno de los *rondvaartboten* con el techo de cristal, con rutas de entre 1 hora y 90 minutos, y comentarios multilingües que destacan la opulenta arquitectura del siglo XVII de los canales Herengracht, Prinsengracht y Keizersgracht, el esplendor de la Curva Dorada (p. 118) y los hitos más notables que puedes ver desde el agua. Pasas bajo la imponente torre de la Westerkerk (p. 117) y Munttoren (p. 82), así como por el bonito Bloemenmarkt flotante (p. 148).

Tarde

Después de hacerte una idea general de la ciudad, acude a Leidseplein –una plaza llena de artistas callejeros–, donde tienes muchos lugares agradables para comer. Siéntate en uno de los cafés al aire libre para disfrutar del espectáculo (p. 37). Puedes hacerlo en el cercano Café Americain (p. 117), con la fuente y los toldos de rayas. Si el clima no acompaña, el interior, con lámparas de cristal, no te defrauda en absoluto. Con el estómago lleno, sigue descubriendo lo mejor de la ciudad. Muchas empresas de cruceros por los canales ofrecen billetes combinados que te proporcionan acceso rápido al enorme Rijksmuseum (p. 126). *La ronda nocturna* de Rembrandt ocupa un lugar destacado en la Galería de Honor, pero si reservas una visita guiada por las obras más notables del Rijksmuseum puedes ver además otras maravillas, como *La novia judía* de Rembrandt, *El retrato de boda* y *El alegre bebedor* de Frans Hals y la serena luz de *La lechera* y *Mujer leyendo una carta* de Jan Vermeer. Un broche de oro para tu primer día en Ámsterdam.

←

1 El Joods Museum arroja luz sobre el pasado.

2 El Nationaal Monument domina la plaza Dam.

3 Mesas al aire libre del Café de Sluyswacht.

4 Cocina cantonesa en el Oriental City.

2 DÍAS

Día 1

Mañana El Dam es el punto de partida natural para que explores Ámsterdam. Rinde homenaje a las víctimas holandesas de la Segunda Guerra Mundial en el Nationaal Monument *(p. 82)* y después baja por Rokin hasta llegar al Amsterdam Museum *(p. 76)*. Visita la Amsterdam Gallery, de acceso gratuito, para hacerte una idea general de la variada colección. Admira a los viejos maestros y saluda en Spui a *'T Lieverdje*, la sonriente estatua que personifica a Ámsterdam. Puedes echar un vistazo al tranquilo Begijnhof *(p. 80)*, donde está Het Houten Huis, una de las casas más antiguas de la ciudad.

Tarde Come en la plaza Spui, en el Café Luxembourg *(cafeluxembourg.amsterdam)*, un clásico donde tienes que pedir croquetas de gambas y *bitterballen* (croquetas de carne). Por las calles que rodean los canales llegas al Barrio de los Museos, a tiempo para la visita guiada de las 15.30 en el Van Gogh Museum *(p. 130)*, donde aprendes más sobre el famosísimo pintor mientras exploras una de las mayores colecciones de obras suyas.

Noche Disfruta de una rica cena en la calle, avanza un par de manzanas por Stadhouderskade y gira a la derecha en Ferdinand Bolstraat. Aquí, y en el Albert Cuypstraat *(p. 147)*, tienes mucho para elegir.

Día 2

Mañana Visita el Joods Museum *(p. 94)*, es un humilde recordatorio de cuánto debe la ciudad a los judíos sefardíes y asquenazíes que hallaron aquí un refugio de tolerancia ya en el siglo XV. Da la vuelta a la esquina y pasea por el mercadillo de Waterlooplein *(p. 104)*, que marca un fuerte contraste. En este cosmopolita barullo de puestos puedes encontrar de todo: ropa *vintage*, joyas, antigüedades, objetos curiosos e incluso pornografía.

Tarde El Café de Sluyswacht, a la orilla del agua, es ideal para que tomes algo antes de entrar en el Museum Het Rembrandhuis *(p. 96)*. Invierte el tiempo necesario para hacerte una idea de cómo era la vida personal del mejor pintor de Ámsterdam. Después, da un relajado paseo por Sint Antoniesbreestraat hasta el Nieuwmarkt *(p. 99)*. Haz una pausa en In de Waag *(p. 104)* para tomar un café antes de recorrer el Zeedijk, la calle principal de Chinatown.

Noche En esta zona tienes restaurantes chinos, indonesios y tailandeses. Oriental City *(p. 104)*, especializado en comida de Cantón y Sichuan, es uno de los favoritos de los locales; pide *dim sum*, son fabulosos. Cena y termina la jornada en In de Wildeman *(p. 85)*, uno de los mejores *proeflokalen* de Ámsterdam, donde puedes tomar una copita de *jenever*.

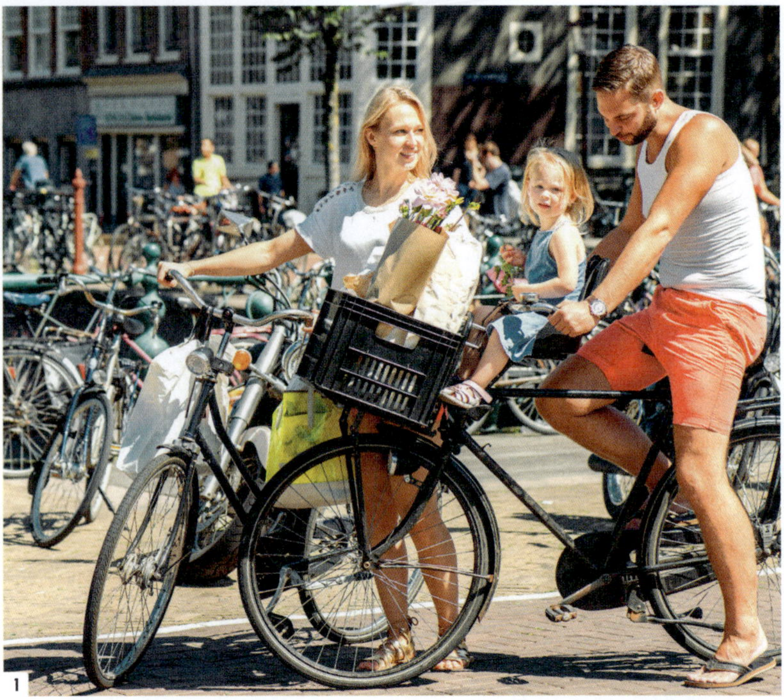

1

2

3

4

←

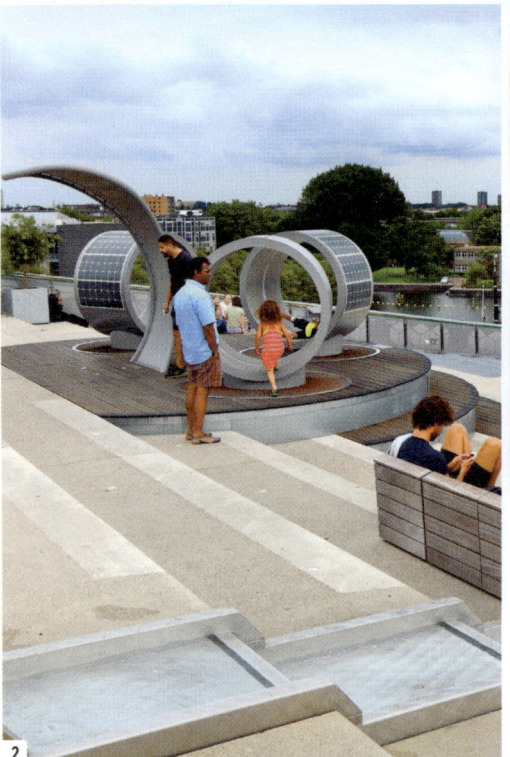

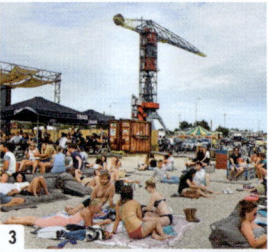

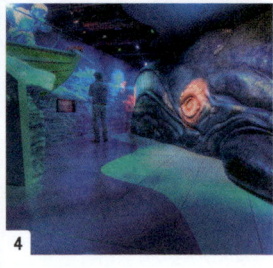

1 Una familia en bicicleta por Ámsterdam.

2 Niños explorando la azotea del NEMO Science Museum.

3 Disfrutando de la playa de Pllek.

4 "El cuento de la ballena", en el Het Scheepvaartmuseum.

1 DÍA
en bicicleta

▌ *Mañana*

Un viaje a Ámsterdam no estaría completo si no pasas un día pedaleando. Atravesar el centro puede parecerte abrumador, sobre todo si viajas con niños, pero Noord es más tranquilo. Hazte primero con una bicicleta: hay muchas empresas de alquiler cerca de Centraal Station. Tienes a tu disposición sillas y remolques para los niños más pequeños. También tienes opciones para niños más mayores, incluidas bicicletas BMX para adolescentes intrépidos (*p. 46*). Después, sube a bordo de uno de los ferris blancos y azules que cubren la ruta Centraal Station-Noord (*p. 44*). No necesitas billete y las bicicletas viajan gratis. Al cruzar el río IJ puedes ver los contrastes entre el centro y sus canales y el norte industrial. Tras 20 minutos de travesía, desembarca y pedalea 10 minutos hasta el NDSM (*p. 183*), un antiguo astillero que es hoy un semillero de ideas, tu primera parada para amarrar la bici. Los contenedores de mercancías pintados albergan multitud de tiendas y galerías originales, pero la mayor atracción para los niños es Pllek, una playa artificial. Un fin de semana al mes, IJ-Hallen (junto al NDSM) acoge el mercadillo más grande de Europa, un lugar fantástico si disfrutas con las gangas de segunda mano (*p. 184*).

▌ *Tarde*

Llega a pie al Café Noorderlicht para comer (*p. 185*). El luminoso interior está bien si hace frío y llovizna, pero si hace sol, puedes disfrutar de la hierba. Después recoge las bicicletas, toma el ferri de vuelta a Centraal Station y luego cruza el Oosterdok por el puente para peatones y bicicletas Mr J. J. van der Veldebrug. Al final llegas a lo que parece una fabulosa nave espacial, pero es en realidad el NEMO Science Museum (*p. 101*). Disfruta con toda la familia de las actividades interactivas y tecnología de vanguardia de este museo innovador. Sube a la enorme cafetería que tiene en la azotea, que ofrece unas buenas vistas sobre la Oude Zijde y el Plantage. Tu siguiente parada es el Het Scheepvaartmuseum (*p. 168*). Visita la mayor atracción aquí, el *Amsterdam*, una perfecta reconstrucción de un barco mercante de tres mástiles del siglo XVIII. Sumérgete en el mundo de los marineros a bordo de una típica embarcación holandesa rumbo a las Indias Orientales en "Atrévete a descubrir", una experiencia virtual espectacular. La muestra interactiva "El cuento de la ballena" mantiene entretenidos a los niños. Tras un activo día, toca devolver la bicicleta en la agencia, que te quedará a menos de 10 minutos.

←

① Un suntuoso salón del Hotel des Indes.

② Flores abriéndose frente al Binnenhof, en La Haya.

③ Vista desde lo alto de la Domtoren, en Utrecht.

④ Admirando un cuadro en el Mauritshuis.

2 DÍAS
fuera del centro

Día 1

Mañana Hazte primero con una tarjeta de transporte OV-chipkaart, que se vende en estaciones, quioscos y supermercados, y mete algo de dinero. Tardas tan solo media hora desde Centraal Station a Utrecht, una de las ciudades más antiguas de los Países Bajos *(p. 216)*. Allí ve directamente a la Domtoren *(p. 216)*, la obra maestra del gótico que domina la ciudad. Desde lo alto de su torre de 112 m la vista es magnífica, pero tienes que subir 456 escalones para disfrutarla. Con los pies de nuevo en el suelo, camina por Lange Nieuwestraat hasta llegar ante los ladrillos rojos del Museum Catharijneconvent *(p. 216)*. En este monasterio del siglo XVI, construido para la Orden de los Caballeros de San Juan, puedes admirar los ornamentos de la iglesia de oro y plata, y los enjoyados crucifijos y relicarios.

Tarde Para comer, sigue el canal Oudegracht hasta Meneer Smakers *(p. 216)*, que sirve hamburguesas caseras, también con variantes vegetarianas. Vuelve a la estación por Steenweg y haz una parada en el Museum Speelklok *(p. 216)*. Esta iglesia encierra una mágica colección de mecanismos musicales.

Noche En 38 minutos llegas a La Haya *(p. 202)*. Regístrate en el grandioso Hotel des Indes *(p. 205)*, un breve aseo, un cóctel de champán y disfruta en el propio hotel del menú degustación de cinco platos en el elegante Restaurant des Indes *(p. 206)*.

Día 2

Mañana Toma un copioso desayuno en el hotel y prepárate para descubrir el encanto majestuoso de La Haya, empezando por el Mauritshuis, a 6 minutos a pie *(p. 204)*. Entre las joyas de su pequeña pero espléndida colección puedes contemplar *La joven de la perla* de Vermeer y *La lección de anatomía del Dr. Nicolaes Tulp* de Rembrandt. Recorre los suelos de madera de las galerías y únete a una visita guiada para conocer el señorial Binnenhof, que está justo al lado *(p. 202)*. Descubre el sistema de gobierno de este país y pasea por el borde del resplandeciente Hofvijver hasta llegar a Dudok para disfrutar de un suculento almuerzo y de la mejor tarta de manzana de La Haya *(Hofweg 1a)*.

Tarde Deja esta elegante ciudad y dirígete a Leiden, la ciudad universitaria, que aguarda a menos de 15 minutos *(p. 198)*. Desde la estación admira los pintorescos canales y los garitos de los estudiantes mientras caminas hacia el centro. Primero visita el Rijksmuseum van Oudheden *(p. 201)*, con su rica colección de antigüedades, y luego la Pieterskerk, del siglo XV *(p. 200)*, que está a la vuelta de la esquina.

Noche Tras un ajetreado día de turismo, relájate un poco tomando algo en el Grand Café Van Buuren *(p. 200)* en la Stationsweg, antes de emprender el viaje de vuelta a Ámsterdam, de 40 minutos.

Maestros del realismo

La edad de oro del arte holandés tuvo una enorme repercusión y Ámsterdam alberga numerosas obras. Algunas de las mejores se encuentran en el Rijksmuseum (p. 126), con cuadros de Frans Hals, Judith Leyster, Vermeer y Rembrandt. En el Museo Het Rembrandthuis (p. 96) se retrocede a la década de 1600 dentro del estudio y la casa de Rembrandt.

←

La ronda nocturna, de Rembrandt, en el Rijksmuseum

ÁMSTERDAM PARA LOS
AMANTES DEL ARTE Y LA ARQUITECTURA

Ámsterdam es un gigante cultural que invita a conocer su vasto patrimonio artístico. Desde impresionantes pinturas de maestros holandeses hasta atrevidos edificios contemporáneos, siglos de arte y arquitectura han dejado huella en esta ciudad. Museos y calles albergan espléndidas obras.

Innovación creativa

Los artistas holandeses llevan reinventando el proceso creativo desde la Edad Media. El Bosco, pintor renacentista holandés cuyas fantásticas obras pueden verse en el Rijksmuseum (p 126), fue uno de ellos. Vincent Van Gogh fue uno de los precursores del movimiento postimpresionista, y sus obras pueden admirarse en el Van Gogh Museum (p. 130). El Stedelijk Museum (p. 132) sumerge al visitante en el mundo audaz y geométrico de los lienzos modernos de Piet Mondrian. Para ver de cerca las alucinantes perspectivas de los grabados de M. C. Escher, conviene visitar su casa en La Haya.

Exterior del Van Gogh Museum, donde se expone *La casa amarilla (arriba)* ↑

Oude Kerk
Este edificio de Oudekerk-splein se ha ido construyendo a lo largo de los siglos. Destacan los diferentes estilos y el instituto de arte de su interior *(p. 92)*.

EYE Filmmuseum
No hay que perderse esta estructura futurista en Overhoeks. El museo abrió sus puertas a orillas del canal en 2012 *(p. 185)*.

Scheepvarthuis
Considerado el primer edificio del estilo de la Escuela de Ámsterdam, en la actualidad es el Grand Hotel Amrath Amsterdam *(p. 101)*.

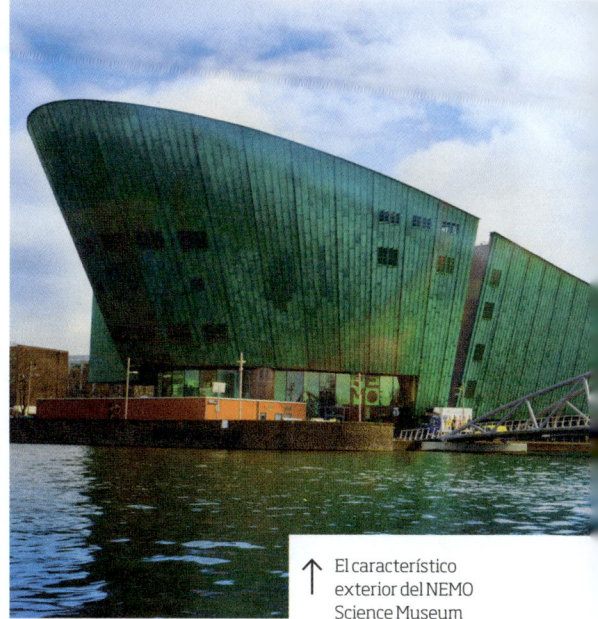

↑ El característico exterior del NEMO Science Museum

Maravillas de la modernidad

El legendario legado de esta ciudad es ineludible, pero Ámsterdam también mira hacia delante. El arte y la arquitectura de vanguardia están por todas partes, como el impresionante NEMO Science Museum *(p. 101)*, diseñado por el arquitecto Renzo Piano. El Museum CoBrA *(Sandbergplein 1)* descubre el vanguardista movimiento artístico CoBrA. Si se busca arte contemporáneo, el Moco Museum *(p. 134)* es una parada obligada. Foam *(p. 146)* cuenta con una impresionante colección de fotografía.

Estructuras icónicas

Puede que los canales sean las estructuras más famosas, pero Ámsterdam tiene muchas más joyas arquitectónicas. De los innumerables puentes de la ciudad, el Magere Brug *(p. 151)* y el Pythonbrug son algunos de los más impresionantes. Los característicos ladrillos curvados de la Escuela de Ámsterdam pueden verse por toda la ciudad, y Het Ship *(p. 162)* es uno de los mejores ejemplos. Hay visitas guiadas.

→ El Magere Brug sobre el río Amstel

→ De Machine, una muestra interactiva en el NEMO Science Museum

ÁMSTERDAM EN
FAMILIA

Muchas ciudades se precian de ser excelentes para viajar con niños, pero Ámsterdam realmente ofrece una enorme variedad de actividades divertidas para ellos. Y no se trata solo de museos; hay parques y playas urbanas, además de mil opciones para montar en bicicleta y divertirse en el agua.

Vida al aire libre

Ámsterdam es una ciudad verde, y espacios como el Vondelpark *(p. 135),* el Westerpark *(p. 162)* y el Oosterpark tienen áreas recreativas gratuitas ideales para que los niños disfruten al máximo. En Noord está Pllek, una playa urbana donde en verano se proyectan películas *(p. 183).* Fuera de la ciudad, la antigua barcaza del Zuiderzeemuseum *(p. 190),* al aire libre, transporta a los visitantes a principios del siglo XX, donde actores con trajes de época muestran oficios tradicionales.

↑ Ambiente relajado en un día de sol en el NDSM, Noord

Actividades para días de lluvia

Los museos con actividades para niños son el lugar ideal cuando el tiempo no acompaña. El Pequeño Orfanato *(p. 77)* permite a los niños experimentar cómo era la vida en un orfanato del siglo XVII, e incluso ordeñar una vaca. El interactivo NEMO Science Museum *(p. 101)* es, al mismo tiempo, educativo y divertido; los niños pueden proteger la Tierra de meteoritos, crear pompas de jabón gigantescas y ponerse la bata para hacer experimentos en el laboratorio. El Wereldmuseum Junior *(p. 171)* transporta a los visitantes a costas lejanas, donde pueden explorar y buscar inspiración en la cultura local. La conejita Miffy cobra vida en el Nijntje Museum de Utrecht *(p. 217),* donde los pequeños disfrutan con cuentacuentos y juegos.

The Pancake Boat
Crucero con crepes.

P11 **Ms. van Riemsdijkweg** **pannenkoekenboot.nl**

€€€

Kinderkookkafé
Aquí cocinan los niños.

A8 **Vondelpark 6B** **kinderkookkafe.nl**

€€€

NEMO Rooftop Café
Una terraza al aire libre.

J4 **Oosterdok 2** **nemoscience museum.nl**

€€€

← Un padre y un hijo fabricando un engranaje en el NEMO Science Museum

---

💬 CONSEJO DK
Aseos

Aparte de en los museos, se puede buscar un aseo en estaciones de tren, grandes almacenes y cafés. Eso sí, habrá que pagar 1 € o comprar una bebida.

→ Pedaleando en familia por Haarlem, con un niño en un *bakfiets*

Acción y diversión

Montar en bicicleta es una manera genial de explorar la ciudad *(p. 46)*. Los más pequeños pueden ir delante de los padres sentados en los populares *bakfiets*. Muchas empresas alquilan tándems y otras bicicletas para todas las edades, y en parques como el Vondelpark y Amsterdamse Bos *(p. 40)* hay infinitas vías ciclistas sin tráfico. Pero también se puede pedalear por los canales en hidropedales de cuatro o más personas: una forma genial de explorar Ámsterdam *(p. 50)*.

Clásicos de los Países Bajos

Cuando llegue el momento de sentarse y disfrutar de un *borrel* (bebida), acompáñelo con queso gouda curado, *bitterballen* (croquetas) y mostaza especiada de Zaanse. Resulta reconfortante tomar un tazón de *erwtensoep* (sopa espesa de guisantes con salchichas) o *stamppot* (un contundente puré de patatas, verduras, carne y salsa).

¿Lo sabías?

El *haring* (arenque crudo salado) es un popular aperitivo holandés desde la Edad Media.

↑ Crujientes y doradas *bitterballen* con mostaza

ÁMSTERDAM PARA
COMIDISTAS

Stroopwafels (gofres) que se derriten en la boca, cerveza famosa en todo el mundo y una variada comida callejera: en la capital neerlandesa hay para todos los gustos. Se pueden saborear desde platos estrella internacionales hasta especialidades locales que difícilmente se encuentran en otro lugar.

Bares populares

En una ciudad célebre por su cerveza no faltan bares y reunirse para la *borreltijd* (hora feliz) es todo un ritual. Lugares de moda como el Bar Bellini *(barbellini.nl)* son cita ineludible después del trabajo. En los días soleados locales como el Hannekes Boom *(hannekes boom.nl)*, situados junto al agua, se convierten en lugares ideales para tomar algo.

←

Disfrutando de una bebida en el Hannekes Boom

Excelente comida callejera

Influencias asiáticas, sudamericanas, caribeñas, africanas y de Oriente Próximo convergen en mercados como el Albert Cuypmarkt. Hay rutas a pie organizadas por Hungry Birds y festivales de comida callejera, como el Rollende Keukens en mayo.

$\rightarrow$

El animado festival de comida callejera Rollende Keukens

Dulces delicias

Los holandeses saben cómo satisfacer a los golosos. Los *pannenkoeken* (tortitas) son dulces o salados. Los *poffertjes* aportan un toque dulce, del tamaño de un bocado. Están cubiertos con el mismo sirope de las famosas *stroopwafel,* que se disfrutan mejor calientes en un puesto callejero. Hay que probar las delicias de las bombonerías belgas del centro y, en invierno, las galletas *speculaas* con especias y jengibre.

$\leftarrow$

Poffertjes preparados con esmero en un mercado al aire libre

TOP 5 | **BEBIDAS PARA DEGUSTAR**

Jenever
Ginebra holandesa, en el Café 't Smalle *(p. 159).*

Heineken
Rumbo a la Heineken Experience *(p. 148).*

Cervezas artesanales
En Brouwerij 't IJ *(brouwerijhetij.nl).*

Vinos de los Países Bajos
De Kleine Schorre produce vinos blancos *(dekleineschorre.nl).*

Curaçao
Bols ofrece catas de este licor *(bols.com).*

$\uparrow$ Amplia selección de cervezas en la popular Brouwerij 't IJ

Cervezas locales

Ámsterdam tiene una larga historia cervecera, por lo que no es de extrañar que haya muchos locales de cerveza. En los históricos *bruin cafés* (tascas locales) se puede tomar algo entre paredes donde el humo de tabaco ha dejado su huella. Las terrazas de cervecerías como Brouwerij 't IJ sirven cervezas artesanales.

Arte urbano

Lo que nació como un acto antisistema está hoy consagrado en dos museos muy populares de Ámsterdam. El museo de *street art* en el NDSM *(p. 183)* alberga enormes murales de artistas de todo el mundo, mientras que Banksy es la estrella del Moco Museum *(p. 134)*. Capturado en un lienzo, su emblemático *Battle of the Beanfield* domina el vestíbulo. Más allá de estos innovadores museos, la mejor forma de ver arte callejero es… en la calle. Los entusiastas guías locales de Alltournative Amsterdam organizan intrépidas visitas por los grafitis de la caleidoscópica ciudad *(alltournative-amsterdam.com)*. Y quienes no se conformen con ver, se pueden armar con un espray en el taller de un artista local con Fun Amsterdam *(funamsterdam.com)*.

→

Let Me Be Myself, de Eduardo Kobra, en el exterior del museo de arte callejero NDSM

¿Lo sabías?
———
El diario de Ana Frank es el libro más leído por los jóvenes de Brasil, país de origen de Kobra.

ÁMSTERDAM Y LA
CULTURA CALLEJERA

La tradicional tolerancia de Ámsterdam ha propiciado un dinámico centro de arte urbano y teatro de vanguardia. En la década de 1960 las actuaciones al aire libre y los grafitis eran considerados contracultura, pero en el siglo XXI la cultura callejera se ha convertido en parte del espíritu de nuestro tiempo.

Estatuas vivientes en Dam

Es posible hacerse un selfi con una inmóvil estatua de María Antonieta, Rembrandt o multitud de personajes históricos o de ficción en la animada plaza central. El colorido elenco de actores cambia cada hora. Hay que tener en cuenta que los artistas esperan unos euros a cambio de hacerse una foto con ellos.

←

Viandantes admirando la disciplina de un artista en la plaza Dam

TOP
3
OBRAS DE ARTE CALLEJERO

Let Me Be Myself (2016)

El mural caleidoscópico de Ana Frank, obra de Eduardo Kobra, adorna la fachada del STRAAT, el museo de arte urbano del NDSM *(p. 183)*.

Art Wall Tuinstraat (2012)

El artista Piet Parra ha pintado una original caligrafía en las paredes que dan al patio de un colegio en Tuinstraat 172.

If Walls Could Speak (2019)

Diez coloridos murales han transformado Platanenweg, en las afueras de Plantage.

Skateboard en el Marnix Bowl

Los *skaters* y los artistas del grafiti confluyen en el Marnix Bowl, el mayor *skatepark* de la ciudad. El público asiste boquiabierto a las temerarias piruetas sobre monopatines y bicis BMX en estas rampas psicodélicas.

→

Marnix Bowl, decorado con coloridos grafitis del Lastplak Collective

Músicos callejeros en Leidseplein

Leidseplein es la mejor plaza de Ámsterdam para ver actuar a los artistas callejeros. Sentados al aire libre en la mesa de un café, los visitantes pueden relajarse con la música de los grupos callejeros, que tocan de todo, desde jazz hasta música electrónica. Los artistas, por supuesto, agradecen un donativo.

→

Un músico callejero entretiene al público con su contrabajo

Comercio fluvial

Ámsterdam se ha construido alrededor de sus canales con una mezcla de estilos arquitectónicos. Desde los inicios hasta nuestros días, la colección del Amsterdam Museum *(p. 76)* explora su historia. El Grachtenmuseum *(p. 114)* descubre los canales y el comercio fluvial de la ciudad. Para saber más, conviene tomarse algo en el Waag *(p. 104)*, donde antiguamente se pesaban las mercancías importadas.

Fachada del histórico Waag, en la Oude Zijde

ÁMSTERDAM Y LA
HISTORIA

Las relaciones comerciales y las numerosas oleadas de inmigración han conformado la ciudad actual. Adentrarse en los canales de Ámsterdam y visitar sus célebres museos ayuda a conocer su compleja historia.

BARUCH SPINOZA

Baruch Spinoza (1632-1677) fue uno de los filósofos más importantes de la historia occidental. Gran parte de su obra influyó posteriormente en el movimiento de la Ilustración en Europa. Nacido en Ámsterdam, Spinoza fue expulsado de la comunidad judeoportuguesa por el enfoque laico de su obra. El Joods Museum *(p. 94)*, situado en el barrio donde vivió Spinoza, explora su vida y sus escritos. También es posible visitar la casa a la que se trasladó más tarde en Rijnsburg, a las afueras de Leiden.

Ámsterdam y la inmigración

Los flujos de inmigración han moldeado el Ámsterdam actual. El Joods Museum *(p. 94)* revela por qué la ciudad sigue siendo conocida como Mokum (de 'santuario' en yiddish). Los Black Heritage Tours en barco o el Wereldmuseum Amsterdam *(p. 170)* dan a conocer la historia colonial holandesa.

¿Lo sabías?

La relojera Corrie ten Boom ayudó a escapar a 800 judíos durante la Segunda Guerra Mundial.

Ámsterdam en guerra

En la plaza Dam el Nationaal Monument (p. 82), de 22 m, honra a los caídos durante la Segunda Guerra Mundial. Para conocer mejor este tumultuoso periodo, conviene visitar el Nationaal Holocaust Museum (p. 172) o el conmovedor Verzetsmuseum (p. 174).

$\longrightarrow$

El impactante Nationaal Monument, en la Plaza Dam

Ámsterdam oculto

Ámsterdam está lleno de lugares históricos que descubrir. La iglesia de Nuestro Señor del Ático (p. 78) y la del Begijnhof (p. 80) se mantuvieron ocultas durante los siglos en que el catolicismo era ilegal. Los *hofjes* (patios) se pueden conocer durante las jornadas de jardines abiertos en junio, tomando un café en De Koffieschenkerij *(Oudekerksplein 27)* o en los majestuosos jardines del Museum Willet-Holthuysen *(p. 144)* y el Museum Van Loon *(p. 148)*.

↑ Explorando las magníficas vitrinas del Joods Museum

↑ Interior del Begijnhof y los jardines del Museum Van Loon *(arriba)*

▽ Un pícnic en el parque

El Vondelpark *(p. 135)* es para Ámsterdam lo que Hyde Park para Londres. Está cerca de la Museumplein, por lo que es un lugar perfecto para hacer un pícnic después de una intensa experiencia cultural. En verano suele estar bastante concurrido. El Sarphatipark *(p. 45),* al sur del Albert Cuypmarkt, o el Oosterpark (cerca del Wereldmuseum Amsterdam), son buenas alternativas.

△ Un paseo en invierno

El Hortus Botanicus Amsterdam *(p. 173),* con su enorme colección de plantas, es ideal en invierno. La gran Casa de las Palmeras, un precioso invernadero abovedado de cristal construido en 1912, es un refugio maravilloso, aparte de otros enormes espacios que recrean el clima tropical, subtropical y desértico.

ÁMSTERDAM AL
AIRE LIBRE

Aunque se trata de una ciudad compacta e intensamente urbana, los amsterdameses pasan mucho tiempo al aire libre. Hay diminutos enclaves verdes en el mismísimo centro, extensiones verdes no muy lejos del corazón de la ciudad y se llega con facilidad a las playas del mar del Norte.

◁ En bicicleta por el bosque

Se tarda unos 30 minutos en llegar a Amsterdamse Bos (en los autobuses 347 o 357 desde Leidseplein) desde el centro de la ciudad. Proyectada en la década de 1920, esta extensión de 1.035 ha de bosque, con arroyos y lagos, es un refugio para muchas aves y otros animales salvajes. Lo ideal es explorar el parque andando o en bicicleta por los 145 km de senderos que atraviesan este oasis natural.

▽ Flores espectaculares

De enero a mayo, en torno a Keukenhof los campos de tulipanes y otros bulbos se cubren de fascinantes franjas de colores *(p. 196)*. Para disfrutar al máximo del espectáculo, lo ideal es ir en bicicleta desde Haarlem a Leiden por los campos llenos de flores.

▷ Un oasis de paz

El diminuto enclave verde de Begijnhof, en el corazón de la ciudad, se creó en 1346 como lugar de recogimiento *(p. 80)*. No se permiten visitas de grupos en los terrenos de los *hofjes,* de modo que es un lugar perfecto para descansar del ajetreo de las calles de la Nieuwe Zijde.

◁ Playas urbanas

No se suele asociar Ámsterdam con una excursión a la playa, pero hay varias cerca de la ciudad. La playa de la orilla norte del lago Sloterplas, a 40 minutos en tranvía, es la mejor para nadar, gracias a sus aguas tranquilas. Pllek, sin embargo, es la playa urbana con más ambiente *(p. 183)*. Situada en Noord, atrae a comidistas por su restaurante, a cinéfilos por sus proyecciones en verano y a amantes del sol cuando sube la temperatura. En Pllek hay música en vivo todas las semanas, desde tranquilas veladas acústicas en su restaurante, hasta auténticas fiestas para no dejar de bailar hasta el amanecer.

→

El moderno exterior del
Muziekgebouw aan 't IJ y el
BIMHUIS de noche

ÁMSTERDAM
DE NOCHE

Puede que el Barrio Rojo sea lo primero que venga a la mente al pensar en el
Ámsterdam nocturno, pero aquí las discotecas están en auge desde la década de
1960 y hay una boyante escena LGTBIQ+. También hay ambientes más relajados,
se puede escuchar jazz en enormes salas o pasear por encantadores callejones.

Locales de moda

En las discotecas de Ámsterdam se puede bailar todo
tipo de música, desde rock and roll de la vieja escuela
hasta los últimos sonidos *grime*. Paradiso, que abrió
en pleno auge hippy, tiene un ambiente hedonista
y un público que aguanta toda la noche *(paradiso.nl)*.
El Café Prik es uno de los espacios LGTBIQ+ más
populares, célebre por sus cócteles y sus noches con
DJ *(prikamsterdam.nl)*. Otra alternativa es cenar y
pasar la noche jugando al disco bingo en Pacific
(pacificamsterdam.nl).

↑ Noctámbulos
disfrutando del gran
ambiente de Jimmy Woo

Ámsterdam en directo

En Ámsterdam hay multitud de oportunidades para escuchar música en directo, desde escenarios íntimos hasta lujosas salas de conciertos. En el opulento Concertgebouw se celebran conciertos desde 1888 y cuenta con una acústica sin parangón *(p. 134)*. Por su parte, el moderno Muziekgebouw aan 't IJ *(p. 172)* dispone de espacios para audiencias tanto grandes como pequeñas. El BIMHUIS, que comparte imponente edificio con el Muziekgebouw aan 't IJ, atrae a los grandes nombres del jazz. Quien prefiera descubrir nuevos artistas puede acudir al Café Alto, cerca de Leidseplein *(jazz-cafe-alto. nl)*. Todas las noches actúan aquí desde las 21.00 cantantes de blues y de jazz prometedores.

Los *nachtcafés* abren hasta las 4.00 o las 5.00

Café Lux
Junto con el público del teatro, hasta altas horas de la madrugada.

📍 D7 🏠 Marnixstraat 103
🌐 barlux.nl

Café P96
La terraza de este café tiene vistas a la Westerkerk.

📍 D3 🏠 Prinsengracht 96

Nachtcafé de Biecht
Música de los setenta y ochenta en este *bruin café*.

📍 G7 🏠 Kerkstraat 346

←
Bailando en una actuación en directo en el BIMHUIS

CONSEJO DK
Entrada libre
El Amsterdam Nightlife Ticket ofrece acceso directo a más de 20 discotecas por 10 € *(amsterdam nightlifeticket.com)*

→
El sencillo exterior de Melkweg no se corresponde con sus vibrantes eventos

Complejos culturales

El Melkweg –un versátil espacio de ocio– acoge desde la década de 1970 espectáculos alternativos, como músicas del mundo, teatro experimental y danza contemporánea. Famosa por sus *raves* improvisadas en la década de 1980, la Westergasfabriek –la antigua fábrica de gas– es hoy un centro creativo bien organizado con una programación diversa *(westergasfabriek.nl)*. Tolhuistuin también ocupa un edificio reutilizado, el antiguo comedor de la Shell *(tolhuistuin.nl)*. Es un recinto acogedor, con teatros y espacios expositivos.

Un ferri a través del IJ

Una forma alternativa de recorrer los canales del centro es tomar el ferri gratuito que atraviesa el IJ. A bordo del ferri azul y blanco rumbo al NDSM desde Centraal Station se disfruta de espléndidas vistas de la A'DAM Toren *(p. 182)* y el EYE *(p. 185)*, una panorámica de la cara más moderna de Ámsterdam.

La A'DAM Toren y el EYE, en Noord, vistos desde el río IJ

ÁMSTERDAM A
BUEN PRECIO

Aunque Ámsterdam puede resultar una ciudad cara, los visitantes interesados pueden encontrar muchas cosas que ver y hacer gratis o con descuentos.

Actuaciones en el parque

En verano, en el teatro al aire libre del Vondelpark hay actuaciones gratuitas de danza y teatro, conciertos de música clásica, pop y jazz, y también monólogos de humor *(p. 135)*. Muchas de las actuaciones son en inglés.

325

puestos de comida callejera se pueden encontrar en el Albert Cuypmarkt.

Pícnic junto al monumento a Sarphati en el Sarphatipark ↓

Pícnics deliciosos

A 10 minutos a pie de la Museumplein, en el Albert Cuypmarkt *(p. 147)* se puede comprar una increíble variedad de comida para llevar e ingredientes para montar un pícnic. Desde pan recién hecho hasta quesos ecológicos y fruta fresca, arenques marinados y pasteles, en estos puestos se encuentra todo lo necesario. Solo queda sentarse en el cercano Sarphatipark y pasar una buena tarde.

Música al mediodía

El Muziekgebouw aan 't IJ *(p. 172)* ofrece un concierto gratuito al mediodía una vez al mes, y el Concertgebouw *(p. 134)* lo hace cada miércoles. El BIMHUIS celebra al menos un concierto, taller o *jam session* gratuitos una noche a la semana.

← Concierto de música clásica en el elegante Concertgebouw

Viaje en el tiempo

Los sótanos del Stadsarchief Amsterdam *(p. 150)* acogen una exposición gratuita de los tesoros que albergan sus archivos. Un paseo por la historia de Ámsterdam, desde la carta fundacional más antigua (1275), pasando por mapas, fotografías y documentos personales, hasta la actualidad.

→ Coloridos suelos del Bazel, sede de los archivos

↑ Un grupo actuando en el teatro al aire libre del Vondelpark

ÁMSTERDAM EN
BICICLETA

El idilio de Ámsterdam con la bicicleta empezó en la década de 1960, cuando algunos grupos contraculturales comenzaron a promover su uso como alternativa a los coches, que amenazaban con destruir el carácter de la ciudad. Los carriles exclusivos y el terreno hacen de Ámsterdam una ciudad ideal para pedalear.

TOP 5 NORMAS DE CIRCULACIÓN

Situarse a la derecha
Se debe usar siempre el carril bici que hay en el lado derecho de la calzada.

No salir de la calzada
Está prohibido circular por caminos peatonales y aceras.

Prestar atención
Cuidado con otros usuarios de bici eléctrica y de llanta ancha.

Amarrar la bicicleta
Se ha de utilizar un soporte municipal oficial.

La seguridad primero
Hay que llevar siempre casco y se recomienda el chaleco reflectante. Las empresas de alquiler los proporcionan.

Niños sobre ruedas

Las familias con bebés necesitan un *bakfiets,* el superpráctico transportín neerlandés de dos ruedas que permite llevarlos en un compartimento seguro en la parte delantera de la bicicleta. Huir de los transitados carriles ciclistas del centro es fácil en el arbolado Amsterdamse Bos, con 145 km de senderos, pistas ciclistas y áreas de pícnic *(p. 40)*. Otra opción es visitar la ciudad con We Bike Amsterdam, que organiza tours sobre dos ruedas pensados para ir con niños *(webikeamsterdam.com)*.

→
Bici con transportín,
una forma fácil
de viajar con niños

Bicicletas para dos

Las parejas pueden alquilar tándems para dar románticos paseos por el anillo de canales de Amsterdam o a orillas del Amstel. Pero estas rutas pueden tener mucho tránsito de turistas. En busca de un poco de paz, la alternativa es tomar un ferri para cruzar el IJ y explorar los bonitos pueblos de los alrededores de Noord, como Ransdorp y Nieuwendam. En Black Bikes *(black-bikes.com)* alquilan tándems.

←

Una pareja pedaleando en un tándem por las calles de la ciudad

---

BICICLETAS BLANCAS

El grupo anarcopacifista Provo intentó que hubiera miles de bicicletas pintadas de blanco gratuitas a disposición de los amsterdameses. A pesar del apoyo de John Lennon y Yoko Ono, el idealista Witte Fietsenplan (Plan Bicicleta Blanca) tuvo una vida breve. El ayuntamiento no quiso financiar el proyecto y la mayoría de las 50 bicicletas blancas iniciales desapareció. Aun así, la idea promovió el apoyo al ciclismo en Ámsterdam y hoy hay decenas de negocios de alquiler de bicicletas. Sin embargo, aún no cuenta con un sistema de bicicletas compartidas en la ciudad.

Bicicletas eléctricas

Quienes deseen ir más lejos sin quedarse sin energía pueden alquilar una bicicleta ecológica con un motor eléctrico. Muchos hoteles, cafés y restaurantes disponen de puntos de carga para que los ciclistas puedan recargar las baterías mientras hacen una pausa. En Black Bikes las alquilan.

←

Señalización de una estación de recarga

¿Lo sabías?

En iamsterdam.com se pueden descargar rutas en bicicleta recomendadas.

→

Pausa en una ruta en bicicleta por el Parque Nacional Zuid-Kennemerland

Ciclismo todoterreno

La mayoría de las rutas de Ámsterdam son en llano. Quienes deseen acelerar el ritmo pueden alquilar bicis BMX para divertirse por los caminos accidentados de las afueras del Amsterdamse Bos. Pero para acelerar el ritmo hay que ir en tren a Haarlem, alquilar una bicicleta en la estación *(rentabikehaarlem.nl)* y aventurarse por las dunas y bosques del Parque Nacional Zuid-Kennemerland.

▽ Vistas del puerto

La azotea del NEMO Science Museum es el observatorio ideal para fotografiar a primera hora de la mañana el Oosterdok, los barcos anclados en el Het Scheepvaartmuseum y la ribera (p. 101).

△ Los puentes más fotogénicos

No es fácil decidir qué puente de los que cruzan los canales de Ámsterdam es el más pintoresco. Por suerte, Blauwbrug (p. 147) y Magere Brug (p. 151) están cerca, así que se puede hacer fácilmente una fotografía de ambos. Iluminado por la noche, Magere Brug es el sitio ideal para una fotografía nocturna.

ÁMSTERDAM PARA
FOTOGRAFIAR

Ámsterdam es una de las ciudades más fotogénicas del mundo: una espléndida fotografía aguarda a la vuelta de cada esquina. Estas son algunas pistas sobre dónde y cuándo hay que estar para obtener la mejor instantánea.

△ La clásica imagen del canal

Se pueden fotografiar los edificios del siglo XVII que flanquean los canales desde el lado oeste de Herengracht, cerca de la esquina con Leidsegracht. La mejor luz es la última de la tarde.

▽ Los campos de flores

Tulipanes, narcisos y azafranes florecen solo unas semanas en primavera y principios del verano en los campos de Zuid-Holland *(p. 196)*. También los jardines de Keukenhof viven entonces su mejor momento. Marzo y abril son los meses ideales para obtener fotos increíbles.

▷ Las casas más bonitas

Las casas de beneficencia que rodean el patio interior de Begijnhof son sin duda las más encantadoras de Ámsterdam *(p. 80)*. Las 47 construcciones altas son todas diferentes, lo cual brinda infinitas oportunidades fotográficas. Para disfrutar de la mejor luz conviene ir sobre el mediodía. Hay que tener en cuenta que solo se puede visitar la iglesia y sus alrededores, por lo que al patio solo pueden entrar los residentes de las casas.

▽ La inspiración del artista

Montelbaanstoren, en el lado norte de Oudeschans, fue uno de los temas favoritos de Rembrandt *(p. 100)*. Es fácil entender por qué, pues esta imponente torre domina el ancho canal. Se obtiene una buena imagen de Montelbaanstoren por la mañana desde el centro del Keizersbrug, o desde la esquina de Oudeschans con Oostersekade.

△ El atardecer

Se puede subir en el ascensor ultrarrápido al mirador de la A'DAM Toren para sacar la fotografía de la puesta de sol sobre la ciudad *(p. 182)*. Las aguas reflectantes del IJ en primer plano son perfectas para tomar una imagen del anillo de canales histórico.

Cruceros por los canales

Los *rondvaartboten* (barcos para cruceros) suelen ofrecer comentarios multilingües sobre la historia de la ciudad. Tienen también un techo de cristal que se abre cuando hace bueno. De día, se puede ver lo más destacado de Ámsterdam a bordo de los cruceros Stromma, que parten de muchos puntos del centro, como Prins Hendrikkade, frente a la Centraal Station, y Damrak *(stromma.nl)*. Quienes busquen un poco de romanticismo tienen los suntuosos cruceros con cena de Amsterdam Jewel Cruises *(amsterdamjewelcruises.com)*.

→

Un *rondvaartboot*, con un elegante servicio de cena *(derecha)*, pasando bajo un puente

ÁMSTERDAM
DESDE EL AGUA

Situada donde el río Amstel desemboca en el IJ, Ámsterdam hace vida en sus emblemáticos canales. Desde simples hidropatines hasta fabulosos cruceros con cena, hay muchas formas de disfrutar de las vías acuáticas de Ámsterdam, de los lagos cercanos y del mar del Norte.

Hidropatines

Para navegar por los canales de Ámsterdam a nuestro ritmo, lo mejor es alquilar un ecológico hidropedal, un hidropatín de dos o cuatro plazas. En verano, son una forma excelente para todos, y sobre todo para quienes viajan con niños, de descubrir vías de agua por las que no pueden circular los cruceros. Stromma los alquila por horas y tiene puntos de entrega en los sitios más turísticos: Rijksmuseum, Westerkerk, Leidseplein y Keizersgracht.

Una familia disfrutando de un hidropatín para cuatro en el anillo de canales de Ámsterdam

2018

El último año en que se helaron los canales de Ámsterdam.

↑ Un barco *hop on - hop off* saliendo de Centraal Station

Subir y bajar

Se puede crear un recorrido personalizado de 24 horas por los canales usando los barcos *hop on - hop off* de Stromma o de Lovers. Por las vías de agua interiores de la ciudad, es posible desembarcar en cualquier lugar de interés que se quiera explorar.

TOP 3 **BARCOS HISTÓRICOS**

Amsterdam
En el Het Scheepvaart-museum *(p. 168)* se puede subir a bordo de esta réplica a escala real de un East Indiaman.

Zuiderzee
La última goleta de dos mástiles original que navega en los Países Bajos se puede alquilar para grupos de 20 a 34 personas *(p. 191)*. Incluye cena, bebidas y aperitivos.

Remolcadores
Estos barcos veteranos, hoy amarrados en el Maritiem Museum Rotterdam *(p. 212)*, se usaron en el puerto histórico de la ciudad.

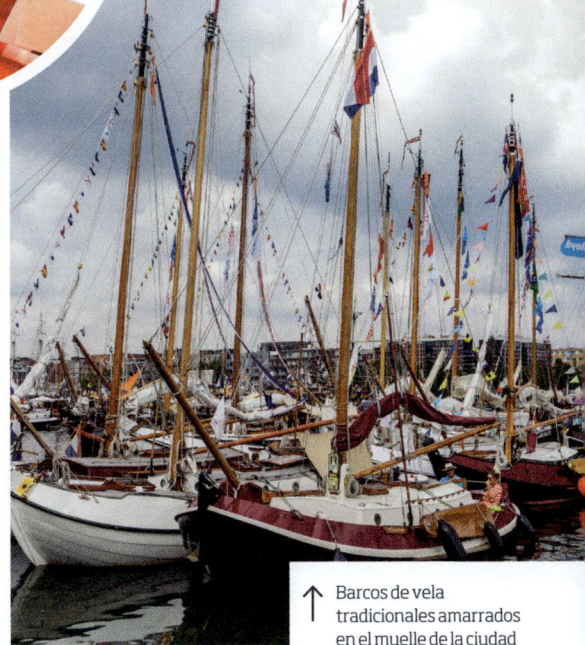

↑ Barcos de vela tradicionales amarrados en el muelle de la ciudad

Travesías en barcos de vela

Se puede hacer un crucero al atardecer o pasar el día en las serenas aguas del Markermeer *(p. 191)* a bordo del *Zuiderzee*, un *tjalk* tradicional de vela *(zuiderzee.eu)*. Los más intrépidos pueden ir a bordo del *Aaltje Engelina*, un *stevenaak* de vela cangreja y 22 m de eslora *(aaltjeengelina.nl)* por el IJsselmeer o el Waddenzee.

UN AÑO EN ÁMSTERDAM

ENERO

△ **Día Nacional del Tulipán** (*principios ene*). Los cultivadores de tulipanes crean un auténtico jardín en la plaza Dam.

Jumping Amsterdam (*finales ene*). En el Amsterdam RAI se celebran competiciones internacionales de salto ecuestre.

FEBRERO

△ **Año Nuevo chino** (*med feb*). La danza tradicional del león serpentea por Nieuwmarkt y hay fuegos artificiales.

Herdenking Februaristaking (*25 feb*). En J. D. Meijerplein se conmemoran las valientes acciones de los estibadores, durante la guerra, contra la deportación de judíos por los nazis.

MAYO

Herdenkingsdag (*4 may*). En todos los Países Bajos se rinde homenaje a las víctimas de la Segunda Guerra Mundial.

△ **Rollende Keukens Festival** (*med may*). Junto a la Westergasfabriek se celebra un animado festival de cocina callejera neerlandesa.

JUNIO

Festival de Holanda (*med jun*). Música, teatro, ópera y ballet se representan en teatros y salas de conciertos por todo Ámsterdam.

△ **Amsterdam Roots Festival** (*finales jun*). Este festival de músicas del mundo, danza, cine y teatro se celebra en el Oosterpark, y también a cubierto en Paradiso, Melkweg y BIMHUIS.

SEPTIEMBRE

△ **Día de Puertas Abiertas de los Monumentos** (*1er o 2º fin de semana*). Estos días, los edificios históricos, como el Felix Meritis (*p. 116*), abren sus puertas al público gratuitamente.

Amsterdam Fringe Festival (*principios-med sep*). Artes escénicas experimentales, en inglés, en neerlandés o sin idioma alguno, se reparten por escenarios de toda la ciudad.

OCTUBRE

Amsterdam Dance Event (*med oct*). Más de cien discotecas de todo Ámsterdam participan en el mayor evento del mundo para amantes de la música disco electrónica.

△ **Maratón de Ámsterdam TCS** (*finales oct*). Miles de corredores profesionales y amateurs rodean la ciudad en esta agotadora carrera.

Imagine Film Festival (*finales oct*). La fantasía, el terror y la ciencia ficción marcan la pauta de este festival de cine en el EYE.

MARZO

△ **Apertura del Keukenhof** *(principios mar)*. Tulipanes, narcisos y jacintos florecen en estos jardines cerca de Lisse, en Zuid-Holland.

Stille Omgang *(2º o 3ᵉʳ sá)*. Discurre por Rokin una procesión que celebra el Milagro de Ámsterdam.

Roze Filmdagen *(todo el mes)*. Se puede ver lo último en cine LGTBIQ+ en la sala Ketelhuis, en el Westerpark.

ABRIL

Tulip Festival *(todo el mes)*. Se exhiben tulipanes poco comunes y multicolores en los parques y otros lugares de Ámsterdam, como el EYE, el H'ART Museum, el Hortus Botanicus, el Museum Van Loon y el Rijksmuseum.

△ **Koningsdag** *(27 abr)*. Ámsterdam se convierte en una fiesta, en la calle y en los canales, el día del cumpleaños del rey Guillermo Alejandro.

JULIO

Keti Koti Festival *(1 jul)*. Desfiles y espectáculos celebran el aniversario de la emancipación en 1863 de la comunidad de Surinam de la esclavitud en los Países Bajos.

Festival Internacional de Verano Comedytrain *(principios jul)*. Cómicos internacionales actúan en el teatro Toomler.

△ **Conciertos de verano** *(jul-ago)*. Música clásica en el Concertgebouw.

AGOSTO

Hortus Festival *(jul-ago, ju)*. Actuaciones musicales en el Hortus Botanicus y en los jardines botánicos de Leiden y Rotterdam.

△ **Pride Amsterdam** *(finales jul-principios ago)*. Enormes celebraciones del Orgullo LGTBIQ+ por toda la ciudad.

DICIEMBRE

Mercadillos navideños *(todo el mes)*. Por toda la ciudad hay tenderetes que venden regalos y comida y bebida navideñas. En la Museumplein se monta una pista de patinaje sobre hielo.

Amsterdam Light Festival *(dic-med ene)*. En los canales del centro algunos artistas montan instalaciones luminosas multicolores.

△ **Fuegos artificiales de Nochevieja** *(31 dic)*. Una pirotecnia deslumbrante ilumina el río Amstel.

NOVIEMBRE

△ **Desfile de Sinterklaas** *(2º o 3ᵉʳ sá)*. San Nicolás llega en barco a Sint Nicolaasbasiliek.

International Documentary Festival Amsterdam (IDFA) *(med nov)*. Documentales de vanguardia en este festival de otoño.

UN POCO DE
HISTORIA

Ámsterdam creció rápidamente desde que se fundó, en el siglo XIII, en una marisma despoblada. En el siglo XVII era una de las ciudades más ricas de Europa gracias a la explotación de las colonias holandesas. En la actualidad la ciudad es una capital financiera mundial y un lugar donde impera la libertad.

Amstelledamme se convierte en Ámsterdam

Las obras comenzaron en 1264 en el dique del río Amstel, que dio nombre al asentamiento: Amstelledamme. En el siglo XIV ya se conocía como Ámsterdam y era una ciudad lo bastante próspera como para construir la imponente Oude Kerk (p. 92). El segundo lugar de culto importante, la Nieuwe Kerk (p. 74), se alzó a finales del siglo XIV. Pero la iglesia de madera, junto con la mayor parte de la ciudad, la destruyó el segundo de los incendios que asolaron Ámsterdam en 1421 y 1452. El fuego arrasó de nuevo la ciudad a principios del siglo XVI, y en 1521 se prohibió construir con madera para evitar más desastres.

1 Mapa que muestra Ámsterdam en 1582.

2 Casas del siglo XV en el Begijnhof.

3 Representación de la Nieuwe Kerk en llamas por Egbert Lievensz van der Poel (1645).

4 Retrato del príncipe Guillermo de Orange.

Cronología

1264
Empiezan las obras en el primer dique del río Amstel.

1306
Se consagra la Oude Kerk.

1452
Un 2º incendio destruye gran parte de la ciudad, incluida la Nieuwe Kerk, hecha de madera.

1477
Ámsterdam se convierte en parte del Sacro Imperio Romano bajo los Habsburgo.

1522
El emperador Habsburgo Carlos V intenta aplastar la Reforma en los Países Bajos.

Hacia la independencia

Ámsterdam se convirtió en parte del Sacro Imperio Romano por un matrimonio dinástico en 1477, pero la armonía duró poco. En 1500, la Reforma protestante se extendió por Europa y entre 1522 y 1550, bajo el reinado de Felipe II de España, en los Países Bajos murieron unos 30.000 protestantes. En 1568, el príncipe Guillermo de Orange –estatúder (gobernador) de las provincias de Holanda, Zelanda y Utrecht– se puso al frente de los protestantes en la guerra de los Ochenta Años (conocida en España como guerra de Flandes). La pragmática Ámsterdam se puso del lado español. Pero en 1578 cambió de bando en un acontecimiento conocido como la Reforma, y en 1581 se convirtió en la orgullosa capital protestante de una incipiente República Neerlandesa.

En los años siguientes, la República sufrió una serie de desastres, como el asedio de Maastricht. Al por entonces impopular Guillermo de Orange lo asesinó en 1584 un seguidor de Felipe II *(p. 208)*. Dos de sus hijos, Mauricio y Federico Enrique, le relevaron. Tras 80 años de lucha, en 1648 y bajo el mando de Guillermo II, príncipe de Orange e hijo de Federico Enrique, los Países Bajos lograron la independencia.

¿Lo sabías?

De los 30.000 habitantes que tenía Maastricht, solo 400 sobrevivieron al asedio español de 1579.

1568
Estalla la guerra después de que el duque de Alba ejecute a los duques de Egmont y Hoorn, protestantes.

1578
Ámsterdam cambia de aliados y se une a los protestantes rebeldes.

1543
Carlos V unifica en una sola entidad los Países Bajos, Bélgica y Luxemburgo.

1581
Ámsterdam se convierte en la capital de la República Neerlandesa.

1584
Asesinan al príncipe Guillermo de Orange en Delft.

1

2

La época del auge

Una vez liberados de los Habsburgo, los holandeses disfrutaron de su recién conquistada independencia. La flota mercante holandesa construyó una red de rutas comerciales que abarcaban todo el mundo, lo que dio lugar a una nueva clase media. Este grupo sentía cada vez más rechazo por la gobernante casa de Orange. En 1795 los Patriotas –una facción política radical inspirada por la Ilustración– crearon con apoyo francés la República Bátava. En 1808 Napoleón abolió la república y coronó rey a su hermano Luis. Al final de las guerras napoleónicas se instaló en el trono Guillermo I, príncipe de Orange.

Colonialismo

Los Países Bajos emplearon su flota mercante para erigir un imperio inmenso. Los holandeses no solo comerciaban con especias y materias primas, sino que también transportaban esclavos por todo el mundo. Muchos fueron obligados a trabajar en plantaciones en países bajo control holandés, como Surinam o las Antillas, en el Caribe, y las Indias Holandesas Orientales (que posteriormente serían Indonesia).

UN IMPERIO COMERCIAL

La Compañía Neerlandesa de las Indias Orientales (VOC), fundada en 1602, traía a Europa especias de Indonesia y la India, mientras que la Compañía Neerlandesa de las Indias Occidentales, creada en 1621, tenía el monopolio sobre América, incluido el comercio de esclavos. Ambas explotaban de forma despiadada los recursos y a las poblaciones locales.

Cronología

1602

Los comerciantes de Ámsterdam crean la Compañía de las Indias Orientales para comerciar con Asia.

1626

La Compañía de las Indias Occidentales adquiere Manhattan y funda Nueva Ámsterdam.

1648

El Tratado de Münster pone fin a la guerra con España.

1652-1654

La rivalidad comercial entre Inglaterra y los Países Bajos conduce a la Primera Guerra angloneerlandesa.

1666-1667

Los Países Bajos vencen en la Segunda Guerra angloneerlandesa.

Guerra y ocupación

Los Países Bajos esperaban mantenerse neutrales en la Segunda Guerra Mundial como sucedió en la Primera, pero Alemania los invadió en mayo de 1940. Durante la ocupación, se deportó a los judíos a campos de concentración y se reprimieron con dureza gestos como la huelga de los estibadores de 1941.

Los japoneses ocuparon Indonesia. Después de su derrota, los holandeses intentaron volver a imponer el dominio colonial. La guerra sangrienta que siguió terminó en 1949 con la independencia de Indonesia. Surinam obtuvo la autonomía en 1975.

Ámsterdam en la actualidad

En 1952, Ámsterdam se unió a la Comunidad Europea del Carbón y el Acero, que finalmente acabaría siendo la Union Europea. Rápidas autopistas y el canal Ámsterdam-Rin la conectaron con sus vecinos, lo que favoreció el comercio y atrajo a empresas multinacionales. En consecuencia, trabajadores de todo el mundo acudieron en masa a la ciudad, lo que produjo una crisis en la vivienda. Los planes de renovación urbanística aliviaron el problema de superpoblación, pero hoy día la ciudad sufre el exceso de turismo.

1 Grabado de la Compañía de las Indias Occidentales.

2 El *Amsterdam,* réplica de un barco del siglo XVII.

3 Nationaal Monument, en la plaza Dam.

4 Una barcaza por el canal Ámsterdam-Rin.

¿Lo sabías?

La población de la ciudad no ha dejado de aumentar desde 2010, y se calcula que superará los 950.000 habitantes en 2030.

1919
Se concede derecho a voto a las mujeres.

1940
Alemania invade los Países Bajos.

1863
Abolición de la esclavitud en los Países Bajos.

1795-1813
Los Países Bajos están bajo control francés.

1815
Se corona a Guillermo I primer rey de los Países Bajos.

2002
El príncipe Guillermo Alejandro y Máxima Zorreguieta se casan en la Nieuwe Kerk.

UN PASEO POR LOS CANALES

Durante la época de prosperidad, riqueza y orgullo cívico en el Ámsterdam del siglo XVII, nació un ambicioso plan para construir un espléndido anillo de canales alrededor de la ciudad. Diseñado en 1609, y ampliado en 1664, por el arquitecto Daniel Stalpaert, el proyecto creció para incluir anchos canales rodeados por opulentas viviendas urbanas de estilos arquitectónicos variados.

Estas casas reflejan la riqueza de la creciente clase social de los comerciantes, que prosperó gracias a los botines que conseguían la Compañía Neerlandesa de las Indias Orientales y la Compañía Neerlandesa de las Indias Occidentales. La opulencia de las fachadas oculta que la explotación y la esclavitud eran el núcleo de la economía.

Un paseo a lo largo de los canales permite admirar estas mansiones de comerciantes, así como casas increíblemente estrechas y ejemplos excepcionales de la Escuela de Arquitectura de Ámsterdam. Las diversas fachadas, reflejadas en las aguas de los canales, se han convertido en un símbolo de la ciudad para el resto del mundo.

Las siguientes páginas guían al visitante por los canales Singel, Keizersgracht, Herengracht, Reguliersgracht y Prinsengracht. Hay que escuchar los sonidos de estas vías navegables y sentir su bulliciosa energía, mientras se exploran las arterias de esta ciudad impulsada por el agua.

¿Lo sabías?

El prostíbulo Yab Yum llegó a facturar 40.000 € en una noche.

UN PASEO POR LOS CANALES
DE LA PLAZA DAM
A KEIZERSGRACHT

Distancia 850 m **Tranvía** Dam **Tiempo** 10 minutos

El paseo por los canales más bonitos de Ámsterdam empieza en la plaza Dam. Se sale de ella por Paleisstraatpast y se pasa ante el Koninklijk Paleis *(p. 81)*. Luego hay que cruzar Nieuwezijds Voorburgwal y Spuistraat, y se gira a la izquierda para pasear por la orilla izquierda del canal Singel. Este canal era el foso que rodeaba Ámsterdam hasta 1585, cuando se expandió la ciudad. El Singel es el núcleo del segundo Barrio Rojo más grande de la ciudad. Caminando por él se pasa por delante tanto de mansiones opulentas como de antiguos burdeles, entre ellos el Yab Yum, tristemente célebre.

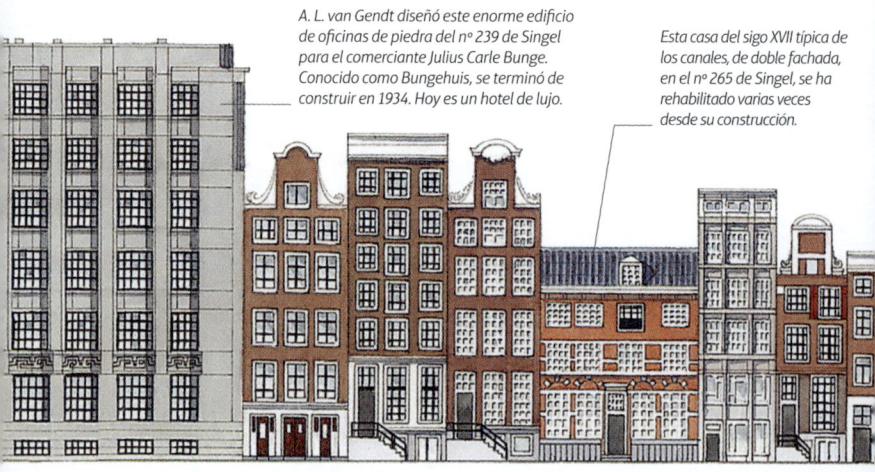

A. L. van Gendt diseñó este enorme edificio de oficinas de piedra del nº 239 de Singel para el comerciante Julius Carle Bunge. Conocido como Bungehuis, se terminó de construir en 1934. Hoy es un hotel de lujo.

Esta casa del sigo XVII típica de los canales, de doble fachada, en el nº 265 de Singel, se ha rehabilitado varias veces desde su construcción.

3

① El imponente edificio de oficinas Bungehuis, que ahora es un hotel de lujo, se encuentra en el nº 239 de Singel.

② Una llamativa barca naranja surca las aguas del Singel, pasando ante las diversas fachadas que dan al canal.

③ En el Singel se encuentra el Bloemenmarkt *(p. 148)*, que flota en sus aguas.

Tras pasar ante las fachadas del siglo XVIII de los nos 317 y 319 de Singel, que marcan un contraste, se gira a la derecha por Oude Spiegelstraat para cruzar Herengracht. Yendo por Wolvenstraat se llega a Keizersgracht. En la página siguiente continúa el paseo por los canales.

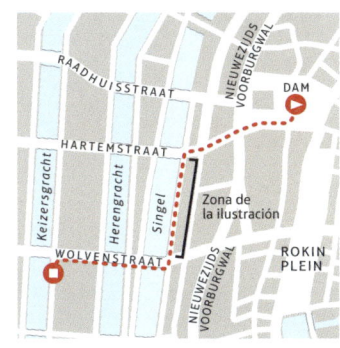

Plano de situación

El hastial escalonado del 279 de Singel data del siglo XIX. La mayoría de las casas de este canal se construyeron entre 1600 y 1665.

Estas casas, los nos 289-293, se alzan en una callejuela que antiguamente se llamaba Schoorsteenvegersteeg (de los Deshollinadores), donde vivían muchos deshollinadores inmigrantes en el siglo XIX.

El muy exclusivo burdel Yab Yum ocupaba la típica casa de los canales del siglo XVII del nº 295 de Singel.

UN PASEO POR LOS CANALES
DE KEIZERSGRACHT
A HERENGRACHT

Distancia 700 m **Tranvía** Spui **Tiempo** 10 minutos

Keizersgracht es conocido como el Canal del Emperador, y con razón. Paseando a lo largo de este canal se pueden ver fachadas muy ornamentadas, como la del nº 319, que está cubierta de volutas, jarrones y guirnaldas. Después de maravillarse con la diminuta casa del 345a de Keizersgracht, se llega, cruzando Huidenstraat, a la sección del canal que se ilustra debajo.

Se gira a la derecha por Leidsestraat para seguir por Leidsegracht, que marca el extremo del plan de ampliación de la ciudad

El artista Jacob de Wit compró los nºˢ 383 y 385 de Keizersgracht, y vivió en el 385 hasta su muerte en 1754.

De Vergulde Ster (Estrella Dorada), en el 387 de Keizersgracht, se construyó en 1668 junto a la cantera municipal. Posee un alargado hastial de cuello y ventanas estrechas.

El nº 399 de Keizersgracht data de 1665, pero la fachada se rehízo en el siglo XVIII. Su achterhuis (anexo trasero) se ha conservado perfectamente.

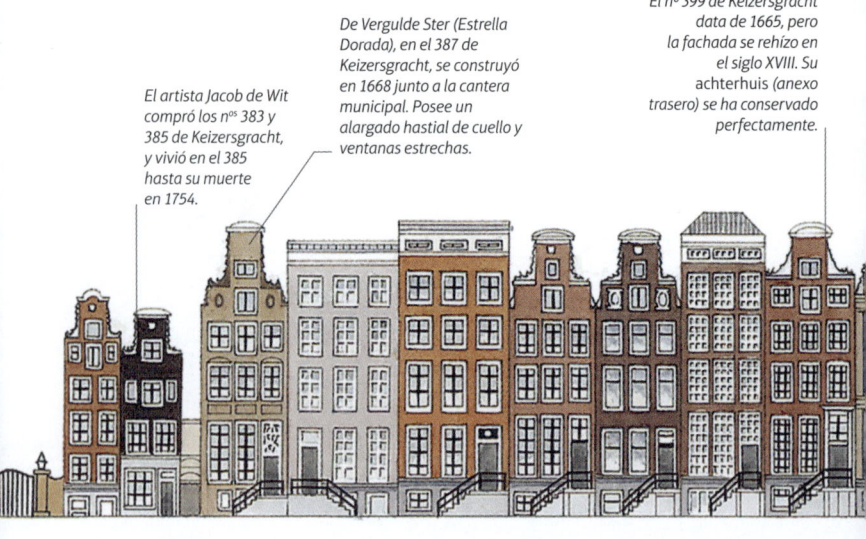

3

① El hastial del n° 401 de Keizersgracht está decorado con querubines.

② Barcas amarradas ante los n°s 401 y 403 de Keizersgracht.

③ Un *rondvaartboot* pasa bajo el puente de Keizersgracht que cruza el canal Leidsegracht.

de 1664 de Daniel Stalpaert. Se aprecian las casas de los canales de los siglos XVII y XVIII. Se sigue hasta Koningsplein y luego se camina por la orilla izquierda de Herengracht. En la página siguiente, el paseo continúa por Herengracht.

Plano de situación

Los n°s 401 y 399 de Keizersgracht albergan el Huis Marseille, un museo de fotografía.

El sencillo edificio del n° 403, con hastial en punta, era en origen un almacén, algo raro en esta zona predominantemente residencial.

Construido en 1671 en una parcela triangular, el n° 409 de Keizersgracht cuenta con un techo de madera ricamente decorado.

1

2

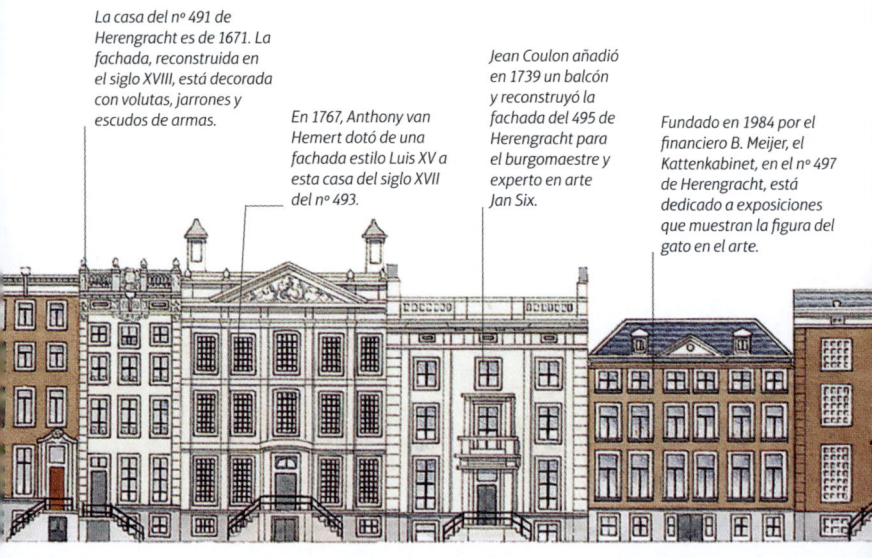

UN PASEO POR LOS CANALES
DE HERENGRACHT A REGULIERSGRACHT

Distancia 550 m **Tranvía** Koningsplein **Tiempo** 5 minutos

Caminando en dirección este por Herengracht hacia Thorbeckeplein se pasa ante grandiosas mansiones de amplias fachadas. Las parcelas más prestigiosas del canal se conocen como Curva Dorada *(p. 118)*, que se ilustra debajo. En esta sección, la más pintoresca del canal, se oye el motor de los *rondvaarbooten* de fondo, que generan un suave oleaje.

Tras cruzar Vijzelstraat, se pasa ante la casa donde Pedro el Grande se alojó en 1716 y por el edificio asimétrico de los nºs 533-537. Las casitas que hay en la esquina de Herengracht

La casa del nº 491 de Herengracht es de 1671. La fachada, reconstruida en el siglo XVIII, está decorada con volutas, jarrones y escudos de armas.

En 1767, Anthony van Hemert dotó de una fachada estilo Luis XV a esta casa del siglo XVII del nº 493.

Jean Coulon añadió en 1739 un balcón y reconstruyó la fachada del 495 de Herengracht para el burgomaestre y experto en arte Jan Six.

Fundado en 1984 por el financiero B. Meijer, el Kattenkabinet, en el nº 497 de Herengracht, está dedicado a exposiciones que muestran la figura del gato en el arte.

3

[1] El canal está flanqueado por grandes árboles a la altura del nº 493 de Herengracht.

[2] El Kattenkabinet ha elegido como logo la sencilla silueta en blanco y negro de un gato que se aleja de quien lo observa.

[3] Las amplias fachadas del nº 497 –el Kattenkabinet– y el nº 499 de Herengracht.

con Thorbeckeplein contrastan con el esplendor de los edificios a su alrededor. En Thorbeckeplein, se toma el puente a la derecha, que marca el comienzo de Reguliersgracht. Hay que seguir por la orilla izquierda.

Plano de situación

En el 507 de Herengracht vivía el alcalde Jacob Boreel. Su casa fue saqueada durante los disturbios de 1696, como venganza por una tasa de sepultura que introdujo en la ciudad.

Como muchas otras casas de los canales, el nº 499 se ha convertido en oficinas.

El nº 509 ofrece un aspecto muy distinto por los balcones art déco y su audaz diseño tridimensional.

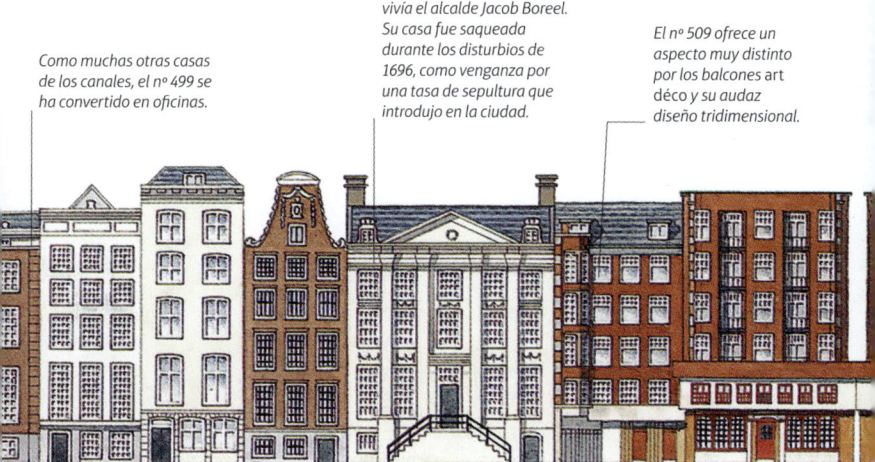

1

2

UN PASEO POR LOS CANALES
DE REGULIERSGRACHT AL RÍO AMSTEL

Distancia 750 m **Tranvía** Rembrandtplein **Tiempo** 10 minutos

La última parte del paseo recorre uno de los canales más famosos, el Reguliersgracht. Antes de empezar, se puede hacer una pausa en el lugar donde el canal se cruza con Herengracht para ver 10 puentes en total, incluido el que se tiene bajo los pies. Después se pasa ante los edificios que se ilustran debajo y se cruza Keizersgracht. Se encuentran a continuación las fachadas de piedra decorada con ladrillo y de madera labrada de los n°s 57, 59 y 63 de Reguliersgracht. En la iglesia hay que girar a la izquierda y continuar por la orilla izquierda de

7

puentes de piedra arqueados cruzan el Reguliersgracht.

Los almacenes del siglo XVI con hastial en punta de los n°s 11 y 13 de Reguliersgracht se llaman Sol y Luna.

Estas tres casas con típicos hastiales de cuello, en los n°s 17, 19 y 21 de Reguliersgracht, están muy cotizadas hoy.

1 Con las distintivas contraventanas rojas, los n⁰ˢ 11 y 13 de Reguliersgracht son idénticos, de ahí sus sobrenombres de Sol y Luna.

2 Los siete puentes que atraviesan Reguliersgracht componen una gran fotografía.

3 Los n⁰ˢ 37 y 39 se encuentran en la intersección con Keizersgracht.

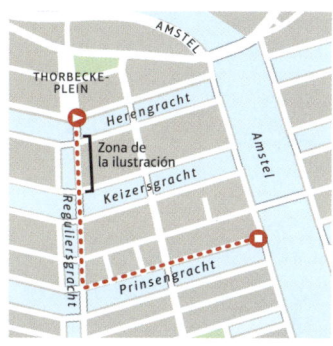

Plano de situación

Prinsengracht. Es un buen momento para un descanso y comer en NeL in Amstelkerk (p. 147) o beber algo en el Café Marcella, en el 1047a de Prinsengracht, un bar local típico con terraza en verano. Después, la ruta continúa por Prinsengracht hasta el río Amstel.

La Nieuwe Amsterdammer, *una revista semanal dirigida a los intelectuales bolcheviques de Ámsterdam, se editó en el 19 de Reguliersgracht desde 1914 a 1920.*

Las fachadas de los n⁰ˢ 37 y 39 de Reguliersgracht, inclinadas hacia el agua, muestran el peligro que supone el hundimiento cuando se construye en terrenos pantanosos.

EXPLORA

Tulipanes en los Jardines Keukenhof

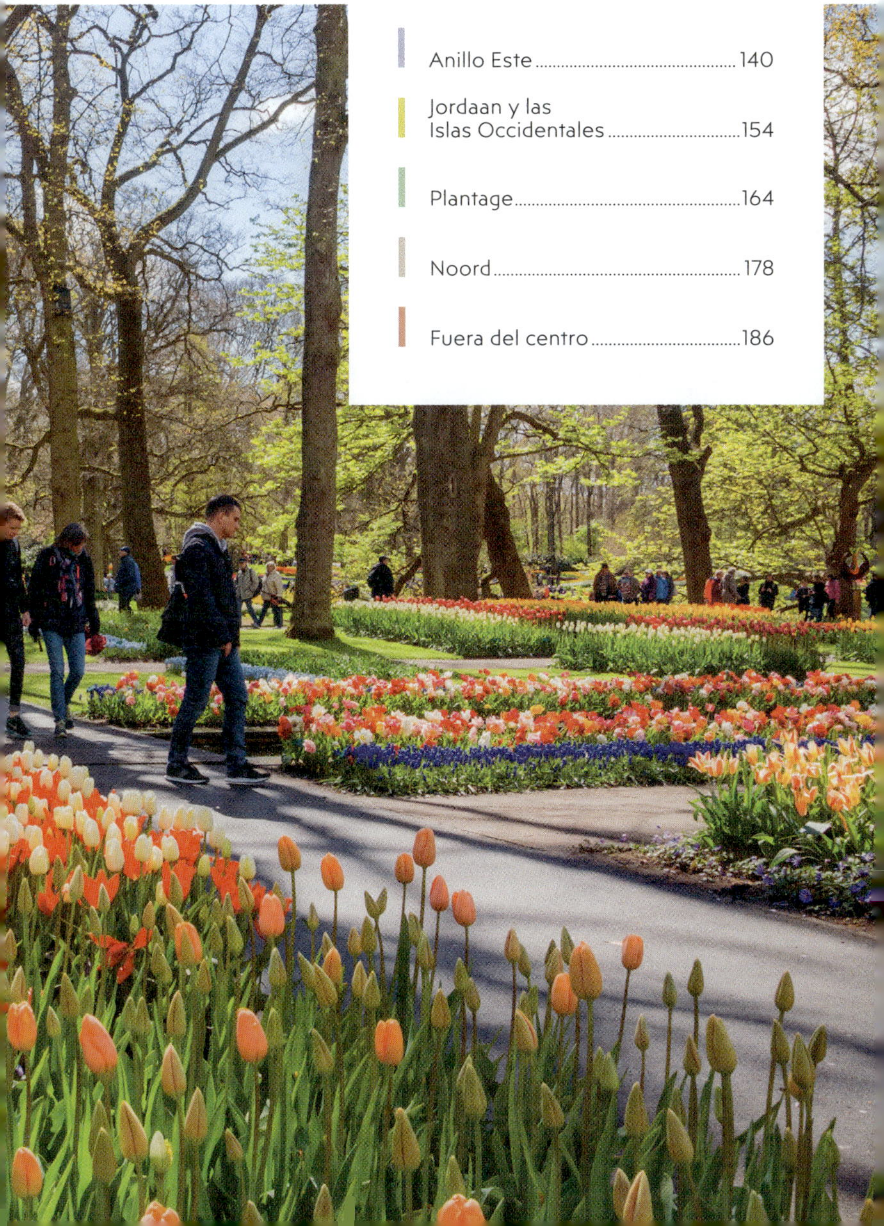

NIEUWE ZIJDE

La zona situada al oeste del curso original del río Amstel se conocía como la Nieuwe Zijde (Nueva Orilla) que, junto con la Oude Zijde, conformó el corazón de los primeros asentamientos marítimos. En 1345 esa parte se vio revitalizada por el Milagro de Ámsterdam: en una casa en Kalverstraat, un hombre moribundo vomitó la hostia consagrada, la cual, aun arrojándola al fuego, no ardía. Este suceso convirtió la ciudad en un lugar de peregrinación y se construyó una capilla en aquella casa, lo que llevó el comercio a la Nieuwe Zijde gracias a los fieles que pasaban por allí. Curiosamente, un incendio desatado en 1452 también aportó vitalidad a la Nieuwe Zijde. Con su reconstrucción, se recortó el ancho canal Singel, lo que atrajo a familias adineradas. Muelles elegantes, almacenes y hogares de comerciantes proliferaron donde antes solo había pobreza. Esta prosperidad medieval también se manifestó en el Begijnhof, conjunto de asilos para beguinas, una hermandad dedicada a la beneficencia.

A lo largo de los siglos siguientes, la presa que conectaba la Oude Zijde y la Nieuwe Zijde aumentó paulatinamente hasta alcanzar amplitud suficiente para operar como plaza, lo que la convirtió no solo en un centro de actividad comercial, sino también de gobierno local: en el siglo XVII, cuando Ámsterdam alcanzó la cima de su poder, se contruyó allí el Koninklijk Paleis a modo de ayuntamiento. En la actualidad, la plaza Dam sigue desempeñando un papel importante en la vida pública y su arteria principal, Nieuwendijk, se ha convertido en una de las principales calles comerciales de la ciudad.

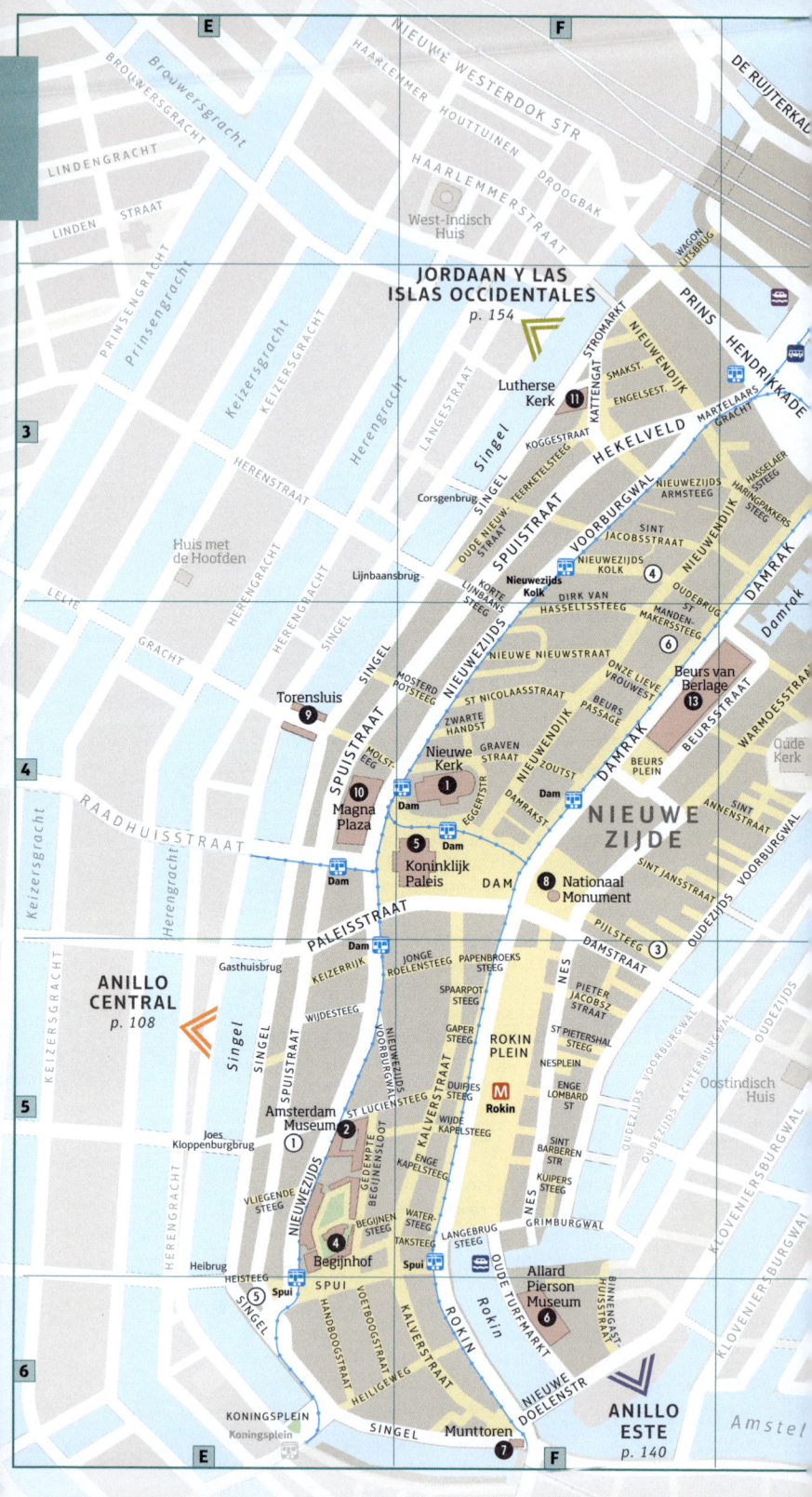

NIEUWE ZIJDE

Esencial
1. Nieuwe Kerk
2. Amsterdam Museum
3. Museum Ons' Lieve Heer op Solder
4. Begijnhof

Lugares de interés
5. Koninklijk Paleis
6. Allard Pierson Museum
7. Munttoren
8. Nationaal Monument
9. Torensluis
10. Magna Plaza
11. Lutherse Kerk
12. Sint Nicolaasbasiliek
13. Beurs van Berlage

Dónde comer
1. Kapitein Zeppos
2. Kam Yin

Dónde beber
3. Wynand Fockink
4. In de Wildeman
5. Café Hoppe

Dónde dormir
6. Hotel The Exchange

NIEUWE KERK

📍 F4 🚇 Plaza Dam 🚊 2, 4, 12, 13, 14, 17 🕐 10.00-18.00 diario (solo durante exposiciones; consultar la página web) 🌐 nieuwekerk.nl

La iglesia Nueva medieval es majestuosa y sorprendente, y no solo acoge coronaciones reales, sino también exposiciones impresionantes sobre personajes ilustres, distintas culturas y arte y fotografía actuales.

En el siglo XIV se construyó la segunda iglesia parroquial de Ámsterdam, ya que la Oude Kerk *(p. 92)* era insuficiente debido al crecimiento de la población. A lo largo de su turbulenta historia, la iglesia ha sido destruida varias veces por el fuego, reconstruida y vaciada de sus tesoros tras la Reforma *(p. 55)*. Lo más destacable del interior incluye el Gran órgano (1645), adornado con querubines de madera y postigos pintados por Jacob van Campen, la tumba de Michiel de Ruyter (1607-1676), el almirante caído en la batalla contra los franceses en Messina, obra de Rombout Verhulst, y un púlpito tallado (1664). Desde 1814, todos los monarcas holandeses han sido coronados aquí.

← La iglesia, con sus enormes vidrieras, domina la plaza Dam

Púlpito tallado

Ventana tabicada ornamentada

Gran órgano

Baptisterio

Enrejado de Johannes Lutma (c. 1650)

1578

▽ La iglesia fue saqueada al ser convertida en protestante, tras la Reforma

1814

▽ Primera investidura real de Guillermo I en la Nieuwe Kerk

Cronología

1380

△ Fecha aproximada de la construcción de la primera iglesia que hubo en este lugar. El edificio original fue destruido en 1421

1645

△ El incendio destruye todo menos la fachada y los muros, y las obras de restauración empiezan poco después

Ábside

Tumba de Michiel de Ruyter

Capilla del Masón

Vidrieras

Entrada principal

Galería de los Huérfanos

↑ El magnífico interior de la Nieuwe Kerk

↑ El escultor holandés Albert Vinckenbrinck tardó 15 años en tallar el ornamentado púlpito

¿Lo sabías?
—
Joost van den Vondel (p. 135) fue enterrado aquí en una tumba sin nombre.

↑ Vidriera policromada con la imagen de Guillermo III, el príncipe de Orange (p. 55), rodeado por sus cortesanos

AMSTERDAM MUSEUM

E5 **Kalverstraat 92, St. Luciensteeg 27** **2, 4, 12, 14** **Rokin** **Por reforma hasta 2028** **amsterdammuseum.nl**

El museo histórico de la ciudad ilustra la transformación drástica de Ámsterdam desde su origen como aldea en tierras pantanosas hasta el presente y, también, su futuro. Tanto el sitio como la propia colección relatan su variada historia. El edificio de fachada de ladrillo fue primero el convento de St. Lucien, antes de convertirse, dos años después de la Reforma (*p. 55*), en un orfanato municipal.

↑ Patio interior, construido con ladrillos rojos, del Amsterdam Museum

El núcleo central del museo es la Amsterdam DNA, una exposición multimedia que presenta la evolución de Ámsterdam desde sus orígenes medievales como pequeño pueblo de pescadores hasta la ciudad cosmopolita que es hoy. En otras salas se exploran con más detalle otros aspectos de la historia de Ámsterdam, como la era de prosperidad del siglo XVII. La Amsterdam Gallery también ilustra el pasado y el presente a través de diversos objetos, desde retratos del siglo XVI hasta grafitis modernos, mientras que la Cámara de los Regentes y el Pequeño Orfanato narran la historia del edificio. Como en la actualidad el museo está cerrado por reforma, las piezas principales y las exposiciones temporales se ubican todo este tiempo en el H'ART Museum (*p. 175*).

¿Lo sabías?

En los tiempos del orfanato, los niños y las niñas jugaban en patios separados.

Un globo terráqueo, elaborado por Willem Blaeu (cartógrafo de la Compañía Neerlandesa de las Indias Orientales), de la Amsterdam DNA, destaca la historia del comercio marítimo y expansión colonial de la ciudad

↓

← Objetos del siglo XX expuestos en la Amsterdam DNA

Distribución por salas

Amsterdam DNA

▽ Un paseo de una hora por la historia de la ciudad explora sus principales características culturales, incluyendo su espíritu emprendedor, libertad de pensamiento, virtud cívica y creatividad. Las pantallas táctiles e imágenes son de gran utilidad.

Amsterdam Gallery

▷ Situada entre Begijnensteeg y el museo, esta es la única calle museo del mundo, y no se cobra entrada. No hay que perderse la talla de madera *David, Goliat y su escudero* (1648-1650), de Albert Jansz Vinckenbrinck.

Cámara de los Regentes

▽ Esta sala de 1634 era el lugar de reunión de la dirección del orfanato (los regentes). Su delicado techo, añadido en 1656, muestra a los huérfanos recibiendo limosnas. Hay retratos de los regentes en las paredes. La mesa larga y los armarios son del siglo XVII.

El Pequeño Orfanato

▷ Esta exposición aporta a los visitantes la oportunidad de experimentar la vida en un orfanato del siglo XVII. Se pueden recorrer las aulas, cocinas y establos, muy bien recreados siguiendo las narraciones de unos personajes que ilustran los detalles de su vida cotidiana.

MUSEUM ONS' LIEVE HEER OP SOLDER

📍G4 🏠Oudezijds Voorburgwal 38 🚋4, 14
🕙10.00-18.00 lu-sá, 13.00-18.00 do y festivos
🗓27 abr, 25 dic 🌐opsolder.nl

Escondida y colindante con el Barrio Rojo hay una casa restaurada del siglo XVII junto al canal, con dos pequeñas casas detrás. Las plantas superiores esconden una iglesia católica oculta conocida como Nuestro Señor del Ático (Ons' Lieve Heer op Solder).

Nuestro Señor del Ático

Tras la Reforma *(p. 55)*, cuando Ámsterdam se convirtió al protestantismo de forma oficial, se construyeron muchas iglesias clandestinas en la ciudad. En 1663, el mercader burgués Jan Hartman añadió esta capilla a su hogar.

El edificio se convirtió en museo en 1888 y posee una espléndida colección de plata de iglesia, objetos religiosos y cuadros. Se accede al museo a través de la casa del otro lado de la calle. Un pasadizo subterráneo conecta los dos edificios. La casa también cuenta con un espacio de exposiciones, un café y una tienda.

Un hastial sencillo en la primera casa

La pequeña habitación de un capellán está escondida en un recoveco de la escalera.

Habitación de día

↑ A la casa de Harman se accede a través del edificio de la derecha

↑ Las tres casas que componen el Museum Ons' Lieve Heer op Solder

Galería de madera de la iglesia

Sacristía, en la que se guardaba la vestimenta litúrgica

Nuestro Señor del Ático sirvió a la comunidad católica hasta la apertura de la Sint Nicolaasbasiliek (p. 84) en 1887.

Este diminuto confesionario se encuentra en el rellano, detrás de la iglesia.

La cocina del siglo XVII fue, originariamente, parte de las estancias del sacerdote. Desde 1663 hubo en la iglesia un capellán residente.

Sala de recepción

1 La sala de recepción se ha restaurado para mostrar su antigua opulencia con el estilo clásico holandés del siglo XVII.

2 A diferencia del resto de la casa, la iglesia de Nuestro Señor del Ático ha sido restaurada con el aspecto que tenía en el siglo XIX, cuando los devotos asistieron por última vez.

3 La habitación de día era el lugar en el que vivían los residentes en el siglo XVII.

BEGIJNHOF

El nº 19 tiene una placa que conmemora el éxodo de los judíos de Egipto.

📍 E5 🏠 Spui (entrada por Gedempte Begijnensloot)
🚋 2, 4, 12, 14 🕐 Puertas: 9.00-17.00 diario

El Begijnhof, con las hermosas hileras de casas que dan a un jardín bien cuidado, es el lugar idóneo para descansar del frenesí de la Nieuwe Zijde.

El Begijnhof fue construido en 1346 como santuario para las beguinas, una hermandad católica y laica de mujeres que vivían como monjas a pesar de no hacer votos. A cambio del alojamiento, estas venerables mujeres se encargaron de la educación de los pobres y de cuidar a los enfermos. No ha sobrevivido ninguna de las viviendas más antiguas, pero el Begijnhof aún tiene un aire de recogimiento. No se permiten visitas de grupos y los turistas deben respetar la intimidad de los residentes.

Engelse Kerk

Het Houten Huis

La capilla Begijnhof, una iglesia clandestina (nᵒˢ 29-30), se terminó en 1680.

Entrada principal en Gedempte Begijnensloot

Entrada de Spui

¿Lo sabías?

En las casas del Begijnhof siguen residiendo mujeres solteras.

↑ Una estatua de Jesucristo en medio del jardín comunal del Begijnhof

Casas del Begijnhof, dispuestas alrededor de su jardín comunal

Puerta de madera

LA MEJOR FOTO
Het Houten Huis

Detrás de Het Houten Huis (n° 34), una de las casas más antiguas de Ámsterdam, hay un muro blanco adornado con placas bíblicas. Colocando la casa con fachada de madera, una de las dos únicas que quedan en la ciudad, y las placas en un solo plano, se logra la foto perfecta.

↑ El austero interior de la Engelse Kerk denota su pasado presbiteriano

←
La enorme Burgerzaal, con suelo de mármol, en el Koninklijk Paleis

LUGARES DE INTERÉS

5

Koninklijk Paleis

📍 F4 🏛 Dam 🚊 2, 4, 12, 13, 14, 17 🕐 Consultar la página web para más información 🌐 paleisamsterdam.nl

El Koninklijk Paleis, que el rey aún utiliza para actos oficiales, se construyó como Stadhuis (ayuntamiento). Las obras comenzaron en 1648, tras la guerra de los Ochenta Años con España (*p. 55*). Dominando la plaza, el diseño clásico de Jacob van Campen (1595-1657) refleja la sensación de confianza de la ciudad tras la victoria holandesa. El orgullo cívico también se aprecia en las esculturas mitológicas de Artus Quellien (1609-1668) que decoran los frontones, y en el carillón de François Hemony (1609-1667). En la Burgerzaal (sala de los ciudadanos) es donde mejor se ve su magnificencia. Esta sala de 30 m de altura, basada en los salones de actos romanos, tiene un suelo de mármol que forma un mapa celeste flanqueado por dos hemisferios terrestres.

Hotel The Exchange
Las habitaciones de este céntrico y extravagante hotel fueron diseñadas por los graduados del Instituto de la Moda de Ámsterdam.

📍 F4
🏠 Damrak 50
🌐 hotelthe exchange.com

Allard Pierson Museum

F6 **Oude Turfmarkt 127** **4, 14** **10.00-17.00 ma-do** **27 abr, 25 dic** **allardpiersonmuseum.nl**

Este museo lleva el nombre de Allard Pierson, un humanista, sabio y, en 1877, primer profesor de historia del arte en la recién fundada Universidad de Ámsterdam. Alojado en un antiguo banco, reúne las famosas colecciones de la universidad en los ámbitos de la arqueología, los libros, la cartografía, el diseño gráfico, la historia cultural judía y la zoología. La exposición permanente "Del Nilo al Amstel" hace una travesía desde lo prehistórico en Oriente Próximo hasta la moderna ciudad de Ámsterdam. Se puede echar un vistazo a algunos sarcófagos egipcios magníficamente decorados, elegante cerámica griega negra y roja y raros textiles coptos. No hay que perderse los moldes de famosas esculturas griegas y romanas en la entreplanta y la planta superior. La sección dedicada a Allard Pierson ofrece experiencias interactivas con las que se puede explorar la colección digital de mapas del museo, escuchar grabaciones históricas de jazz y ayudar a los arqueólogos a revisar fragmentos de vasijas y de otros objetos hallados en excavaciones recientes en Ámsterdam y alrededores.

Munttoren

F6 **Muntplein** **4, 14, 24** **Rokin** **Tienda: abr-oct: 9.30-21.00 diario; nov-mar hasta 18.00**

La planta poligonal de la Munttoren (torre de la Moneda) formaba parte del Reguliers-poort, la puerta de acceso sur de la muralla medieval de Ámsterdam. En 1618, un incendio destruyó la puerta, pero la base sobrevivió. Al año siguiente, Hendrick de Keyser (*p. 31*) añadió la torre del reloj (cerrada al público), que fue coronada con un campanario y una esfera de enrejado. El carillón lo diseñó François Hemony en 1699, y suena cada 15 minutos. La torre recibió su nombre en 1673, durante la ocupación francesa, cuando albergó temporalmente la antigua ceca.

La tienda de la planta baja vende cerámica todavía hecha a mano en su fábrica de Delft, De Paauw.

Nationaal Monument

F4 **Dam** **4, 14, 16, 24**

Esculpido por John Rädecker (1885-1956) y diseñado por el arquitecto J. J. P. Oud (1890-1963), este obelisco de 22 m que se yergue sobre Dam conmemora a los caídos holandeses en la Segunda Guerra Mundial. Se inauguró en 1956, y delante hay dos leones, símbolo heráldico de los Países Bajos. Dentro del

muro trasero hay urnas con tierra de todas las provincias neerlandesas y de las antiguas colonias de Indonesia, las Antillas y Surinam.

Torensluis

E4 **Singel entre Torensteeg y Oude Leliestraat** **2, 12, 13, 17**

El Torensluis es uno de los puentes más anchos y antiguos de Ámsterdam. Con una

La imponente Munttoren en el canal Singel ↓

↑ Los pórticos interiores del Magna Plaza mantienen su opulencia de antaño

anchura de 42 m, se construyó en la misma ubicación de una compuerta del siglo XVII y lleva el nombre de una torre del puente que se demolió en 1829 (su trazado está señalado en el suelo). En los cimientos se construyó una cárcel. Si se mira con detenimiento, aún se pueden ver las ventanas con rejas y la entrada con arcos que llevaba al antiguo calabozo situado bajo el nivel del agua.

La estatua que domina el puente es del autor holandés Eduard Douwes Dekker (1820-1887), que escribía bajo el seudónimo Multatuli. Su novela *Max Havelaar*, publicada en 1860, sobre las atrocidades cometidas por los colonos neerlandeses en las Indias Orientales (actual Indonesia) despertó mucha polémica. Su protagonista, Max Havelaar, lucha contra el corrupto Gobierno de Java. El libro fue un estímulo para los reformistas, aunque los holandeses tuvieron que ser finalmente expulsados de su imperio por la fuerza.

Magna Plaza

⊞E4 🅰Nieuwezijds Voorburgwal 182 🚋**2, 12, 13, 17** 🕐**10.00-22.00 diario** 🌐**magnaplaza.nl**

Un panel en la fachada actual del edificio recuerda su función original. En 1748 albergaba una *postkantoor*, u oficina de correos, que cerró en 1854. El edificio actual se terminó en 1899. El arquitecto, C. H. Peters, fue ridiculizado por la extravagancia de su diseño neogótico. Los críticos denominaron el estilo del edificio, con un exterior muy decorado y las altas torres, como *post-office Gothic*. El inmueble fue rediseñado en 1992 y se convirtió en un elegante centro comercial, en el que se preservaron maravillosamente las grandiosas dimensiones del diseño de Peters. En sus tres plantas se encontrará una amplia variedad de marcas de lujo y una zona de restaurantes en la planta más alta.

Kapitein Zeppos
Un animado restaurante italiano que prepara deliciosas pastas y platos de carne ecológicos.

⊞E5 🅰Gebed zonder End 5 🌐**zeppos.nl**

Kam Yin
La especialidad de la casa es el *roti* tradicional surinamés (tortitas rellenas de carne o verdura).

⊞G3 🅰Warmoesstraat 6 🌐**kamyin.nl**

⓫

Lutherse Kerk

📍 F3 🏠 Kattengat 2
🚊 2, 12, 13, 17 🔒 Al público

La Lutherse Kerk, situada en el Singel, fue diseñada por Adriaan Dortsman (1625-1682) y abrió sus puertas en 1671. Es conocida como la Ronde Lutherse Kerk, ya que fue la primera iglesia holandesa de la Reforma con planta circular y dos galerías superiores, lo que permite que el púlpito quede a la vista de todos los fieles.

En 1882 un incendio provocado por unos descuidados fontaneros destruyó prácticamente todo menos los muros exteriores. Cuando se reconstruyeron en 1883 el interior y la entrada, se hicieron más cuadrados y ornamentados, al estilo arquitectónico religioso de la época. La cúpula acanalada original fue reemplazada por otra abovedada de cobre.

La escasez de fieles provocó la clausura y desacralización de la iglesia en 1935, y desde 1975 lo usa el hotel Renaissance Amsterdam como centro de conferencias y salones para banquetes. Merece la pena dedicar un poco de tiempo para admirar su singular exterior, que destaca entre el resto de los edificios del canal.

⓬

Sint Nicolaasbasiliek

📍 G3 🏠 Prins Hendrikkade 73 🚊 2, 12, 13, 14, 17
Ⓜ Amsterdam Central
🕐 12.00-15.00 lu y sá, 11.00-16.00 ma-vi
🌐 nicolaas-parochie.nl

Sint Nicolaas, el patrón de los marineros, es un icono en Holanda. Muchas iglesias llevan su nombre, y el 5 de

diciembre (víspera de Sint Nicolaas) es el día más importante en los Países Bajos para entregar regalos.

La Sint Nicolaasbasiliek, la iglesia católica más grande de la capital, fue diseñada por A. C. Bleys (1842-1912), y se terminó en 1887. Pese a su exterior adusto y poco vistoso con las torres sobre Zeedijk y Oosterdok, la finalización de la construcción de Sint Nicolaasbasiliek marcó la rehabilitación de la fe católica tras siglos de culto clandestino, en la época del Protestantismo oficial en Ámsterdam (p. 55). Su predecesora fue la Oude Kerk (que fue católica hasta la Reforma y está dedicada a san Nicolás) y, cuando esta iglesia se volvió protestante, los

1.281

puentes atraviesan los 50 km de canales de Ámsterdam.

católicos rendían culto clandestinamente en la iglesia oculta de Ons' Lieve Her op Solder (p. 78). La alegría y el alivio de la congregación se ven en el interior del templo, a través de las vidrieras de colores de su imponente cúpula.

Los servicios se celebran la mayoría de los días de la semana y la iglesia celebra conciertos y recitales ocasionales, con su órgano Sauer del siglo XIX, magníficamente restaurado, como principal protagonista.

⓭

Beurs van Berlage

📍 F4 🏠 Damrak 2 🚊 4, 14
🕐 Solo durante exposiciones 🌐 beurs vanberlage.com

Este impresionante edificio modernista, construido en 1903 y diseñado por Hendrik Petrus Berlage (1856-1934) era antiguamente la Bolsa de Ámsterdam. Su pureza y aspecto funcional marcan una ruptura radical con el estilo

→
Cúpula de cobre de la Lutherse Kerk, reflejada en el canal

Vidrieras policromadas inundan de luz el interior de la Sint Nicolaasbasiliek ↑

Pese a su exterior adusto y poco vistoso con las torres sobre Zeedijk y Oosterdok, la finalización de la construcción de Sint Nicolaasbasiliek marcó la restitución de la fe católica.

revivalista de la arquitectura de finales del siglo XIX. Su sencilla fachada de líneas curvas y, sobre todo, el uso imaginativo de Berlage del ladrillo visto, como material de construcción decorativo, inspiró a los arquitectos de la Escuela de Ámsterdam (p. 31). Sobre la entrada hay un impresionante friso que muestra la evolución del hombre desde Adán al agente de bolsa. Al edificio se accede por una torre de reloj de 40 m tras la que se abren tres enormes salas donde antes estaba la Bolsa en sí.

En el interior, la sala principal está decorada con frisos de cerámica que representan diversos trabajadores, como mineros o recolectores de café.

El lugar celebra actualmente exposiciones y conciertos, y tiene un buen restaurante.

Wynand Fockink
Un famoso *proeflokaal* con enorme variedad de *jenevers* y cervezas.

📍F5 🏠Pijlsteeg 31
🌐wynand-fockink.nl

In de Wildeman
Esta taberna sirve al menos 18 marcas de cervezas artesanales de grifo y 200 más de botella.

📍F3 🏠Kolksteeg 3 🕐do
🌐indewildeman.nl

Café Hoppe
Un *bruin café* (tasca local) del siglo XVII que ofrece cervezas artesanales de ediciones limitadas, las *jenevers* tradicionales y licores.

📍E6 🏠Spui 18
🌐cafehoppe.com

UN PASEO
NIEUWE ZIJDE

Distancia 1,5 km **Metro** Rokin
Tiempo 15 minutos

Aunque gran parte de la Nieuwe Zijde medieval ha desaparecido, la zona aún tiene edificios que cuentan el pasado de la ciudad. El paseo desde la plaza Dam hasta Spui atraviesa ejemplos de arquitectura desde el siglo XV al XX. Va por callejones y pasajes que siguen el curso de algunos de los diques y caminos más antiguos. En el paseo se pueden admirar casas tradicionales transformadas en bulliciosos comercios y cafés. La presencia de instituciones financieras en las calles Rokin y Nes fomentó la creación de elegantes centros comerciales y animados bares. También se conoce Nes por las salas de teatro alternativo.

↑ Las bonitas casas
del Begijnhof

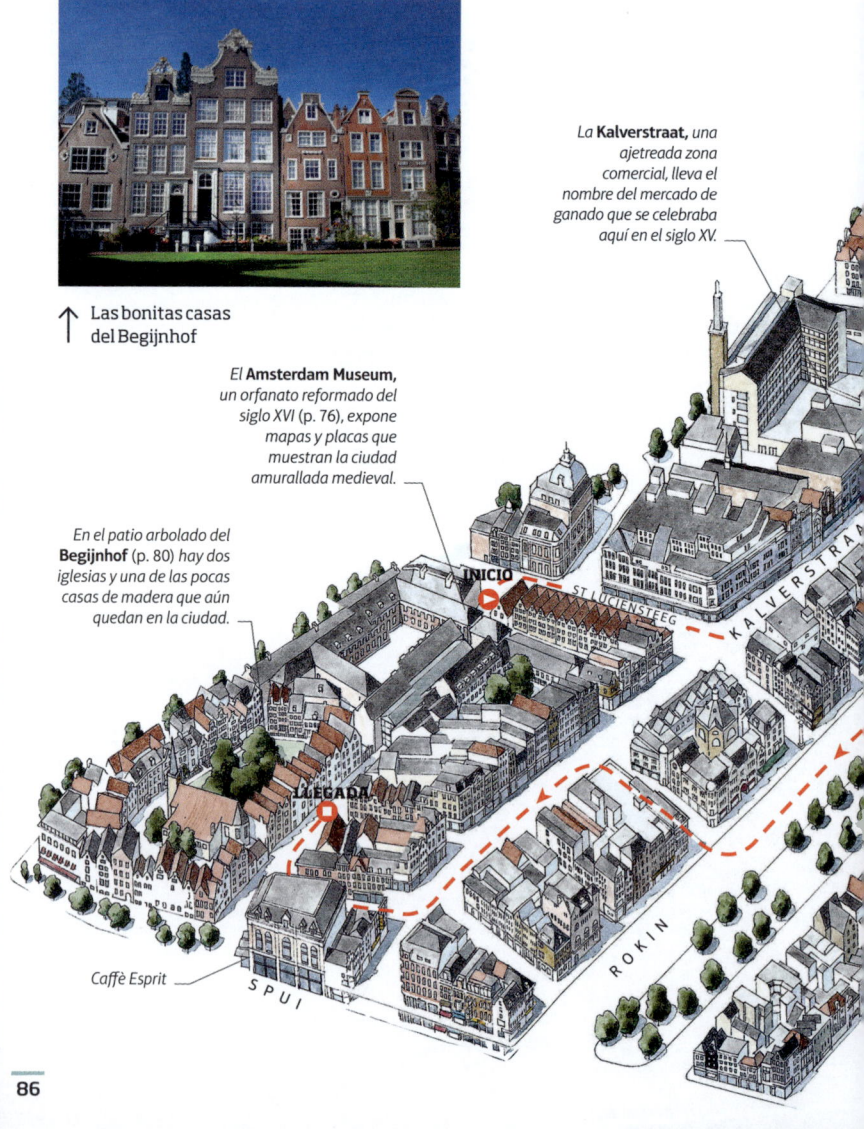

*La **Kalverstraat,** una ajetreada zona comercial, lleva el nombre del mercado de ganado que se celebraba aquí en el siglo XV.*

*El **Amsterdam Museum,** un orfanato reformado del siglo XVI (p. 76), expone mapas y placas que muestran la ciudad amurallada medieval.*

*En el patio arbolado del **Begijnhof** (p. 80) hay dos iglesias y una de las pocas casas de madera que aún quedan en la ciudad.*

INICIO

ST LUCIENSTEEG

KALVERSTRAAT

LLEGADA

ROKIN

Caffè Esprit

SPUI

El **Koninklijk Paleis,** edificado como ayuntamiento, tiene una fachada clásica y esculturas que ensalzan la ciudad y su gobierno (p. 81).

Gran parte de la **Nieuwe Kerk** fue destruida en el gran incendio de 1645 (p. 74).

Plano de situación
Para más detalles ver p. 72

NIEUWE ZIJDE

El relieve de **Sint Nicolaas,** patrón de Ámsterdam, se cree que data del siglo XV.

MOZES EN AARON STRAAT

DAMRAK

EISSTRAAT

DAM

¿Lo sabías?

La plaza Dam debe su nombre a su función original: un dique sobre el río Amstel.

Los dos leones heráldicos de piedra del **Nationaal Monument,** en honor a los holandeses caídos en la Segunda Guerra Mundial (p. 82), representan a los Países Bajos.

ROKIN

Además de figuras de cera y escenas animadas, el **Madame Tussauds Scenerama** cuenta con una bella vista de la ciudad.

NES

Nes es una de las calles más antiguas de Ámsterdam y ha sido meca del teatro desde hace 150 años.

0 metros   50   N

→ Paseando frente al Madame Tussauds Scenerama, en la calle Rokin

MADAME TUSSAUD

OUDE ZIJDE

La dispersión de hallazgos arqueológicos hace pensar que esta zona se colonizó por primera vez en torno al año 2600 a. C., aunque se conoce poco acerca de los asentamientos neolíticos. Con certeza se sabe que Ámsterdam inició su andadura en el siglo XII como aldea de pescadores de la orilla oriental del Amstel, que fue ganando importancia cuando el río fue represado más o menos un siglo más tarde. A lo largo del siglo XIV se construyeron nuevos canales y diques, entre ellos el Oudezijds Voorburgwal y el Oudezijds Achterburgwal, para proteger lo que ya se conocía como la Oude Zijde (Vieja Orilla). A principios del siglo XV el barrio inició una expansión hacia el este que se prolongó hasta el siglo XVII. Este crecimiento se vio alimentado por la influencia de los refugiados judíos venidos de Portugal huyendo de la Inquisición. Muchos de esos sefardíes eran artesanos y comerciantes que llevaron riqueza a su nuevo y tolerante país, donde construyeron escuelas y sinagogas.

La expansión de la ciudad también se benefició ampliamente del comercio inglés de lana, pues los barcos remontaban el viejo canal Damrak hasta llegar al corazón mismo de la ciudad. Cuando la ciudad creció, se construyeron más canales y, tras un gran incendio en 1452 que destruyó buena parte de la zona, se prohibió construir edificios de madera en favor del ladrillo y la piedra; ambas medidas transformaron sustancialmente la apariencia de esta zona de la ciudad. Debido a su numerosa población inmigrante y a la proximidad del puerto, poco a poco fue convirtiéndose en un núcleo de prostitución, pero en el siglo XX la preocupación por el comercio con seres humanos dio lugar a la retirada de muchas licencias de "burdeles con escaparate". De forma más tranquila y segura que antes, hoy día la Oude Zijde se ha convertido en un eje turístico dinámico.

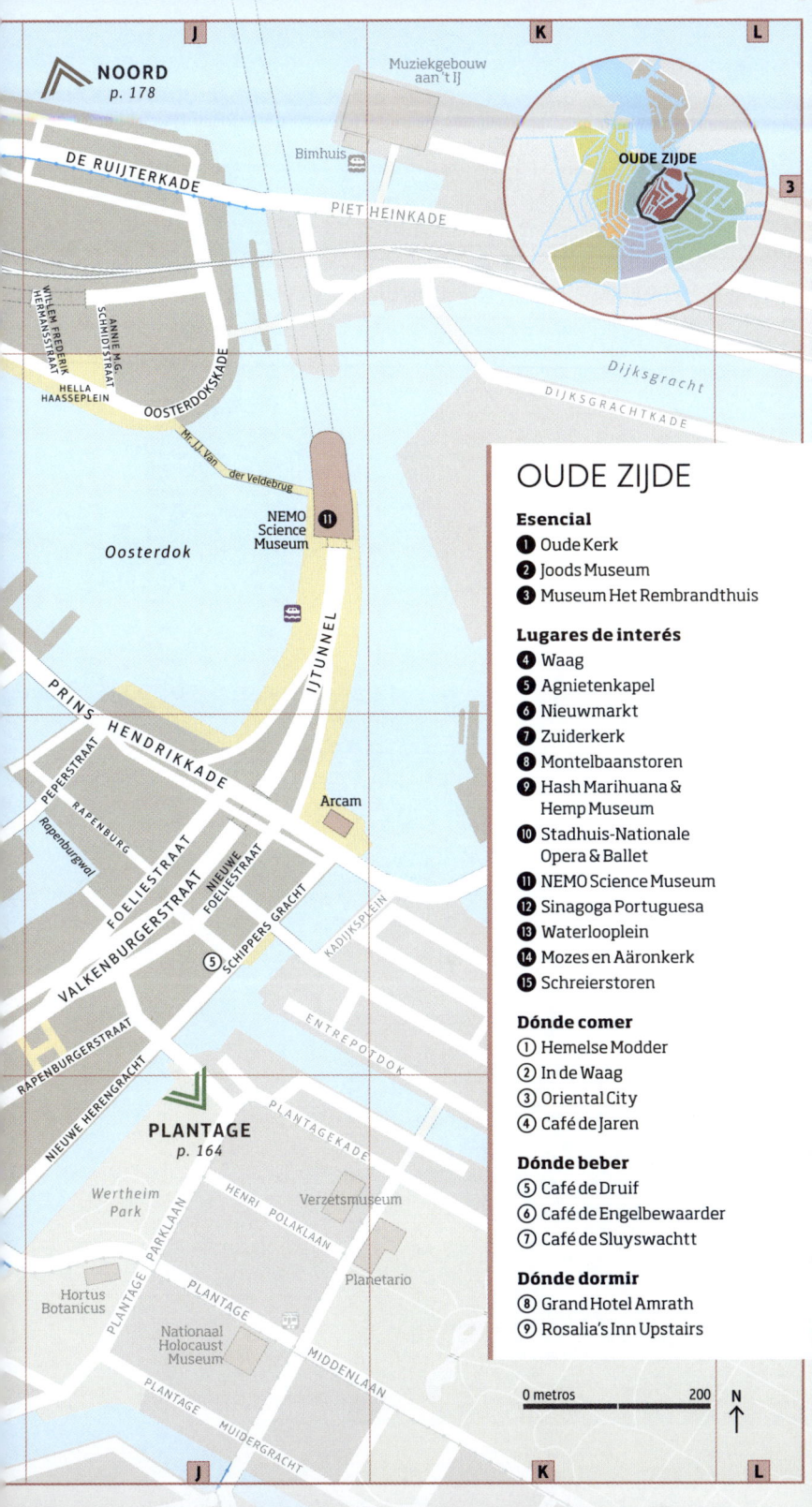

DE RUIJTERKADE

Muziekgebouw
aan 't IJ

Bimhuis

PIET HEINKADE

OUDE ZIJDE

3

WILLEM FREDERIK HERMANSSTRAAT

SCHMIDTSTRAAT

ANNIE M.G.

HELLA HAASSEPLEIN

OOSTERDOKSKADE

Mr. J.J. Van der Veldebrug

Dijksgracht

DIJKSGRACHTKADE

NEMO Science Museum

⑪

Oosterdok

IJTUNNEL

PRINS HENDRIKKADE

PEPERSTRAAT

RAPENBURG

Rapenburgwal

FOELIESTRAAT

VALKENBURGERSTRAAT

NIEUWE FOELIESTRAAT

SCHIPPERS GRACHT

⑤

Arcam

KADIJKSPLEIN

ENTREPOTDOK

RAPENBURGERSTRAAT

NIEUWE HERENGRACHT

PLANTAGEKADE

PLANTAGE
p. 164

Wertheim Park

PLANTAGE PARKLAAN

HENRI POLAKLAAN

Verzetsmuseum

PLANTAGE

Hortus Botanicus

Nationaal Holocaust Museum

Planetario

PLANTAGE

PLANTAGE MUIDERGRACHT

MIDDENLAAN

OUDE ZIJDE

Esencial
1. Oude Kerk
2. Joods Museum
3. Museum Het Rembrandthuis

Lugares de interés
4. Waag
5. Agnietenkapel
6. Nieuwmarkt
7. Zuiderkerk
8. Montelbaanstoren
9. Hash Marihuana & Hemp Museum
10. Stadhuis-Nationale Opera & Ballet
11. NEMO Science Museum
12. Sinagoga Portuguesa
13. Waterlooplein
14. Mozes en Aäronkerk
15. Schreierstoren

Dónde comer
1. Hemelse Modder
2. In de Waag
3. Oriental City
4. Café de Jaren

Dónde beber
5. Café de Druif
6. Café de Engelbewaarder
7. Café de Sluyswachtt

Dónde dormir
8. Grand Hotel Amrath
9. Rosalia's Inn Upstairs

0 metros   200

N
↑

1

OUDE KERK

G4 Oudekerksplein 4 10.00-18.00 lu-sá, 13.00-17.30 do 27 abr, 25 dic oudekerk.nl

Situada, paradójicamente, en el corazón del Barrio Rojo de la ciudad, la iglesia Vieja es el monumento más antiguo y majestuoso de Ámsterdam.

La Oude Kerk data de mediados del siglo XIII, cuando se construyó una iglesia de madera en un cementerio sobre un banco de arena. La estructura gótica actual es del siglo XIV y pasó de iglesia de una sola nave a basílica. Con la ampliación, el edificio pasó a ser un lugar de reunión para los comerciantes y un refugio para los pobres. Las pinturas y esculturas fueron destruidas tras la Reforma *(p. 55)* de 1578, pero el techo dorado y las vidrieras de colores salieron indemnes. Su órgano, de fama mundial, fue añadido en 1724. La iglesia sigue ofreciendo servicios religiosos y además acoge en su interior exposiciones de arte contemporáneo, espectáculos y debates. La Oude Kerk estaba dedicada a san Nicolás, el santo patrón de la ciudad.

2.500

lápidas funerarias se encuentran en el suelo de la iglesia.

El chapitel del campanario fue construido en 1565, pero el carillón de 47 campanas se añadió en 1658.
Gran órgano
Tumba de Abraham van der Hulst, un almirante de la Segunda Guerra angloneerlandesa
Entrada principal a la iglesia, en Oudekerksplein

La ilustración muestra tanto el exterior medieval de la Oude Kerk como su magnífico interior

La Oude Kerk medieval, un edificio imponente en medio del frenesí del Barrio Rojo

Pilares con brocados

Tumba del almirante explorador Jacob van Heemskerk (1567-1607)

Capilla de la Virgen

① Las exposiciones de arte contemporáneo, como la NA de Christian Boltanski, contrastan con el interior medieval de la Oude Kerk.

② La Capilla de la Virgen (1552) tiene tres vidrieras restauradas, entre ellas *La muerte de la Virgen María* de Dirk Crabeth.

③ Las delicadas pinturas del siglo XV decoran la bóveda dorada del techo de la nave. Estas obras fueron cubiertas en 1755 por capas de pintura azul y no se descubrieron hasta 1955.

Casas de los siglos XVII y XVIII

Cronología

1250
Construcción de la primera capilla de madera

1330
La iglesia se consagra a san Nicolás

1578
Los calvinistas triunfan durante la Reforma y los iconoclastas destruyen gran parte de la estatuaria del templo

1724
▶ El Gran Órgano de Christian Vater, con 4.000 tubos y revestido en madera de roble, se añade a la nave

② ⚒ 🧒 🖼 🛍

JOODS MUSEUM

📍H6 🏛Nieuwe Amstelstraat 1 🚊14
🚋Nationale Opera & Ballet Ⓜ Waterlooplein
🕐11.00-17.00 diario 🚫27 abr, Yom Kipur y
el Año Nuevo judío 🌐jck.nl/en

Este museo relata la turbulenta
historia de la comunidad judía en los
Países Bajos, desde la llegada de
los primeros judíos a Ámsterdam hasta
la actual preservación de su identidad,
con gran creatividad y detalle.

La colección

Este extraordinario museo del patrimonio
judío se ubica en cuatro monumentales
sinagogas: Grote Synagoge, Nieuwe
Synagoge, Obene Shul y Dritt Shul. Tres
exposiciones multimedia permanentes
muestran la historia y la cultura del pueblo
judío en los Países Bajos a través de
cuadros, dibujos, objetos, fotografías,
películas y muestras en 3D. Además, hay
exposiciones temporales y el Museo de los
Niños. Este museo, junto con la sinagoga
Portuguesa (p. 104) y el Nationaal Holocaust
Museum (p. 172), conforman el Barrio de
la Cultura Judía.

*La Nieuwe
Synagoge (1752)*

1

① La entrada principal al
museo pasa por la majestuosa
Grote Synagoge.

② Este libro de oraciones fue
presentado a la comunidad
judía de la ciudad por el editor
Uri Phoebus ha-Levi en 1669.

③ Las galerías de la Nieuwe
Synagoge albergan parte de la
colección permanente. Las
fotografías y objetos narran
historias llenas de emotividad.

2

3

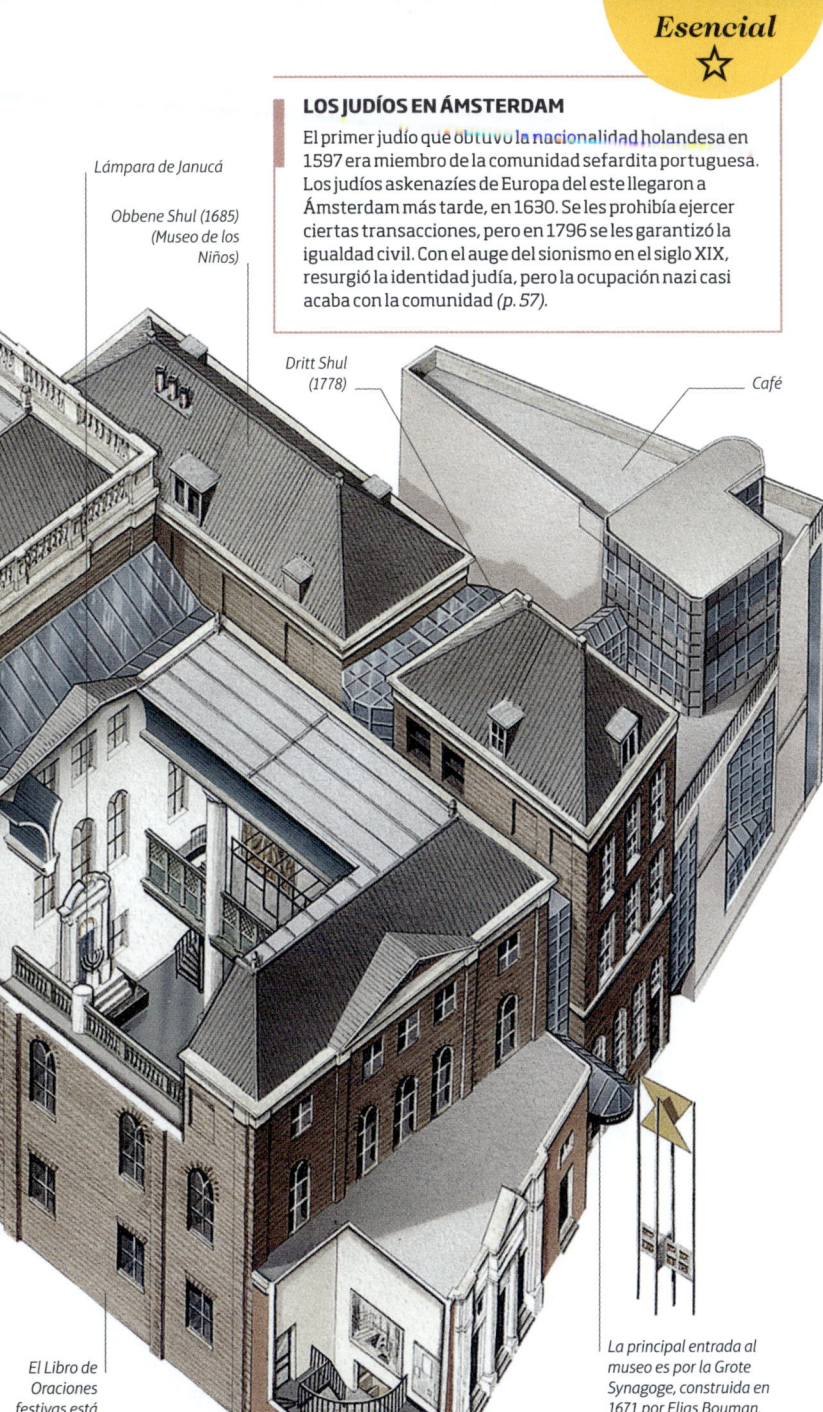

LOS JUDÍOS EN ÁMSTERDAM

El primer judío que obtuvo la nacionalidad holandesa en 1597 era miembro de la comunidad sefardita portuguesa. Los judíos askenazíes de Europa del este llegaron a Ámsterdam más tarde, en 1630. Se les prohibía ejercer ciertas transacciones, pero en 1796 se les garantizó la igualdad civil. Con el auge del sionismo en el siglo XIX, resurgió la identidad judía, pero la ocupación nazi casi acaba con la comunidad *(p. 57)*.

Lámpara de Janucá

Obbene Shul (1685) (Museo de los Niños)

Dritt Shul (1778)

Café

El Libro de Oraciones festivas está depositado en la Grote Synagoge.

La principal entrada al museo es por la Grote Synagoge, construida en 1671 por Elias Bouman.

La mikve o baño para la purificación ritual

↑ Las cuatro sinagogas que componen el Joods Museum

¿Lo sabías?

Rembrandt incluyó su imagen en muchas de sus obras como espectador.

Lienzo sobre caballete ↑
situado en el antiguo
estudio del artista

MUSEUM HET REMBRANDTHUIS

⦿ G5 **⌂ Jodenbreestraat 4** **🚋 14** **Ⓜ Nieuwmarkt** **🕐 10.00-18.00 diario**
📅 27 abr, 25 dic **🌐 rembrandthuis.nl**

El antiguo hogar del artista más famoso de Ámsterdam, autor de *La ronda nocturna, La lección de anatomía del Dr. Nicolaes Tulp* y más de 300 obras, fue transformado en un museo lleno de sensibilidad que permite una visión íntima de la vida y época de Rembrandt Harmenszoon van Rijn.

En 1639, cuando adquirió esta casa de contraventanas rojas en uno de los límites del barrio judío, Rembrandt era un retratista consolidado, casado con una mujer de una pudiente familia burguesa. En 1656, no obstante, su suerte cambió. Ya no tenía éxito, y se vio obligado a vender la casa.

Amueblada según el inventario de 1656, ahora es un museo dedicado al pintor. En la primera planta está el estudio, donde el artista creó muchas de sus obras más famosas, y la entreplanta posee algunos de sus magníficos grabados junto con obras de sus contemporáneos. Hay una sala dedicada a los últimos años de Rembrandt, cuando se arruinó y se vio obligado a vender la casa. Hay muestras diarias sin coste adicional de cómo se hacían los grabados y la mezcla de pintura en el siglo XVII, que mejoran aún más la visita.

La fachada de la casa de Rembrandt es prácticamente igual a cuando él vivía allí ↑

↑ Una visitante admira la exposición de las obras de Rembrandt, junto con obras de otros artistas a los que inspiró

LOS MODELOS DE REMBRANDT

Los judíos sefardíes, huyendo de la Inquisición española, llegaron a Ámsterdam a principios del siglo XVII y establecieron sus hogares en las lindes orientales de la Oude Zijde. Muchos de los *sefardim* ya eran familias adineradas cuando llegaron a la ciudad y, en la época de Rembrandt, convirtieron la zona en un barrio moderno y próspero. Sus bellas jóvenes y los hombres de cierta edad y rasgos un tanto desgastados fueron los modelos idóneos para la serie de pinturas del artista inspirada en el Antiguo Testamento.

LUGARES DE INTERÉS

4

Waag

📍 G4 🏠 Nieuwmarkt 4
Ⓜ Nieuwmarkt 🌐 waag.org

El Waag, con sus múltiples torrecillas, es la puerta más antigua de la ciudad aún en pie. Construida en 1488, entonces se llamaba St. Antoniespoort. Aquí se celebraban las ejecuciones y los condenados esperaban en la pequeña sala de la horca. En 1617 se convirtió en almotacén *(waaffebouw)*. Los labradores pesaban aquí las mercancías y pagaban los impuestos en función al peso. Varios gremios se trasladaron a las habitaciones superiores de las torres. Desde 1619, el Gremio de Cirujanos tuvo aquí su sala de reuniones y de anatomía, y añadió en 1691 la torre central octagonal. Este gremio encargó *La lección de anatomía del Dr. Nicolaes Tulp*, ahora en el Mauritshuis *(p. 204)*,

y *La lección de anatomía del Dr. Jan Deijman*, en el Amsterdam Museum *(p. 76)*.

Desde del cierre del almacén a principios del XIX, el Waag ha sido parque de bomberos y ha albergado dos museos de la ciudad. Pero hasta la primera mitad del siglo XIX se seguía ejecutando delante del edificio. En la planta baja está el café y restaurante In de Waag *(p. 104)*. En la planta superior reside la Sociedad de Waag, un colectivo dedicado a la investigación en el ámbito de la ciencia, la tecnología y el arte.

5

Agnietenkapel

📍 F5 🏠 Oudezijds Voorburgwal 231 🚋 4, 14, 24 🕐 Al público

La Agnietenkapel, de 1470, fue parte del convento de Santa Inés hasta 1578, cuando se

Café de Druif

Posiblemente la taberna más antigua de la ciudad, con el aroma de cuatro siglos de tabaco y ron.

📍 J5
🏠 Rapenburgerplein 83
📞 06 3852 3553

Café de Engelbewaarder

Esta taberna tradicional acoge sesiones de jazz los domingos, mientras que su clientela asidua se refresca con alguna de sus 15 cervezas de grifo.

📍 G5
🏠 Kloveniersburgwal 59
🌐 cafe-de-engelbewaarder.nl

Café de Sluyswacht

El Café de Sluyswacht, situado junto a Oude Schans, atrae a su clientela con los ricos olores procedentes de su cocina. En verano, refrescándose en su terraza, se pueden observar los barcos sobre el canal.

📍 G5
🏠 Jodenbreestraat 1
🕐 Cenas do
🌐 sluyswacht.nl

cerró tras la Reforma *(p. 55)*. Se trata de una de las pocas capillas góticas que sobrevivieron a aquel turbulento período. En 1632, fue sede del Athenaeum Illustre, precursor de la Universidad de Ámsterdam, y para mediados del siglo XVII era un centro de educación científica. También albergó la biblioteca municipal hasta 1830. Durante

←

El imponente Waag, del siglo XV, iluminado al anochecer

↑ Puestos de ropa en Nieuwmarkt, con el Waag al fondo

la restauración de 1919 a 1921, se introdujeron elementos arquitectónicos de la Escuela de Ámsterdam *(p. 31)*. A pesar de estos cambios y los largos períodos de uso secular, el edificio todavía conserva el aire de una capilla franciscana.

El enorme auditorio de la primera planta es el más antiguo de la ciudad, y se utiliza para conferencias universitarias. Cuenta con un bello techo pintado con motivos renacentistas y un retrato de Minerva. También adornan las paredes una serie de retratos de alumnos, regalo del comerciante local Gerardus van Papenbroeck en 1743.

Entre 1921 y 2007 la capilla fue el Museo Universitario, y en la actualidad se usa como centro de conferencias y no está abierta al público.

Nieuwmarkt

G4 **M** Nieuwmarkt
Mercado de antigüedades: may-sep: 9.00-17.00 do; mercado de productos ecológicos: 9.00-16.00 sá

Nieuwmarkt, una plaza abierta y adoquinada, está flanqueada al oeste por el Barrio Rojo. Junto con el extremo del Geldersekade, es el Chinatown de Ámsterdam. El Waag domina la plaza, y fue la construcción de esta puerta lo que hizo que el lugar se convirtiese en mercado en el siglo XV.

Cuando se expandió la ciudad en el siglo XVII, la plaza adquirió las dimensiones y nombre actuales. Aún conserva un puñado de casas de los siglos XVII y XVIII. Fiel a la tradición, todavía acoge un mercado de antigüedades y otro de productos ecológicos.

El viejo Barrio Judío sale de la plaza bajando por St. Antoniesbreestraat. En los años setenta se demolieron muchas casas de esta zona por el metro, creando enfrentamientos entre manifestantes y policía. Los conservacionistas persuadieron al ayuntamiento de adoptar una política de renovación en lugar de reurbanizar los edificios antiguos. En homenaje, las fotos de las protestas decoran el metro.

BARRIO ROJO

Una de las imágenes que definen el Ámsterdam moderno son las trabajadoras sexuales que, bañadas por la luz de neón rojo, buscan clientes desde sus escaparates. El Barrio Rojo de la ciudad, al que los habitantes llaman Walletjes (los Muritos), se concentra principalmente en los alrededores de la Oude Kerk, aunque se extiende hasta Warmoestraat, en el oeste, Zeedijk, en el norte, Klovenierburgwal, en el este, y a lo largo de Damstraat, en el sur. La prostitución en Ámsterdam se remonta a la conversión de la ciudad en puerto en el siglo XIII. Hacia 1478 el oficio se había extendido tanto con el incremento de marineros que llegaban a la urbe que hubo que tomar medidas. Hoy en día, el ayuntamiento ha prohibido hacer fotografías y visitas turísticas a la zona y trata de hacer la zona más atractiva culturalmente. Hay planes de trasladar el Barrio Rojo a un espacio al sur de la circunvalación, donde se construirá un nuevo "Centro Erótico".

7

Zuiderkerk

📍 G5 🏠 Zuiderkerkhof 72
🚋 14 Ⓜ Nieuwmarkt ⏰ Solo
conciertos, consultar la
página web 🌐 zuiderkerk
amsterdam.nl

La Zuiderkerk de estilo renacentista, diseñada por Hendrick de Keyser en 1603, fue la
primera iglesia calvinista de
Ámsterdam tras la Reforma
(p. 55). El chapitel, con columnas, relojes decorativos
y cúpula bulbosa, destaca
en el paisaje urbano.

Hendrick de Keyser fue
enterrado aquí, así como el
pintor Ferdinand Bol, uno de
los alumnos más famosos de
Rembrandt. En la actualidad, la
iglesia sirve como centro de
reuniones y congresos.

8

Montelbaanstoren

📍 H5 🏠 Oudeschans 2
Ⓜ Nieuwmarkt 🔒 Al público

La parte inferior de la Montelbaanstoren fue edificada en
1512 y formaba parte de las
fortificaciones medievales de
Ámsterdam. Descansaba al otro
lado de la muralla de la ciudad,
protegiendo los muelles del recién construido St. Antoniesdijk
(ahora el Oudeschans) de los
vecinos Gelderlanders.

La estructura octagonal y el
campanario de madera los añadió Hendrick de Keyser en 1606.
Esta añadidura decorativa recuerda el chapitel de la Oude
Kerk, diseñado por Joost Bilha-
mer, y construido 40 años antes
(p. 92). En 1611 la torre comenzó a inclinarse, por lo que los
ciudadanos le ataron cuerdas
para volver a ponerla derecha.

Los marineros de la VOC
(Compañía Neerlandesa de las
Indias Orientales, p. 56) solían
reunirse ante la Montelbaanstoren antes de tomar los bar-
quitos que bajando por el IJ les
llevaban hasta sus enormes
barcos, anclados en zonas más
profundas al Norte.

↑ La Montelbaanstoren, construida en la Edad Media,
con su elegante campanario de madera

El edificio aparece en varios
aguafuertes de Rembrandt, y
es todavía un tema popular
entre los artistas. Ahora alberga las oficinas de la Compañía
Suministradora de Agua.

9

Hash Marihuana & Hemp Museum

📍 G5 🏠 Oudezijds
Achterburgwal 148
⏰ 12.00-20.00 lu-ju,
10.00-22.00 vi-do
🌐 hashmuseum.com

El cánnabis o marihuana tuvo
y sigue teniendo un papel importante en la historia de Ámsterdam. Hace unos 8.000 años
las primeras civilizaciones asiáticas empleaban la planta por
sus propiedades medicinales y
para fabricar tejidos. Según un
manual de remedios herbá-
ceos de 1554, la marihuana fue
prescrita en los Países Bajos
por primera vez para aliviar
el dolor de cabeza. El Hash

Marihuana & Hemp Museum
explora la relación entre la ciudad y esta planta y su lugar en
el Ámsterdam moderno.

10

Stadhuis-Nationale Opera & Ballet

📍 G6 🏠 Waterlooplein 22
🚋 14 Ⓜ Waterlooplein
⏰ Taquillas: 9.00-17.00 lu-vi
(hasta 20.00 ju)
🌐 operaballet.nl

Pocos edificios en Ámsterdam
han causado tanta contro-
versia como el Stadhuis (ayuntamiento) y el Nationale Opera
& Ballet (palacio de la Ópera).
Apodado por los manifestantes como Stopera, el proyecto
requería la destrucción de docenas de casas medievales,
que eran lo único que quedaba
del Barrio Judío original. Esto
llevó a enfrentamientos entre
los okupas y la policía.

El Nationale Opera & Ballet,
terminado en 1986, cuenta con

uno de los auditorios más grandes del país, con asientos para 1.689 personas, y en la actualidad es la sede de las compañías nacionales de ópera y ballet. Hay que reservar entradas para las funciones o para una visita entre bastidores. Conciertos gratuitos cada martes, a las 12.30, entre septiembre y mayo.

NEMO Science Museum

📍J4 🏛Oosterdok 2
🚌22 🚋2, 4, 12, 13, 14, 17
Ⓜ Centraal Station 🕐10.00-17.30 ma-do (diario durante vacaciones escolares y med feb-ago) 🗓27 abr
🌐nemosciencemuseum.nl

En junio de 1997 el Museo Nacional de Ciencias de los Países Bajos fue trasladado a este sorprendente y curvilíneo edificio, diseñado por Renzo Piano, que se alza 30 m sobre el nivel del mar. El NEMO es el museo de ciencias más grande de Holanda, con cinco plantas de exposiciones interactivas con innovaciones tecnológicas que permiten, tanto a los adultos como a los niños, expresar su propia creatividad.

Se puede experimentar con la realidad virtual, operar con lo último en equipamiento industrial bajo la supervisión de expertos e incluso utilizar la ciencia para dar rienda suelta al arte. Los visitantes, a los que en este contexto bien podría llamárseles exploradores, pueden participar en juegos, experimentos, demostraciones y talleres, o disfrutar de conferencias, películas e incluso espectáculos educativos.

Las cinco plantas están llenas de exposiciones fascinantes y actividades divertidas. En el *Mundo de las formas* se puede disfrutar de las matemáticas de nuevas maneras; en la *Vida en el Universo* se aprende sobre las estrellas y planetas en un viaje por el espacio; y *Ciencia sensacional* despierta la fascinación por la física.

Diseñada con forma de una *piazza* italiana, la terraza en la azotea del NEMO Science Museum es la más extensa de Ámsterdam y ofrece

> **Diseñada con forma de una *piazza* italiana, la terraza del NEMO Science Museum es la más extensa de Ámsterdam y ofrece magníficas vistas de la ciudad.**

magníficas vistas de la ciudad. Aquí hay una exposición al aire libre y un restaurante. Se puede acceder al tejado en un ascensor desde el vestíbulo, o gratis por la escalera desde la calle. La web informa sobre eventos, cine o conciertos, que se organizan en primavera y verano.

Grand Hotel Amrath
Las habitaciones de este hotel con aire de otro tiempo combinan el *art déco* con el siglo XXI.

📍H4 🏛Prins Hendrikkade 108
🌐amrathamsterdam.com

€€€

Rosalia's Inn Upstairs
Hotel *boutique* ubicado en una casa típica de los canales del siglo XVII.

📍G5
🏛Kloveniersburgwal 20
🌐rosalias.amsterdam/hotel

€€€

↓ Edificio futurista del NEMO Science Museum

La elegante torre de la Zuiderkerk se eleva sobre el canal Groenburgwal

12

Sinagoga Portuguesa

📍H6 🏛Mr Visserplein 3
🚊14 Ⓜ️Waterlooplein ⏰Los
horarios varían, consultar la
página web 🚫Festivos
judíos 🌐jck.nl/en

Diseñada por el arquitecto local Elias Bouman (1636-1686),
era la sinagoga más grande
del mundo cuando se construyó. La sinagoga está inspirada
en la arquitectura del Templo
de Salomón de Jerusalén. Este
enorme edificio, encargado
por la comunidad sefardita
portuguesa de Ámsterdam
(p. 95) e inaugurado en 1675,
posee una planta rectangular
con el Arca de la Alianza de las
leyes en el rincón sudeste,
mirando hacia Jerusalén, y el
tebah (el púlpito) en el lado
opuesto.

El techo, de madera y abovedado en forma de cañón,
descansa sobre cuatro columnas jónicas. El interior de este
lugar de culto judío está iluminado por más de 1.000 velas.
Las cámaras del tesoro, en
el sótano, contienen una

¿Lo sabías?
—
Mokum, el apodo de
Ámsterdam, significa
'lugar de refugio'
en yiddish.

suntuosa colección de objetos
ceremoniales de plata, brocados de oro y seda y manuscri-
tos únicos. La sinagoga forma
parte del Barrio de la Cultura
Judía de la ciudad.

Hemelse Modder
Así llamado por el postre de
chocolate ("lodo celestial"),
sirve nueva cocina holandesa
muy imaginativa.

📍H4 🏛Oude Waal 11
⏰Mediodía y do
🌐hemelsemodder.nl

€€€

In de Waag
Espacio con luz de velas
instalado en una casa de
guardia del siglo XV. La carta
consta de platos clásicos.

📍G4 🏛Nieuwmarkt 4
🌐indewaag.nl

€€€

Oriental City
Famoso por su cocina
cantonesa, sirve unos
magníficos *dim sum*
(buñuelos al vapor o fritos).

📍F5 🏛Oudezijds
Voorburgwal 177-9
🌐oriental-city.com

€€€

Café de Jaren
El mejor lugar de este
restaurante es su terraza
con vistas al río Amstel.

📍F6 🏛Oudezijds
Doelenstraat 20
🌐cafedejaren.nl

€€€

13

Waterlooplein

📍H6 🚊14 Ⓜ️Waterloo-
plein ⏰Mercado: 9.00-
17.00 lu-vi, 8.30-17.00 sá

Waterlooplein data de 1882,
cuando se rellenaron dos
canales para crear una gran
plaza para mercados. El lugar
se llamaba originariamente
Vlooyenburg, isla artificial construida en el siglo XVII para albergar a los inmigrantes judíos.

El mercado original
desapareció durante la
Segunda Guerra Mundial,
cuando los nazis trasladaron
a campos de concentración a
la mayoría de los judíos
de Ámsterdam (p. 57). Tras
la guerra floreció aquí un
popular mercadillo.

A pesar de haber sido
invadida por el Stadhuis-
Nationale Opera & Ballet, la

Puestos pintados esperando a abrir, en el mercadillo de Waterlooplein

parte norte de la zona sigue contando con un animado e interesante mercado. Los puestos venden desde baratijas a ropa excedente del ejército o tallas balinesas.

---

⑭

Mozes en Aäronkerk

◉ H6 ⊕ Waterlooplein 205 ⧉ 14 Ⓜ Waterlooplein ⊙ Servicios religiosos: 20.00 ma y vi; misa: 11.00 do ⊛ santegidio.nl

Diseñada en 1841 por el arquitecto flamenco T. Suys el Viejo, fue edificada en el lugar que ocupaba una iglesia católica clandestina. La iglesia posterior, con dos torres, tomó su nombre de las figuras del Antiguo Testamento Aarón y Moisés, representadas en el hastial del edificio original. Estas están ahora incorporadas al muro posterior de la iglesia.

El edificio se restauró en 1990, y se pintaron sus torres de madera imitando la arenisca. Después de acoger eventos durante muchos años, ahora vuelve a ser un lugar de culto.

⑮

Schreierstoren

◉ H3 ⊕ Prins Hendrikkade 94-95 Ⓜ Centraal Station ⊙ 10.00-23.00 diario ⊛ weepingtower.nl

La Schreierstoren (torre del Llanto), de 1480, era una estructura defensiva que formaba parte de las murallas de la ciudad medieval. Es una de las pocas fortificaciones que no fue demolida al expandirse la ciudad más allá de sus límites en el siglo XVII. El edificio alberga ahora un café de la VOC. Dice la leyenda que la torre tomó su nombre del llanto (*schreien* en holandés) de las mujeres que venían aquí a despedir a los hombres que se hacían a la mar. Sin embargo, es más probable que derive de su ubicación, sobre un pronunciado (*screye* o *scherpe)* ángulo de 90° en las murallas de la ciudad. Una placa en el muro, de 1569, aumenta la confusión, ya que reproduce a una mujer llorando con la inscripción *scrayer hovck*, que significa ángulo pronunciado.

En 1609 partió desde aquí Henry Hudson en busca de una ruta más rápida hacia las Indias Orientales. En lugar de eso se toparía sin pretenderlo con el río en Norteamérica que ahora lleva su nombre. Una placa de bronce de 1927 reconoce su travesía.

↓ La Schreirestoren, entre las casas de los canales

LA CIUDAD UNIVERSITARIA

Distancia 1,5 km **Metro** Nieuwmarkt
Tiempo 15 minutos

La universidad de Ámsterdam, fundada en 1877, está principalmente ubicada en la tranquila zona sudoeste de la Oude Zijde. Un paseo por la ciudad universitaria, desde Nieuwmarkt hasta la Agnietenkapel, donde la universidad tiene sus raíces, ofrece un poco de todo, desde el concurrido Barrio Rojo, donde la Damstraat desemboca en Nieuwmarkt, hasta el Waag, del siglo XV, con su aire medieval. Al seguir hacia el sur del Nieuwmarkt se puede parar en el Museum Het Rembrandthuis, que proporciona una fascinante perspectiva de la vida del artista más famoso de la ciudad.

En el **Hash Marihuana & Hemp Museum** (p. 100) se explora la relación entre esta planta y la ciudad a través de los años.

↑ Exterior del Hash Marihuana & Hemp Museum

Originariamente parte de un convento, la **Agnietenkapel** *sobrevivió a la destrucción en tiempos de la Reforma, y empezó su nueva función como la primera aula de la Universidad de Ámsterdam (p. 98).*

Esta casa, construida en 1610, se asoma de manera excepcional a tres canales.

La gran **Oudemanhuispoort** *fue construida en el siglo XVIII como casa de beneficencia para hombres ancianos.*

← El exterior del **Waag**, con torretas

Plano de situación
Para más detalles ver p. 90

OUDE ZIJDE

La ciudad universitaria

El **Waag** es la única puerta de la ciudad que se conserva en Ámsterdam. Hoy en día alberga un restaurante (p. 98).

A pesar de la reurbanización al sudeste de esta plaza, en otro tiempo importante, el **Nieuwmarkt** todavía está rodeado de muchos edificios de los siglos XVII y XVIII (p. 99).

Aunque pueda parecer una gran mansión del siglo XVII, la **Trippenhuis** son realmente dos casas. Las ventanas del centro son falsas para conservar la simetría de la fachada.

Oostindisch Huis, *la antigua sede de la Compañía Neerlandesa de las Indias Orientales (VOC), posee una bella fachada de principios del siglo XVII.*

La **Zuiderkerk** es en la actualidad una sala de congresos y reuniones (p. 100).

NIEUW-MARKT

BURGWAL

KLOVENIERS

GROENBURGWAL

ZWANENBURGWAL

WATERLOO PLEIN

0 metros   50   N ↑

Algunos grabados de Rembrandt están expuestos en el **Museum Het Rembrandthuis** (p. 96).

Puente levadizo sobre el Groenburgwal

ANILLO CENTRAL

La ampliación de los tres canales principales de Ámsterdam continuó desde principios del siglo XVII, cuando las clases comerciantes, enriquecidas gracias al boyante comercio marítimo, huyeron hacia el Amstel de la super-población y la miseria industrial de la ciudad antigua. Compraron parcelas cerca de las nuevas extensiones de los canales Herengracht, Keizersgracht y Prinsengracht y, en 1660, los más ricos construyeron opulentas casas en una zona del Herengracht conocida como la Curva Dorada. Diseñadas y decoradas por los mejores arquitectos de la época, como Philips Vingboons (1607-1678), las mansiones eran a veces el doble de anchas que las casas comunes de los canales, tratando así de exhibir el poderío económico de sus residentes. No obstante, el edificio más conocido de la zona es la Anne Frank Huis que, junto con el Homomonument, atestiguan la característica tolerancia neerlandesa, además de servir como recuerdo de la violenta realidad de la ocupación nazi durante la Segunda Guerra Mundial.

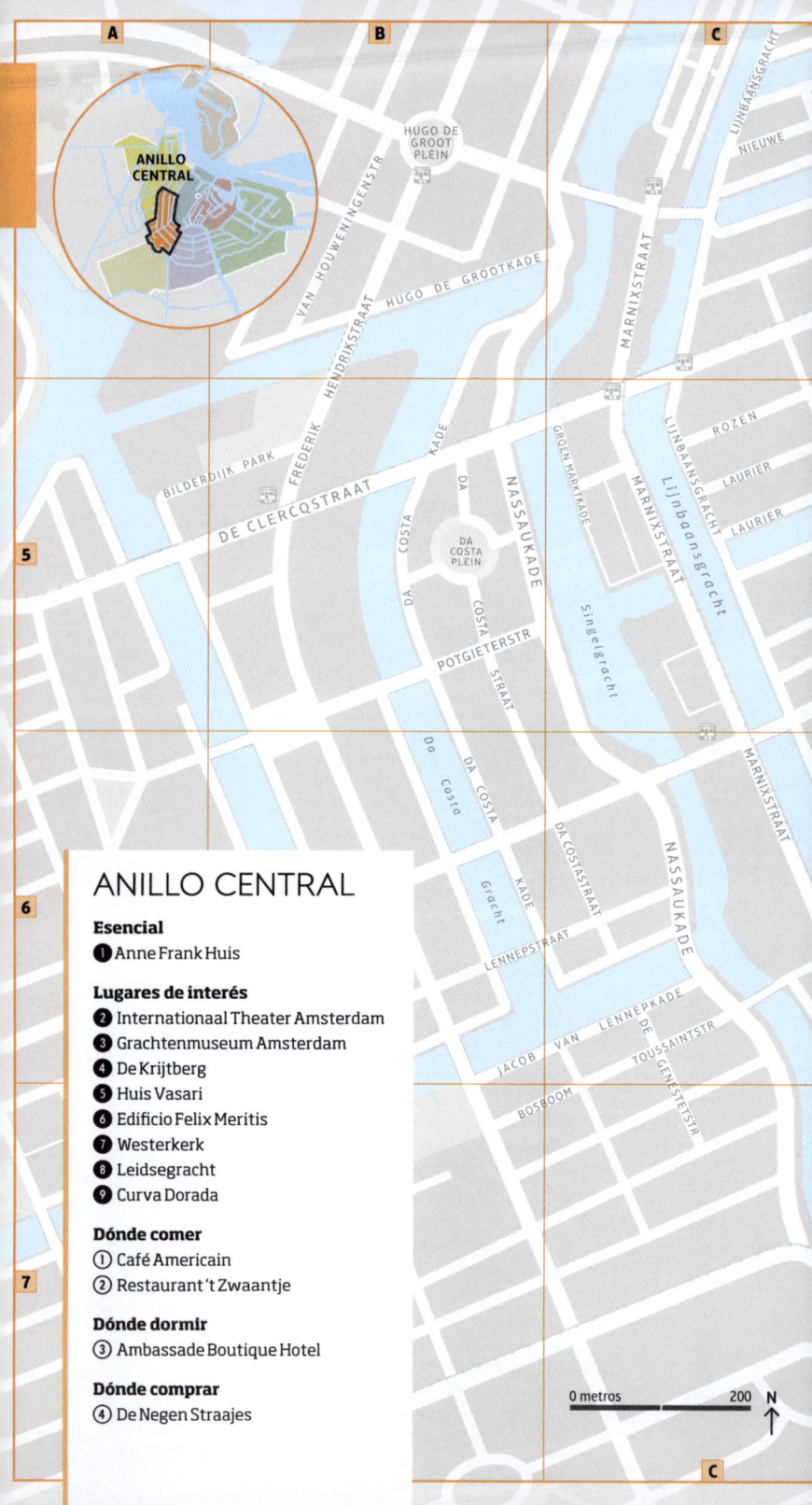

ANILLO CENTRAL

Esencial
❶ Anne Frank Huis

Lugares de interés
❷ Internationaal Theater Amsterdam
❸ Grachtenmuseum Amsterdam
❹ De Krijtberg
❺ Huis Vasari
❻ Edificio Felix Meritis
❼ Westerkerk
❽ Leidsegracht
❾ Curva Dorada

Dónde comer
① Café Americain
② Restaurant 't Zwaantje

Dónde dormir
③ Ambassade Boutique Hotel

Dónde comprar
④ De Negen Straajes

D

LELIE STRAAT

BLOEM GRACHT

BLOEM STRAAT

BLOEM STRAAT

ROZENGRACHT

STRAAT

GRACHT

HAZENSTRAAT

ELANDSGRACHT

OUDE LOOIERSSTR

LOOIERSGRACHT

LOOIERSGRACHT

PASSEERDERSSTRAAT

PASSEERDERSGR

PASSEERDERSGR

LIJNBAANSGRACHT

RAAMSTRAAT

RAAMPLEIN

LEIDSEGRACHT

Leidseplein 🚇

Melkweg

Internationaal Theater Amsterdam ②

LEIDSEPLEIN

Leidseplein 🚇

Leidsebrug

① 🚋

MAX EUWEPLEIN

BARRIO DE LOS MUSEOS
p. 120

JORDAAN Y LAS ISLAS OCCIDENTALES
p. 154

PRINSENGRACHT

PRINSENGRACHT

PRINSENGRACHT

PRINSENGRACHT

KORTE LEIDSEDWARSSTRAAT

LANGE LEIDSEDWARSSTRAAT

KLEINE GARTMAN PLANTSOEN

LIJNBAANSGRACHT

LEIDSEKRUISSTRAAT

ZIESENISKADE

WETERINGSCHANS

Anne Frank Huis ①

Westerkerk 🚋 ⑦

WESTER MARKT

Homomonument ▲

Westermarkt

REESTRAAT

KEIZERSGRACHT

KEIZERSGRACHT

KEIZERSGRACHT

KEIZERSGRACHT

KEIZERSGRACHT

BERENSTR. ②

⑥ **Edificio Felix Meritis**

WOLVENSTR.

RUNSTRAAT

HUIDENSTR.

Huis Vasari ⑤

Grachtenmuseum Amsterdam ③

Leidsegracht ⑧

MOLENPAD

Kleine Brouwerssluis

Beudekerbrug

Pieter Goemansbrug

Keizersgracht 🚇

Prinsengracht 🚇

KERKSTRAAT

Prinsen-gracht

SPIEGEL-GRACHT

SPIEGELGRACHT

LEIDSEGRACHT

LEIDSEGRACHT

LEIDSEGRACHT

LEIDSE STRAAT

E

LELIEGRACHT

LELIEGRACHT

OUDE LELIESTR

Anton Jolingbrug

DRIE KONINGEN STRAAT

RAADHUISSTRAAT

HARTENSTR.

GASTHUISMOLEN STEEG

Gasthuisbrug

HERENGRACHT

HERENGRACHT

HERENGRACHT

HERENGRACHT

Joes Kloppenburgbrug

④

③

SINGEL

SINGEL

SINGEL

Heibrug

De Krijtberg ④

BEULING STRAAT

KONINGSPLEIN

Koningsplein 🚇

KONINGSPLEIN STRAAT

HERENGRACHT

HERENGRACHT

Curva Dorada ⑨

KEIZERSGRACHT

KEIZERSGRACHT

NIEUWE SPIEGELSTRAAT

Antiquairsbrug

Prinsengracht

1e WETERING DW STR

NIEUWE ZIJDE
p. 68

Amsterdam Museum

NIEUWEZIJDS

GEDEMPTE BEGIJNENSLOOT

Begijnhof

SPUI

Heibrug

HANDBOOG STR

VOETBOOG STR

HEILIGEWEG

ANILLO ESTE
p. 138

F

SINGEL

SPUI STRAAT

Nieuwe Kerk

Magna Plaza

Koninklijk Paleis

PALEISSTRAAT

KALVERSTRAAT

ROKIN

KALVERSTRAAT

ROKIN

SINGEL

SINGEL

Bloemenmarkt

Stadsarchief

VIJZELSTRAAT

4

5

6

7

ANNE FRANK HUIS

📍 D4 🏠 Westermarkt 58 🚋 13, 17 🕐 Consultar detalles en la página web
🔒 Yom Kipur 🌐 annefrank.org

El diario de Ana Frank es el conmovedor relato de una adolescente que creció en tiempos de opresión. Incluso los que no han leído su diario se emocionarán en el anexo de la casa donde se escondían Ana y su familia.

El 6 de julio de 1942, la familia judía de los Frank se mudó, para escapar de los nazis, desde Merwedeplein a un anexo situado en la parte trasera de un almacén en el 263 de Prinsengracht. Ana, su madre Edith, su padre Otto y su hermana mayor Margot se escondieron allí junto con la familia Van Pels y el dentista Fritz Pfeffer. Aquí fue donde Ana escribió su famoso diario. El 4 de agosto de 1944 la Gestapo irrumpió en la casa y todos los ocupantes fueron detenidos y deportados a distintos campos de concentración nazi.

El edificio contiguo a la Anne Frank Huis expone todas las formas de persecución y discriminación, además de contar la historia de Ana. Sin embargo, es el propio anexo, casi vacío, lo que transmite de verdad la realidad de la persecución.

Las entradas solo se pueden adquirir *online;* se debe hacer con gran antelación.

Ático

Habitación de la familia Van Pels

Habitación de Ana

Dormitorio de la familia Frank

Baño

Detrás de la librería con bisagras hay una pequeña serie de habitáculos en los que se escondían los Frank, los Van Pels y Pfeffer.

↑ La sencilla fachada no revela ningún posible anexo interior

↑ La ilustración muestra el anexo oculto de la Anne Frank Huis

[1] Fotografías de Ana, despreocupada y feliz antes de entrar en clandestinidad, expuestas en el edificio al lado del anexo.

[2] Ana y Fritz compartían una habitación en la primera planta del anexo. En las paredes de su cuarto había fotografías de estrellas de cine, que la niña coleccionaba. En la mesa del cuarto Ana escribió gran parte de su diario.

[3] Los visitantes de la Anne Frank Huis acceden al anexo a través de la biblioteca abatible que escondía la entrada.

El edificio principal alberga las oficinas y el almacén del negocio de especias y pectinas de Otto Frank.

EL DIARIO DE ANA FRANK

Otto Frank consiguió volver a Ámsterdam en 1945, solo para descubrir que toda su familia había perecido: su esposa, Edith, en Auschwitz y sus hijas, Ana y Margot, en Bergen-Belsen. Miep Gies, una de las personas que ayudaban a la familia mientras estuvo escondida, guardó el diario de Ana. Publicado en 1947, ha sido traducido a 70 idiomas desde entonces, con unos 35 millones de copias vendidas. Para muchos, Ana simboliza a los seis millones de judíos asesinados por los nazis durante la Segunda Guerra Mundial.

LUGARES DE INTERÉS

2

Internationaal Theater Amsterdam

9 D7 **⊞** Leidseplein 26 **🚋** 1, 2, 5, 7, 12, 19 **🕐** Taquilla: 12.00-18.00 lu-sá; dos horas antes de los espectáculos do **W** ita.nl

Este edificio neorrenacentista, de 1894, es el más reciente de los tres teatros municipales sucesivos tras los incendios de los otros dos. El teatro fue diseñado por Jan Springer (1850-1915), entre cuyos méritos se incluye el edificio Frascati de Oxford Street, en Londres, y A. L. van Gendt (1835-1901), responsable también del Concertgebouw (*p. 134*) y de parte de la Centraal Station. La decoración exterior de ladrillo rojo proyectada nunca se pudo llevar a cabo debido a recortes en el presupuesto. Esto, junto con la mala acogida que tuvo por parte del público, forzó a un desilusionado Springer prácticamente a retirarse.

De Negen Straatjes

Este rectángulo de nueve pequeñas calles comerciales está delimitado por el Singel en el este y por el Prinsengracht en el oeste. Las Nueve Calles están repletas de *boutiques* de diseñadores y tiendas de artículos de estilo retro. No hay que perderse Laura Dols, en Wolvenstraat 7, especializada en los años cincuenta del siglo XX, y I Love Vintage, ubicada en Prinsengracht 201.

9 E5

La indignación del público se debió, sin embargo, a la política del teatro de restringir el uso de la puerta principal a aquellos que habían adquirido las mejores localidades. Todo el edificio ha sido renovado desde entonces.

Hasta la finalización del Nationale Opera & Ballet en 1986 (*p. 100*), el Stadsschouwburg recibía al ballet nacional y a las compañías de ópera. Actualmente en el teatro actúan compañías artísticas locales como la Toneelgroep Amsterdam, y algunas internacionales, entre ellas varias producciones en inglés.

Hay un auditorio entre el Melkweg (*p. 43*) y el Stadsschouwburg, que ambos centros utilizan para espectáculos a gran escala.

3

Grachtenmuseum Amsterdam

9 E6 **⊞** Herengracht 386 **🚋** 2, 12 **🕐** 12.00-17.00 lu, 11.00-17.00 ma-do **🚫** 1 ene, 27 abr y 25 dic **W** grachten. museum

Esta casa de los canales fue diseñada entre 1663 y 1665 por Philips Vingboons (1607-1678), quien también fue el arquitecto de la Huis Vasari (*p. 116*).

En su día casa de banqueros y comerciantes, ahora acoge el Museo de los Canales. Con instalaciones interactivas, narra los detalles de las obras de urbanismo e ingeniería que supusieron la creación del triple anillo de canales de Ámsterdam. La planta baja se ha restaurado para devolverle a las pinturas murales originales el esplendor del siglo XVIII. En las salas superiores se muestran maquetas, películas y animaciones en 3D sobre la construcción de los canales y las majestuosas mansiones que los rodean.

25.000

bicicletas se caen, cada año, a los canales de Ámsterdam.

4

De Krijtberg

9 E6 **⊞** Singel 448 **🚋** 2, 12 **🕐** Consultar detalles en la página web **W** krijtberg.nl

La impresionante iglesia neogótica Krijtberg (Colina de Tiza) reemplazó a la capilla jesuita clandestina en 1884. Oficialmente se la conoce como Franciscus Xaveriuskerk, al ser san Francisco Javier uno de los fundadores jesuitas.

Diseñada por Alfred Tepe (1840-1920), la iglesia fue construida en el anterior emplazamiento de tres casas, y el presbiterio de detrás en el de otras dos, una de las cuales había pertenecido a un comerciante de tiza (de ahí el apodo de la iglesia). La parte de atrás de la iglesia es más ancha que la delantera. La estrechez de la fachada está contrarrestada por los dos impresionantes campanarios, que alcanzan 17 m de altura.

El interior tiene una iluminación impresionante y alberga buenos ejemplos de diseño neogótico. Las vidrieras, las paredes pintadas con colores y el abundante uso del oro contrastan fuertemente con las austeras iglesias protestantes de la ciudad. Delante y a la izquierda del altar mayor hay una estatua de san Francisco Javier, y a la derecha otra de san Ignacio, fundador de los jesuitas.

→

El colorido interior de la iglesia De Krijtberg

5

Huis Vasari

📍E6 🏠Herengracht 366-368 🚋2, 12 🚏Herengracht/ Leidsegracht 🕐9.00-22.00 lu-vi, 10.00-18.00 sá y do 🌐vrijeacademie.nl

Philips Vingboons, uno de los arquitectos más influyentes del Ámsterdam del siglo XVII, diseñó esta hilera de cuatro casas casi idénticas para la acaudalada familia Cromhout. Una vez finalizada su restauración en 2022, los edificios recibieron el nombre del historiador del arte italiano Giorgio Vasari. Las dos casas centrales acogen la Vrije Academie, que organiza cursos y conferencias de arte y arquitectura. Hay exposiciones temporales abiertas al público en el salón delantero, en cuyo techo hay unos magníficos frescos de Jacob de Wit. También se puede disfrutar de un café en el tranquilo jardín de la parte trasera. Las visitas guiadas revelan otros tesoros ocultos en las casas.

6

Edificio Felix Meritis

📍D5 🏠Keizersgracht 324 🚋2, 12, 13, 17 🕐10.00-17.00 lu-vi, durante actos 🌐felixmeritis.nl

Este edificio neoclásico se ve mejor desde el otro lado del canal. Diseñado por Jacob Otten Husly, abrió en 1787 como centro de ciencias y letras organizado por la sociedad Felix Meritis. El nombre significa 'felicidad a través del mérito'. Esta agrupación de ciudadanos adinerados fue fundada por el relojero Willem Writs en 1777 durante la Ilustración holandesa (p. 56).

En la fachada hay cinco relieves que proclaman el interés de la sociedad por las ciencias naturales y el arte. Dentro, el edificio está equipado con observatorio, biblioteca, laboratorios y un pequeño auditorio. Entre muchos de los grandes músicos que han dado conciertos en la sala de la sociedad, figuran Mozart, Grieg, Brahms y Saint-Saëns.

En el siglo XIX, el edificio se convirtió en el principal centro cultural de Ámsterdam y su auditorio inspiró el diseño del Concertgebouw (p. 134).

El Partido Comunista Holandés (CPN) se instaló aquí en 1946; sin embargo, el edificio volvió a adquirir su carácter cultural cuando en

 CURIOSIDADES
Homomonument

El triángulo rosa usado para marcar a los homosexuales durante la Segunda Guerra Mundial inspiró este monumento de 1987 de Karin Daan, dedicado a los hombres y mujeres gays oprimidos. El entorno es un buen lugar para relajarse entre el bullicio del Westermarkt.

→ La fachada palladiana del edificio Felix Meritis, del siglo XVIII

Westerkerk, en
la orilla del canal
Keizersgracht

1970 la Shaffy Theatre Company lo utilizó como teatro y fue aclamado por las producciones vanguardistas.

En 1988 el edificio albergó el European Centre for Arts and Sciences. Después de una amplia reforma, reabrió de nuevo en julio de 2020 y ahora funciona como centro cultural.

Westerkerk

📍 D4 🏠 Prinsengracht 281
🚊 13, 17 🕐 11.00-15.00 lu-sá 🌐 westerkerk.nl

Esta es la más hermosa de las cuatro iglesias que se construyeron en el norte, sur, este y oeste del núcleo urbano en el siglo XVII, dentro del plan de desarrollo del anillo de canales. La iglesia cuenta con la torre más alta de Ámsterdam (85 m), y la nave más larga de las iglesias protestantes holandesas. Fue diseñada en estilo renacentista por Hendrick de Keyser, que murió en 1621, un año después de que comenzasen las obras *(p. 39)*.

Rembrandt, el célebre pintor holandés, está enterrado aquí, pero nunca se ha encontrado su tumba. Los postigos del órgano (1686) los pintó maravillosamente Gérard de Lairesse, un pintor del siglo XVII, con escenas del rey David, la reina de Saba y los Evangelistas.

El último domingo de mes, de septiembre a junio, se interpretan cantatas del conocido compositor alemán J. S. Bach y sus contemporáneos. No hay que pagar entrada, pero se agradece un donativo.

Café Americain
El interior de estilo *art déco* de este café está iluminado por vidrieras de colores.

📍 D7 🏠 Leidsekade 97
🌐 cafeamericain.nl

€€€

Restaurant 't Zwaantje
Comida tradicional holandesa con un toque francés en este pintoresco *pub*.

📍 D5 🏠 Berenstraat 12
🌐 zwaantje-restaurant.nl

€€€

Leidsegracht

◎ D6 🚋 1, 2, 5, 7, 12, 19

El Leidsegracht fue durante años la ruta principal de las gabarras entre Ámsterdam y Leiden. En 1664 el arquitecto de la ciudad Daniel Stalpaert lo cortó, y hoy solo abarca cuatro manzanas, entre el gran Herengracht y el largo Singelgracht, formando el anillo más remoto de Ámsterdam. Pese a su corta longitud, hoy en día es una de las zonas más cotizadas de la ciudad. Los precios de las casas de la zona empiezan en unos 2 millones de euros.

Cornelis Lely, que diseñó los planos originales para el drenaje del Zuiderzee *(p. 190)*, nació en el número 39 en 1854. Una placa muestra a Lely entre el Zuiderzee y el recién creado IJselmeer.

Curva Dorada

◎ E6 🚋 2, 12, 24
◎ Kattenkabinet: 12.00-17.00 diario ⏱ 1 ene, 27 abr, 25 dic

El tramo de Herengracht, entre Leidsestraat y Vijzelstraat, fue llamado por primera vez la Curva Dorada en el siglo XVII, por las grandes fortunas de los armadores, mercaderes y políticos que en aquella época residían en la zona. La mayoría de las mansiones ahora son oficinas, aunque su elegancia original sigue patente. La mayoría de las fachadas son de piedra arenisca, un material más costoso que el ladrillo.

Las primeras mansiones datan de la década de 1660. Un excelente ejemplo del estilo clasicista, diseñado por Philips Vingboons en 1664, se puede admirar en el número 412. La edificación continuó a lo largo del siglo XVIII, y en ella predominó el estilo Luis XIV. El número 475 es un claro ejemplo: una mansión de 1730

Ambassade Boutique Hotel

Para crear este impresionante y espacioso hotel se unieron 10 casas de los canales.

◎ E5
🏠 Herengracht 341
🌐 ambassade-hotel.nl

€€€

→

Elegantes mansiones del Leidsegracht

apodada con frecuencia la joya de las casas de los canales. Dos esculturas femeninas adornan su fachada de arenisca. La ornamentada mansión del número 452 es un buen ejemplo de la conversión del siglo XIX.

El Kattenkabinet (Museo de los Gatos), situado en el 497 de Herengracht, es una de las pocas casas de la Curva Dorada accesibles al público y, sin duda, debería visitarla todo amante de lo felino.

¿Lo sabías?

Las casas de los canales se solían construir con una ligera inclinación para poder subir las mercancías sin que chocasen con las ventanas.

ARQUITECTURA DE LAS CASAS DE LOS CANALES

Ámsterdam ha recibido el calificativo de ciudad de 'arquitectura educada', debido a que su encanto reside más en los detalles íntimos que en los grandes efectos. A partir del siglo XV, las leyes urbanísticas, los tamaños de los solares y la inestabilidad del suelo dictaron que las fachadas fuesen de tamaño uniforme y construidas de ladrillo o arenisca, con grandes ventanas, para reducir el peso.
Los dueños de las casas de los canales personalizaban los edificios con cornisas y aguilones decorativos, marcos de puerta ornamentados o variando la forma de las ventanas. Para identificar las casas se utilizaban placas talladas o pintadas, antes de introducir la numeración en el siglo XIX.

UN PASEO
LEIDSEBUURT

Distancia 2 km **Tranvía** 2, 11, 12 (Koningsplein)
Tiempo 20 minutos

La zona que rodea Leidsebuurt es una de las más animadas de la noche de Ámsterdam. Se puede ir a ver una obra de teatro en el Internationaal Theater Amsterdam o a un concierto a Melkweg. Pero esta zona también tiene mucho que ofrecer a la luz del día. Hay varias obras arquitectónicas interesantes en el anillo de canales, como el antiguo orfanato municipal en Prinsengracht, el lujoso De Krijtberg en el Singel, y las numerosas mansiones de la Curva Dorada.

↑ Bulliciosos cafés al aire libre en Leidseplein

La **Huis Vasari,** del siglo XVII, cuenta con un interior espectacular. El salón acoge exposiciones y en el jardín hay un café encantador (p. 116).

Ubicado en una antigua casa de comerciantes, el **Grachtenmuseum Amsterdam** muestra la historia del anillo de canales de Ámsterdam (p. 114).

Leidsegracht, cortado en 1664, fue la principal vía fluvial hacia Leiden (p. 118).

Este edificio acogía a los huérfanos de Ámsterdam y, en su momento, también fue el Tribunal de Apelación.

Los jóvenes se reúnen en **Leidseplein** para ver los espectáculos callejeros y disfrutar de su animada vida nocturna (p. 37).

Esta lechería reformada, antiguo lugar de reunión hippy, se conoce como el **Melkweg** y hoy es uno de los centros clave de la cultura alternativa de Ámsterdam (p. 43).

El histórico **Internationaal Theater Amsterdam** fue construido en 1894 y es uno de los lugares que acoge el Festival de Holanda, organizado en junio (p. 114).

El **Café Americain** del American Hotel ofrece un bello interior art déco y es un lugar muy popular para pasar la tarde (p. 117).

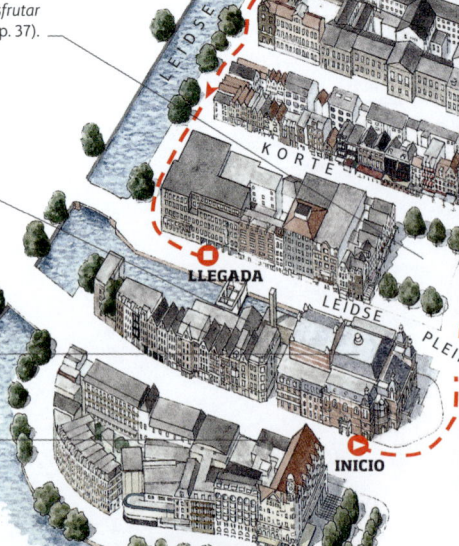

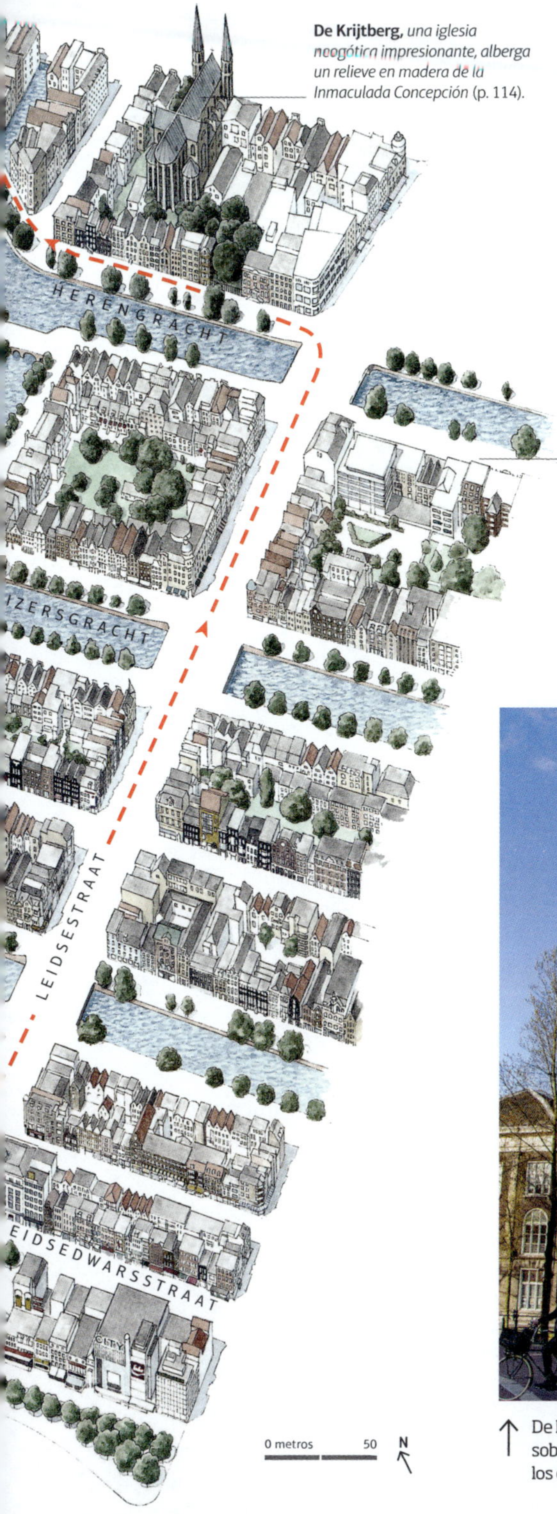

De Krijtberg, *una iglesia neogótica impresionante, alberga un relieve en madera de la Inmaculada Concepción* (p. 114).

Plano de situación
Para más detalles ver p. 110

HERENGRACHT

Las columnas y fachadas clásicas de la **Curva Dorada** *del Herengracht recuerdan la riqueza de la ciudad* (p. 118).

IZERSGRACHT

LEIDSESTRAAT

EIDSEDWARSSTRAAT

0 metros   50   N

↑ De Krijtberg, irguiéndose sobre las vecinas casas de los canales con gabletes

BARRIO DE LOS MUSEOS

Hacia finales del siglo XIX esta era una zona donde se encontraban distintas granjas y fincas, hasta que el ayuntamiento decidió establecer allí un espacio de arte y cultura. Este fue el nuevo emplazamiento del Rijksmuseum, cuya creciente colección estaba entonces dividida entre la Trippenhuis en Ámsterdam, la Mauritshuis en La Haya y una galería de Haarlem. El concurso para la adjudicación del diseño se realizó en 1876 y la construcción del edificio se terminó en 1885. La urbanización del resto de la zona se llevó a cabo para la Exposición Internacional de las Colonias y de la Exportación de1883. En 1895 la Museumplein ya albergaba los grandes monumentos culturales de Ámsterdam: el Rijksmuseum, el Stedelijk Museum y el Concertgebouw. En 1973 les siguió el Van Gogh Museum, con una importante ampliación en 1999.

La zona se convirtió rápidamente en el espacio central de la urbe, utilizado para celebraciones y actos conmemorativos nacionales. La Museumplein cuenta con dos monumentos a los caídos en la Segunda Guerra Mundial. El parque todavía se usa para manifestaciones políticas, ya que se considera la sede espiritual de los librepensadores de la ciudad. A principios de la década de 2010, los cuatro grandes museos fueron reformados y renovados para conformar lo que en la actualidad es el Barrio de los Museos de Ámsterdam, uno de los mayores atractivos de la ciudad.

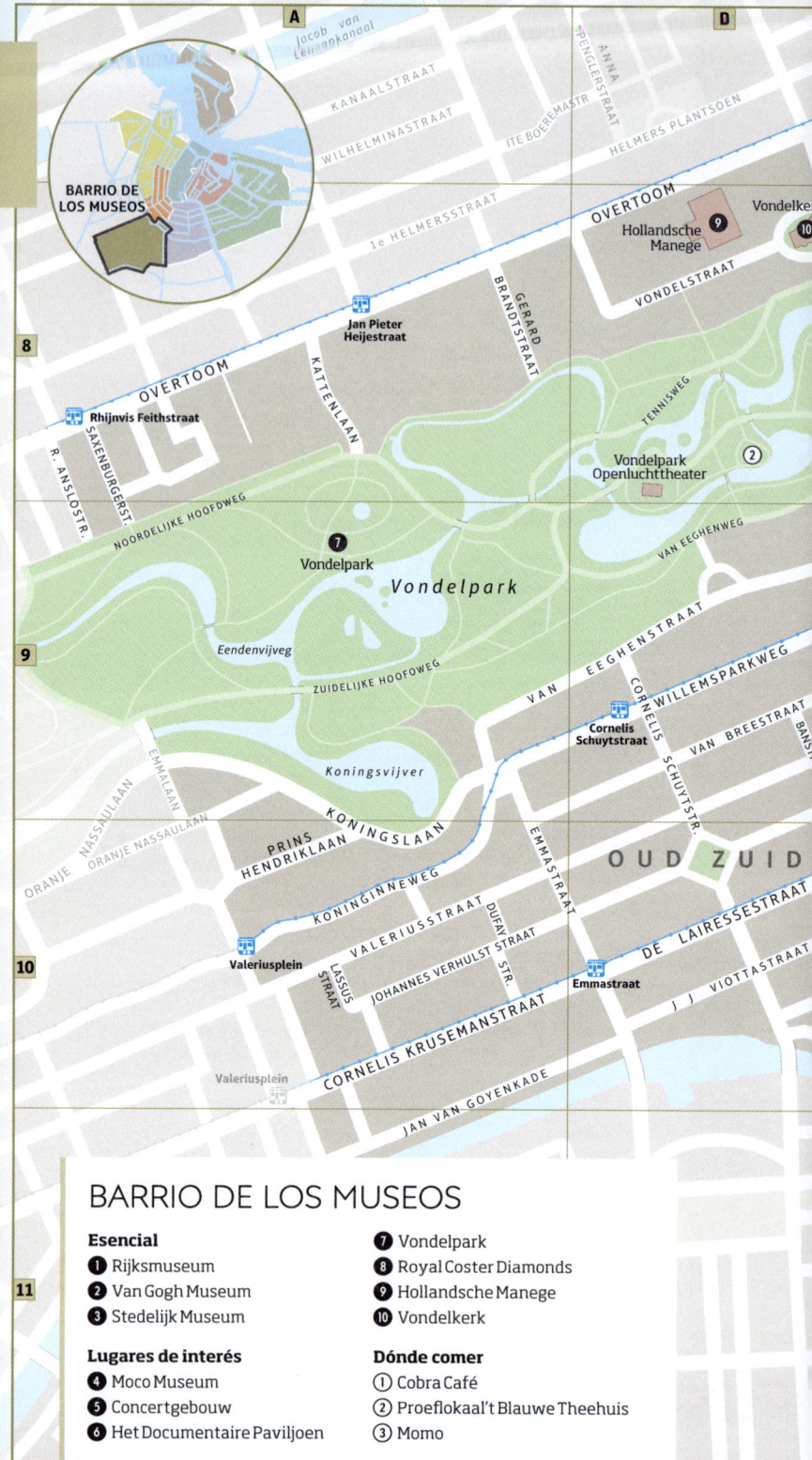

BARRIO DE LOS MUSEOS

Esencial
1. Rijksmuseum
2. Van Gogh Museum
3. Stedelijk Museum

Lugares de interés
4. Moco Museum
5. Concertgebouw
6. Het Documentaire Paviljoen

7. Vondelpark
8. Royal Coster Diamonds
9. Hollandsche Manege
10. Vondelkerk

Dónde comer
1. Cobra Café
2. Proeflokaal 't Blauwe Theehuis
3. Momo

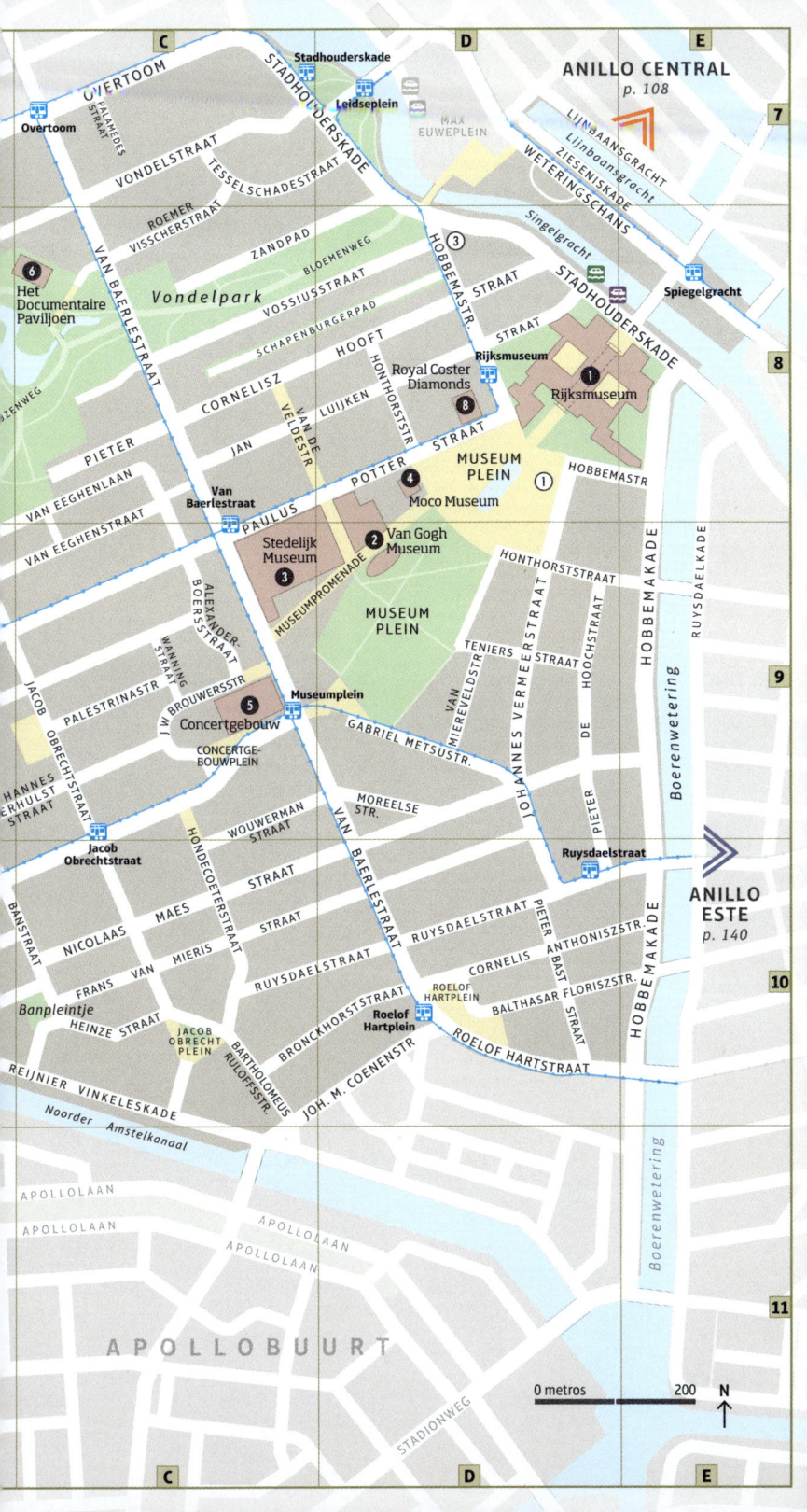

RIJKSMUSEUM

📍 D8 🏛 Museumstraat 1 🚋 1, 2, 5, 7, 12, 19 🚌 Stadhouderskade
🕐 9.00-17.00 diario (jardines, tienda y café hasta 18.00) 🌐 rijksmuseum.nl

El Rijksmuseum es un famoso emblema de Ámsterdam, con una inigualable colección de arte holandés, cuya recopilación comenzó en el siglo XIX. El inmenso museo puede parecer abrumador, pero con tantas obras expuestas, no es de extrañar que sea el museo más visitado de la ciudad.

La historia del Rijksmuseum

La historia del Rijksmuseum comenzó en La Haya, como la Nationale Kunstgalerij. En 1808, el rey Luis Napoleón ordenó el traslado de la colección a Ámsterdam, donde ocupó por un breve período el Koninklijk Paleis, antes de ser reubicado en 1885 en su sede actual.

El edificio de ladrillo rojo, diseñado por P. J. H. Cuypers *(p. 31)*, al principio fue criticado duramente por parte de la comunidad protestante por estilo neorrenacentista católico. El rey Guillermo III, por ejemplo, se negó rotundamente a poner un pie en él.

Hoy en día, el edificio es muy querido y sirve de fondo a muchas de las instantáneas que hacen los fotógrafos aficionados de la ciudad, por el icónico exterior y los cuidados jardines, que ofrecen una imagen maravillosa independientemente de la época del año.

 CONSEJO DK
Cómo evitar las colas

El único modo de entrar sin hacer cola es reservando una visita guiada. Si no, lo mejor es llegar allí a las 9.00 o a las 15.30, y evitar los viernes y fines de semana.

> **El edificio es muy querido y sirve de fondo a muchas de las instantáneas que hacen los fotógrafos aficionados de la ciudad.**

↑ *La ronda nocturna* de Rembrandt es la posesión más valiosa del museo y también su pieza más visitada

TOP 5 OBRAS IMPRESCINDIBLES

La ronda nocturna (1642)
Este gran lienzo fue encargado al artista por la milicia de Ámsterdam.

La lechera (1658)
La quietud y la luz son típicas de Vermeer.

Inundación del día de Santa Isabel (1500)
Un artista anónimo pintó la terrible inundación de 1421.

El hombre cuadrado (1951)
La obra de Karel Appel, típica del grupo CoBrA.

Shiva Nataraja (c. 1100-1200)
Esta estatua de bronce representa al dios bailando.

→
Maqueta del *William Rex*, del siglo XVII, situada en el Rijksmuseum

↑ Fachada neorrenacentista, de ladrillo rojo, del Rijksmuseum

Visitando el Rijksmuseum

El Rijksmuseum puede resultar muy grande para verlo en una sola visita. Sin tiempo, lo mejor es la Galería del Honor, con obras de Hals, Vermeer y de otros muchos viejos maestros, para llegar al fin hasta *La ronda nocturna* de Rembrandt, en el centro.

Los visitantes que dispongan de más tiempo no deberían perderse otras colecciones del museo, que abarcan desde el siglo XI hasta la actualidad. Los cuadros, esculturas, objetos históricos y artes aplicadas se exponen juntos para resaltar las diferencias y parecidos. Un pabellón está dedicado al arte asiático.

↑ Visitantes admirando el arte y descansando en una de las galerías

8.000
—
piezas están expuestas en las 80 galerías del Rijksmuseum.

La Galería del Honor está llena de obras maestras del siglo XVII ↓

PINTURA DE GÉNERO

Para los contemporáneos de Jan Steen (1625-1679), la escena cotidiana de *Mujer en su baño* (c.1660) estaba llena de símbolos desconocidos para el observador moderno. El perro en la almohada puede representar la fidelidad, y las medias rojas sugieren la sexualidad de la mujer.

Guía del museo

Edad Media y Renacimiento

Las primeras pinturas holandesas. Estos cuadros tratan, en su mayoría, temas religiosos, como *Las siete obras de misericordia* (1504) del Maestro de Alkmaar. A lo largo del siglo XVI, lo pastoral sustituye a lo religioso, y cuadros como *La danza de los huevos* de Pieter Aertsen están llenos de realismo.

Arte del siglo XVII

Durante la Reforma de 1578 *(p. 55)*, el arte holandés se había ido por completo a temas seculares. Los artistas pasaron a pintar retratos, paisajes, bodegones, marinas e interiores domésticos muy realistas, incluyendo la pintura de género y retratos de animales. Rembrandt y *La lechera* de Vermeer *(derecha)* son imprescindibles.

Arte del siglo XVIII

Los bodegones del siglo XVII se fueron convirtiendo en piezas de conversación satíricas. *La galería de arte de Jan Gildemeester Jansz* (1794), de Adriaan de Lelie (1755-1820) muestra un salón del siglo XVIII repleto de cuadros del siglo XVII.

Arte del siglo XIX

Los comienzos del siglo XIX están representados por los románticos holandeses, quienes volvieron a interpretar el arte del paisaj, aunque de diferentes maneras. Artistas como Johannes Tavenraat y Wijnand Nuijen crearon excelentes escenas dramáticas y tormentosas, mientras que Andreas Schelfhout prefería paisajes serenos y apacibles.

Arte del siglo XX

Una pequeña colección de obras del siglo XX también encontró su lugar bajo el techo del museo. Además de moda, fotografía y escultura están expuestos también trabajos de Le Corbusier y Karel Appel. La perla de la colección es, sin duda, el biplano FK 23 Bantam, diseñado por Koolhoven para la British Aerial Transport Company de Londres.

Arte asiático

El pabellón entre el edificio principal y el Ala Philips atestigua la destreza de los artistas y artesanos de las culturas orientales tempranas. Algunos objetos muy antiguos son los más raros, como las diminutas figuritas de bronce de la dinastía Tang, procedentes de la China del siglo VII. Entre los más recientes está la estatua hindú *La belleza celestial*, bastante explícita.

Colecciones especiales y el Ala Philips

Esta galería, en el sótano, es una cueva del tesoro repleta de piezas de cerámica de Delft, porcelana, cristal, instrumentos musicales, maquetas de barcos y mucho más. En el Ala Phillips están las exposiciones temporales *(izquierda)*.

Esencial ☆

2 🚲 🍴 📷 🛍️

VAN GOGH MUSEUM

📍 D9 🏛️ Museumplein 6 🚋 2, 3, 5, 12 🕐 9.00-17.00 (las horas de cierre varían, consultar detalles en la página web) 🌐 vangoghmuseum.com

Cuando murió en 1890, Van Gogh estaba a punto de convertirse en un famosísimo pintor. Su hermano Theo, que era marchante de arte, reunió una colección de 200 de sus cuadros y 500 dibujos y en torno a 850 cartas del artista que componen el núcleo de la colección más grande del mundo dedicada a Van Gogh.

Guía del museo

El Van Gogh Museum está basado en un diseño del arquitecto del De Stijl, Gerrit Rietveld (1888-1964), y se abrió en 1973. En 1999 se le añadió un ala independiente diseñada por Kisho Kurokawa.

En la planta baja expone los autorretratos de Van Gogh en orden cronológico. Los cuadros de los períodos holandés y francés están en la planta primera, junto con obras de otros artistas del siglo XIX. La segunda planta se centra en su vida personal, con una selección de su correspondencia. Los trabajos de su último año, además de obras de artistas posteriores influidos por él, ocupan la planta tercera. La entrada principal es por el ala de exposiciones, que acoge eventos temporales. Todos los viernes por la noche, el vestíbulo central se convierte en un bar, con sillones y DJ.

↑ El edificio curvilíneo del ala de exposiciones del Van Gogh Museum

¿Lo sabías?

Van Gogh sostenía que toda su obra "está inspirada, de alguna manera, en el arte japonés".

← Una de las obras más famosas de Van Gogh, *La habitación en Arles* (1888), transmite la vida doméstica en su casa amarilla del sur de Francia.

VIDA DE UN ARTISTA

Vincent van Gogh (1853-1890), nacido en Zundert, comenzó a pintar en 1880. Trabajó en los Países Bajos durante cinco años antes de trasladarse a París y, más tarde, al sur de Francia. Luchó contra problemas de salud mental durante toda su vida e incluso estuvo ingresado en un centro psiquiátrico. A pesar de que su arte goza de gran fama en la actualidad, recibió poco reconocimiento en vida.

↑ Visitantes en el vestíbulo de entrada del Van Gogh Museum

STEDELIJK MUSEUM

📍 C9 🏛 Museumplein 10 🚊 2, 3, 5, 12 🕐 10.00-18.00 diario 🌐 stedelijk.nl

Construido para acoger la colección cedida a la ciudad por Sophia de Bruyn en 1890, el Stedelijk Museum se convirtió en el museo nacional de arte moderno y diseño en 1938, con obras de artistas como Picasso, Matisse, Mondrian, Chagall y Cézanne, y diseñadores como Rietveld, Wirkkala o Sottsass.

El museo está dividido en dos espacios muy diferentes. Uno de ellos es el edificio principal neorrenacentista, diseñado por A. W. Weissman (1858-1923) en 1895, cuya fachada está adornada con torretas, gabletes y nichos con estatuas de artistas y arquitectos, entre ellas las de Hendrick de Keyser (p. 31) y Jacob van Campen,

el arquitecto del Koninklijk Paleis (p. 81). El anexo moderno del Stedelijk, el ala Benthem Crouwel, se inauguró en 2012. Conocido como la Bañera, parece estar flotando, gracias a las paredes acristaladas en la planta baja. Continúa siendo una de las obras arquitectóni-cas de la ciudad más controvertidas.

Los interiores de ambos edificios son ultramodernos, aportando el entorno perfecto para las 90.000 obras de arte moderno y contemporáneo del museo. La colección representa prácticamente todos los movimientos artísticos de los siglos XX y XXI, incluyendo el De Stijl, el

El edificio futurista de Benthem Crouwel, apodado la Bañera, iluminado al atardecer

1988

Tres pinturas de Van Gogh, Jongkind y Cézanne fueron robadas del museo.

↑ *El violinista* (1912-1913), de Marc Chagall (1887-
1985), fue inspirado por los recuerdos del artista
de San Petersburgo y su nuevo entorno parisino

Pop Art y el CoBrA. El museo destaca el arte de finales
del XIX con una pequeña colección de obras postim-
presionistas, con artistas como Van Gogh y Cézanne.

Los creadores contemporáneos ocupan un espacio
más amplio, con un restaurante y una terraza con
vistas a la Museumplein. El museo, además, organiza
espectáculos y proyecciones.

TOP 5 · ARTISTAS DE LA COLECCIÓN PERMANENTE

Willem de Kooning (1904-1997)
Este pintor neerlandés nacionali-
zado estadounidense se centraba
a menudo en la figura femenina.

Kazimir Malevich (1878-1935)
Fundador ruso del suprematismo,
un movimiento abstracto que
experimentaba con los colores.

Jean Tinguely (1925-1991)
El escultor suizo construía
ingeniosos artilugios mecánicos.

Karel Appel (1921-2006)
Un miembro holandés del corto
movimiento experimental CoBrA.

**Ernst Ludwig Kirchner
(1880-1938)**
La inspiración del expresionista
alemán provenía de las culturas
ancestrales de África y Asia.

↑ El amplio y luminoso
espacio en el que está
situada la tienda del museo

4

Moco Museum

📍D8 🏠Honthorststraat 20 🚊1, 2, 5, 7, 12, 19 🚏Stadhouderskade 🕐9.00-20.00 lu-ju, 9.00-21.00 vi-do, consultar la web para aperturas posteriores 🌐mocomuseum.com

El exterior de esta hermosa mansión del siglo XX *(p. 31)*, diseñada por Eduard Cuypers, el sobrino de P. J. H. Cuypers, guarda su innovadora colección interior.

Gestionado con mimo por coleccionistas privados, el museo Moco expone obras de artistas que revelan la ironía de la sociedad moderna. El objetivo del museo es mostrar al visitante lo que no puede ver en ningún otro lugar.

La colección incluye 50 obras originales del afamado artista callejero Banksy *(p. 36)*. Las obras para interiores del activista británico no son tan famosas como sus murales, y crean un contraste interesante al compararlos con sus obras de guerrilla. El museo también alberga unos cuantos de sus murales rescatados de edificios antes de que fueran destruidos.

5

Concertgebouw

📍C9 🏠Concertgebouwplein 10 🚊2, 3, 5, 12 🕐Taquilla: 13.00-19.00 lu-vi, 10.00-19.00 sá y do 🌐concertgebouw.nl

Tras un concurso de arquitectura celebrado en 1881, A. L. van Gendt (1835-1901) fue elegido el diseñador de un enorme auditorio para Ámsterdam. Este edificio neorrenacentista cuenta con una elaborada fachada con frontón y columnata, y alberga dos auditorios. A pesar de la falta de conocimientos musicales de Van Gendt, consiguió una acústica casi perfecta en la Grote Zaal (sala principal), conocida en el mundo entero.

El concierto inaugural se celebró el 11 de abril de 1888, con una orquesta de 120 músicos y un coro de 600.

Concebido principalmente para albergar conciertos, también acoge exposiciones, mítines políticos y combates de boxeo ocasionales.

Para descubrir la historia oculta del edificio, hay que consultar en la página web las visitas guiadas, que suelen tener lugar de mayo a

CONSEJO DK
Sobre patines por el Vondelpark

Una manera diferente de de explorar los carriles bici del Vondelpark es sobre patines. El alquiler de ruedas y clases de patinaje lo gestiona Skate Docter *(skatedokter.nl)*.

septiembre. Para una experiencia aún más intensa, se puede reservar la visita el miércoles, después de haber disfrutado de un concierto gratuito (excepto julio y agosto).

6

Het Documentaire Paviljoen

📍C8 🏠Vondelpark 3 🚊1, 3, 5, 12 🌐idfa.nl/en/vondelpark

El pabellón del Vondelpark abrió en 1881 como un café restaurante. El edificio, de estilo neorrenacentista, fue el lugar predilecto de la gente alternativa de Ámsterdam, y en sus salones a menudo se

↑ La ornamentada fachada neorrenacentista del Concertgebouw, coronada por una lira dorada

←

Ciclistas descansando en la orilla de un lago del Vondelpark

exponía arte contemporáneo. Tras la Segunda Guerra Mundial, el local se convirtió en un centro cultural, y desde 1972 sirvió de sede del Filmmuseum y posteriormente del EYE *(p. 185)*.

El pabellón alberga el International Documentary Festival Amsterdam (IDFA), que proyecta documentales durante todo el año y organiza un festival cada noviembre. A través de sus talleres, debates y clases magistrales, el IDFA pretende estimular y educar a los futuros cineastas. El restaurante Park Zuid se encuentra en la planta baja.

Vondelpark

A9 🅟 Stadhouderskade
🚋 1, 2, 3, 5, 12 🎭 Teatro al aire libre: jun-última semana ago: mi-do
🌐 openluchttheater.nl

En 1864, un grupo de eminentes ciudadanos formó un comité para fundar un parque público, y recaudaron dinero suficiente como para comprar 8 hectáreas de terreno. El diseño del parque se encargó a J. D. y L. P. Zocher, padre e hijo,

ambos arquitectos paisajistas. Usaron vistas, caminos y estanques para crear la ilusión de una enorme zona natural, inaugurada el 15 de junio de 1865 como el Nieuwe Park.

El nombre actual se adoptó en 1867, cuando se erigió en él la estatua del poeta Joost van den Vondel (1587-1679). El comité enseguida empezó a reunir dinero para ampliar el parque, y en junio de 1877 alcanzó sus dimensiones actuales de 47 hectáreas. El parque alberga ahora unas cien especies de

plantas y 127 tipos de árbol. Las ardillas, erizos, patos y pájaros se mezclan con la enorme colonia de periquitos verde chillón, que se reúnen frente al pabellón para que se les alimente. En los prados pastan manadas de vacas, ovejas y cabras e incluso alguna llama solitaria.

El Vondelpark recibe más de 10 millones de visitantes al año. En verano se celebran conciertos gratuitos en el *openluchttheater* (teatro al aire libre), y músicos tocan en el quiosco musical.

JOOST VAN DEN VONDEL

Joost van den Vondel (1587-1679) fue para la poesía neerlandesa lo que Rembrandt fue para su pintura. Muchos de sus dramas históricos como *Gijsbrecht van Amstel,* presentado por primera vez en 1638, y *Joannes de Boetgezant* (1662), fueron aclamadas obras maestras. Tras convertirse al catolicismo, la religión de su esposa, comenzó a abogar por la tolerancia religiosa. Hecho que provocó su caída en desgracia entre los calvinistas radicales y, a pesar de su fama, murió siendo un hombre empobrecido.

→ Terraza en Museumplein frente a Royal Coster Diamonds

Royal Coster Diamonds

📍D8 🏠Paulus Potterstraat 2-6 🚊2, 5, 12 🕐9.00-17.00 diario 🌐royalcoster.com

Royal Coster se fundó en 1840. Doce años después, el príncipe Alberto, consorte de la reina Victoria de Inglaterra, confió a la compañía la tarea de volver a pulir el enorme diamante Koh-i-Noor (Montaña de Luz). La piedra azulada es uno de los tesoros de las joyas de la corona británica y pesa 108,8 quilates. Hay una réplica de la corona ceremonial con una copia de la piedra en el amplio vestíbulo de Coster.

La fábrica recibe por semana más de 6.000 visitantes, que pueden observar los procesos de clasificación, talla y pulido de piedras. Los orfebres y talladores de diamantes trabajan juntos en la fábrica para crear joyas únicas, disponibles en el mostrador. Para los compradores expertos, como los joyeros de todo el mundo que acuden aquí, hay una serie de salas privadas de venta, para asegurar una total discreción. Unas puertas más abajo hay un museo, donde se examina la historia del diamante.

Hollandsche Manege

📍B8 🏠Vondelstraat 140 🚊2 🕐13.00-19.00 ma-vi, 11.00-17.00 sá-do 🕐1 ene, Lunes de Pentecostés, 27 abr, 2 semanas en ago (consultar web para más información) 🌐levendpaardenmuseum.nl

La Escuela de Equitación Holandesa estaba en el Leidsegracht (p. 118), pero en 1882 se trasladó a un edificio en Vondelstraat, diseñado por A. L. van Gendt, basado en la Escuela de Equitación Española de Viena.

Después de verse amenazada con su demolición en la década de 1980, se salvó tras una protesta pública. El príncipe Bernhard volvió a abrirla en 1986 y ha recuperado su antigua gloria.

El picadero neoclásico cuenta con espejos dorados y cabezas de caballos en las paredes enyesadas. Todavía se conservan algunas de las gradas de hierro forjado y el serrín apaga el sonido. Al final de la escalinata, una puerta se abre al balcón sobre el picadero, y otra da al café.

LAS COMPAÑÍAS MILITARES DE ÁMSTERDAM

Las *schutterij* (milicias) holandesas se formaron en la Edad Media. Armadas con arcos, protegían las ciudades contra ataques y disturbios. Alrededor del siglo XVII fueron rearmadas con mosquetes, aunque su papel pasó a ser ceremonial. Sus capitanes debían tener gran poder adquisitivo, pues debían equipar a los voluntarios con su dinero. Encargaron retratos, de los cuales *La compañía militar del capitán Frans Banninck Cocq y el teniente Willem van Ruytenburgh,* más conocido como *La ronda nocturna* de Rembrandt, es el más famoso. Hay una estatua sobre este cuadro en Rembrandtplein.

Vondelkerk

B8 **Vondelstraat 120**
2

La Vondelkerk fue la mayor iglesia diseñada por P. J. H. Cuypers *(p. 31)*. Las obras comenzaron en 1872, pero al año siguiente se agotaron los fondos. Gracias al dinero de donaciones y loterías, el edificio pudo terminarse en 1880.

En 1904 pudo salvarse la nave de un incendio al forzar la caída de la torre en llamas sobre el Vondelpark. El hijo del arquitecto, J. T. Cuypers, añadió después una nueva torre. La iglesia se desconsagró en 1979 y convertida en oficinas en 1985. En el edificio se celebran conciertos y otros eventos.

Cobra Café
Famoso por su tarta de manzana, el Cobra también prepara crepes y otros tentempiés, como croquetas.

D8 **Hobbemastraat 18**
Cenas **cobracafe.nl**

€€€

Proeflokaal 't Blauwe Theehuis
Este clásico de Vondelpark sirve tentempiés, *pizza* y variedad de cervezas del IJ *(p. 173)*.

B8 **Vondelpark 5**
blauwetheehuis.nl

€€€

Momo
Este bar-restaurante, con mucho estilo, tiene *sushi* y menús degustación de 10 platos.

D8
Hobbemastraat 1
momo-amsterdam.com

€€€

La Vondelkerk, como sacada de un cuento, se yergue junto al Vondelpark ↑

UN PASEO
BARRIO DE
LOS MUSEOS

Distancia 1,5 km **Tranvía** 2, 3, 5, 12
(Rijksmuseum) **Tiempo** 15 minutos

La verde extensión de Museumplein estuvo biseccionada
por una concurrida calle conocida como la autovía más
corta de Europa. Sin embargo, la drástica renovación
llevada a cabo entre 1996 y 1999 transformó la zona en un
majestuoso parque flanqueado por los centros culturales
más importantes de Ámsterdam. El barrio forma parte de
uno de los mejores distritos de la ciudad, con anchas calles
y elegantes casas. Tras disfrutar de los museos, se puede ir
a ver los escaparates de las mejores tiendas a lo largo
de P. C. Hooftstraat y Van Baerlestraat, u observar
a los pulidores de diamantes trabajando
en Royal Coster Diamonds.

↑ Moderno exterior del
Van Gogh Museum

Van Baerlestraat
*está repleta de
exclusivas tiendas
de diseñadores
de moda.*

VAN DER VELDESTR

PAULUS POTTERSTRAAT

● INICIO

VAN BAERLESTRAAT

El **Stedelijk,** *con su colección
municipal de arte moderno,
acoge también exposiciones
controvertidas de arte contemporáneo. En su anexo,
apodado la Bañera, se
organizan exposiciones de
carácter temporal (p. 132).*

*Diseñado por
A. L. van Gendt, el*
Concertgebouw *tiene
una fachada clásica y
una acústica casi
perfecta (p. 134).*

Esta ala del **Van Gogh
Museum,** *con una elegante forma ovalada,
fue diseñada por Kisho Kurokawa e
inaugurada en 1999. En 2015 se amplió
para ampliar el vestíbulo (p. 130).*

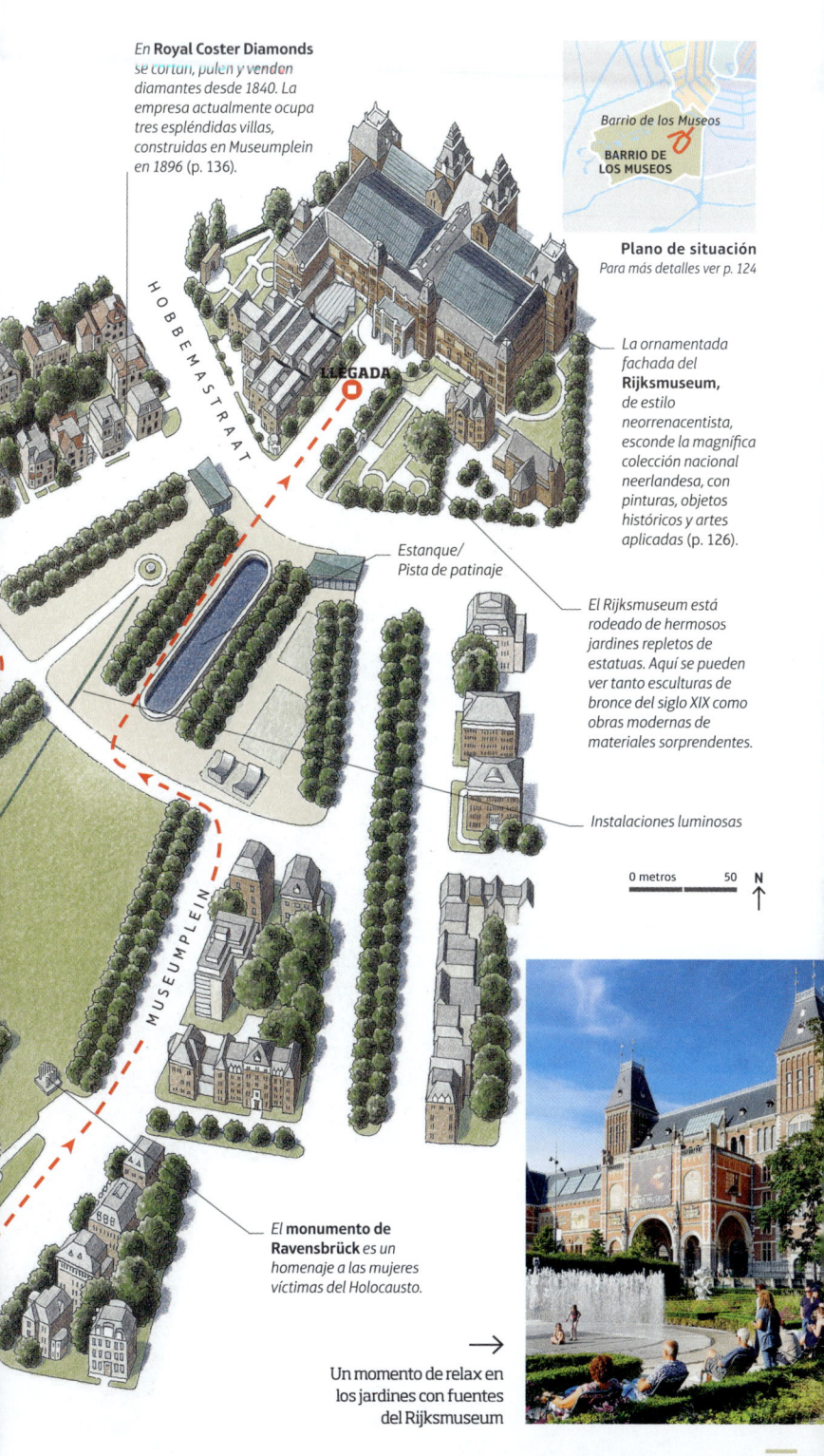

En **Royal Coster Diamonds** se cortan, pulen y venden diamantes desde 1840. La empresa actualmente ocupa tres espléndidas villas, construidas en Museumplein en 1896 (p. 136).

Barrio de los Museos

BARRIO DE LOS MUSEOS

Plano de situación
Para más detalles ver p. 124

HOBBEMASTRAAT

LLEGADA

La ornamentada fachada del **Rijksmuseum,** de estilo neorrenacentista, esconde la magnífica colección nacional neerlandesa, con pinturas, objetos históricos y artes aplicadas (p. 126).

Estanque/ Pista de patinaje

El Rijksmuseum está rodeado de hermosos jardines repletos de estatuas. Aquí se pueden ver tanto esculturas de bronce del siglo XIX como obras modernas de materiales sorprendentes.

Instalaciones luminosas

0 metros   50   N

MUSEUMPLEIN

El **monumento de Ravensbrück** *es un homenaje a las mujeres víctimas del Holocausto.*

→

Un momento de relax en los jardines con fuentes del Rijksmuseum

ANILLO ESTE

Esta zona, que se extiende hacia el sur y el oeste del río Amstel, queda más allá de las murallas medievales. Desde 1660, el Grachtengordel fue ampliado al este hacia el Amstel. En esta época se excavó el Reguliersgracht que, con sus siete puentes, es uno de los canales más bellos de Ámsterdam. En el siglo XVII *(p. 56)*, estos tramos del canal se fueron llenando con mansiones de pudientes mercaderes, como la que alberga el Museum van Loon. Detrás de este tramo del anillo del canal se halla De Pijp, un barrio obrero del siglo XIX, construido para aliviar el cada vez más poblado distrito de Jordaan. De Pijp fue construido de la manera más rápida y barata posible, y el resultado son edificios casi idénticos, de cuatro plantas, cada uno con tres ventanas, tejado blanco y una barra con gancho para subir cargas. Los precios moderados del barrio atraían a estudiantes, inmigrantes y artistas como, por ejemplo, Mondrian. Los nuevos residentes trajeron consigo distintas culturas y artes culinarios, aportando al Anillo Este un animado y atractivo aire multicultural.

G · **H** · **J**

OUDE ZIJDE
p. 88

Blauwbrug ④

① Museum Willet-Holthuysen

Joods Historisch Museum

H'ART Museum

Magere Brug ⑪

PLANTAGE
p. 164

Amstelsluizen

Frederiksplein

Oosteinde

Amsteldijk

Ceintuurbaan

DE PIJP

ANILLO ESTE

Esencial
① Museum Willet-Holthuysen

Lugares de interés
② Foam
③ Amstelkerk
④ Blauwbrug
⑤ Albert Cuypmarkt
⑥ Bloemenmarkt
⑦ Museum Van Loon
⑧ Heineken Experience
⑨ Pathé Tuschinski
⑩ Stadsarchief Amsterdam
⑪ Magere Brug

Dónde comer
① Warung Spang Makandra
② Restaurant de Waaghals
③ Vlaardingse Haringhandel

Dónde dormir
④ Hotel Dwars
⑤ Hotel V Frederiksplein

ANILLO ESTE

0 metros — 200

N

MUSEUM WILLET-HOLTHUYSEN

📍 G6 🏠 Herengracht 605 🚋 4, 14 🕐 10.00-17.00 diario 📅 27 abr 🌐 willetholthuysen.nl

Un viaje a Ámsterdam no estaría completo sin visitar una de las casas de los canales más emblemáticas de la ciudad. El Museum Willet-Holthuysen, llamado así por sus últimos residentes, ofrece a los visitantes una visión del estilo de vida que llevaban las familias de los mercaderes, que vivían lujosamente a lo largo del Grachtengordel (anillo de canales) en el siglo XVII. Se pueden visitar tres plantas y el jardín.

La casa fue construida en 1685 para Jacob Hop, el alcalde de Ámsterdam, y pasó a ser propiedad del magnate del carbón Pieter Holthuysen (1788-1858) en 1855. Luego la heredaron su hija, Louisa (1825-1895), y su marido, Abraham Willet (1825-1888) –ambos grandes coleccionistas de lienzos, cristal, plata y cerámica–. Cuando Louisa murió viuda y sin descendencia en 1895, legó la casa y sus tesoros a la ciudad con la condición de que se convirtiera en un museo y llevara sus apellidos. Sala tras sala, se está restaurando la casa para devolverla a la época en la que Abraham y Louisa vivieron aquí.

Posiblemente, la parte más interesante de la casa se encuentre debajo de las escaleras. En la planta baja se exponen objetos que ilustran las vidas de los empleados al servicio de la familia Willet-Holthuysen.

> Cuando Louisa murió viuda y sin descendencia en 1895, legó la casa y sus tesoros a la ciudad, con la condición de que se convirtiera en un museo y llevara sus apellidos.

↑ La magnífica fachada del Museum Willet-Holthuysen

↑ Las paredes del comedor están decoradas con una copia del papel de seda del siglo XVIII

← El salón de caballeros está revestido en grueso damasco de color azul intenso

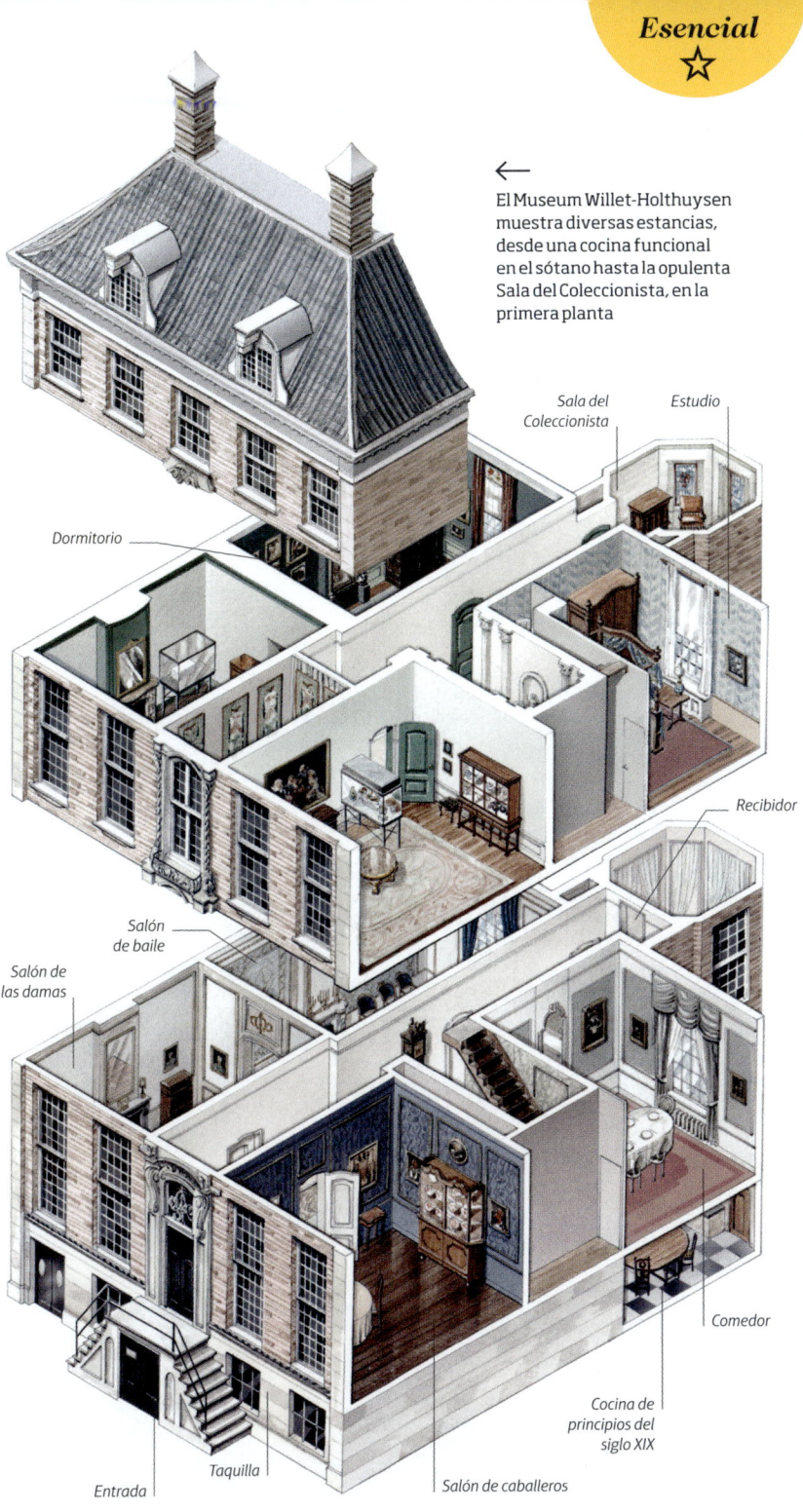

←

El Museum Willet-Holthuysen muestra diversas estancias, desde una cocina funcional en el sótano hasta la opulenta Sala del Coleccionista, en la primera planta

Sala del Coleccionista

Estudio

Dormitorio

Recibidor

Salón de baile

Salón de las damas

Entrada

Taquilla

Salón de caballeros

Cocina de principios del siglo XIX

Comedor

LUGARES DE INTERÉS

Foam

F7 **Keizersgracht 609** **24** **Vijzelgracht** **10.00-18.00 sá-mi, 10.00-21.00 ju y vi** **27 abr** **foam.org**

Tres elegantes casas de los canales del siglo XVII, en el Keizersgracht, fueron unidas y restauradas a la perfección en el año 2001 para crear este atractivo museo. Por este lugar pasan más de 20.000 visitantes al año, lo que lo convierte, con diferencia, en el museo de fotografía más visitado de los Países Bajos.

Foam (Fotografiemuseum Amsterdam) está dedicado al arte de la fotografía, e incluye desde las obras históricas y periodísticas, hasta las artísticas o las más modernas. La institución tiene vocación internacional y las fotografías expuestas en ella han sido tomadas por fotógrafos de todo el mundo, procedentes de culturas de lo más diversas.

El museo organiza cuatro grandes exposiciones al año, y otras 15 menores: unas centradas en figuras consagradas, otras, en autores emergentes. Entre las series presentadas en Foam, figura "American Music" de Annie Leibovitz, o una retrospectiva sobre Henri Cartier-Bresson y los "50 años de World Press Photo".

Foam es más que un museo, ya que cuenta con un centro interactivo de la fotografía, un lugar donde los aficionados pueden aprender más sobre este arte en encuentros profesionales, conferencias o coloquios. También hay un café y una librería bien surtida. Foam también organiza exposiciones temporales en otros barrios para acercar el arte de la fotografía a todos.

Warung Spang Makandra

Para sentarse a comer enormes porciones de *nasi* (arroz javanés), *roti* indio o arroz con judías pintas, plato nacional de Surinam.

E9 **Gerard Doustraat 33** **spangmakandra.nl**

Restaurant de Waaghals

Este restaurante vegetariano sirve platos imaginativos preparados con productos ecológicos.

E9 **Franshalsstraat 29** **Mediodía** **waaghals.nl**

Vlaardingse Haringhandel

Los amsterdameses adoran sus arenques marinados, servidos en un panecillo con cebolla y pepinillos.

E9 **Albert Cuypstraat 89** **do**

€€€

↑ Exposición organizada por Foam

Casas de ladrillo visto junto al Blaauwbrug ↑

3

Amstelkerk

📍 G7 🏠 Amstelveld 10
📞 520 0060 🚊 4 🕐 9.00-17.00 lu-vi 🗓 Festivos

Diseñada por el arquitecto Daniel Stalpaert en el año 1668, la Amstelkerk, construida en madera, era solo una estructura temporal, mientras se reunía dinero para levantar una enorme iglesia nueva, supuestamente ubicada en el Botermarkt (ahora Rembrandtplein). Como nunca se consiguieron fondos suficientes para acometer ese gran proyecto, se mantuvo la Amstelkerk.

En 1825, la Iglesia protestante intentó reunir dinero para, al menos, cambiar el sencillo interior de la iglesia a un estilo neogótico. Pero la renovación no empezó hasta 1840, cuando Frederica Elisabeth Cramer donó 25.000 florines.

A finales de la década de 1980, la Amstelkerk sufrió una importante reforma que costó unos 4 millones de florines. Se instalaron oficinas con paredes de cristal en el interior, y el edificio se cerró al público. No obstante, todavía se celebran conciertos en la nave, que conserva su magnífico estilo neogótico. La excelente *brasserie* NeL de primera categoría, se halla en un edificio lateral.

4

Blaauwbrug

📍 G6 🏠 Amstel 🚊 14
Ⓜ Waterlooplein

Se cree que el Blaauwbrug (puente Azul) debe su nombre al color del puente de madera que al principio cruzaba esta parte del río Amstel en el siglo XVII. El puente actual es de piedra de color gris claro y fue construido para la Exposición Colonial de 1883, que atrajo a la ciudad de Ámsterdam a miles de visitantes. A la feria acudieron expositores de 28 países diferentes.

El Blaauwbrug está decorado con esculturas de barcos medievales, peces y la corona imperial de Ámsterdam, y está rematado con farolas decoradas. El diseño se inspiró en los planos del elaborado puente de Alejandro III de París.

5

Albert Cuypmarkt

📍 F9 🏠 Albert Cuypstraat
🚊 3, 4, 12, 24 Ⓜ De Pijp
🕐 9.30-17.00 lu-sá
🌐 albertcuyp-markt.amsterdam

El mercado de la Albert Cuypstraat del De Pijp comenzó en 1904, poco después de que se completase la ampliación de la ciudad. Esta ancha calle, antes canal, lleva el nombre del paisajista holandés Albert Cuyp (1620-1691).

En la amplia calle se alinean puestos de distintos colores. Descrito por los tenderos como el mercado más conocido de Europa, atrae a unos 20.000 visitantes entre semana y a menudo el doble los sábados. Aquí se vende todo lo que se puede esperar de un mercado neerlandés, desde pescado, carne y fruta hasta ropa. No obstante, la verdadera razón para visitar el mercado de Albert Cuypstraat es su exquisita comida callejera. El sonido de las cocinas llena el ambiente y los aromas de sus platos internacionales son irresistibles.

> **La verdadera razón para visitar el mercado de Albert Cuypstraat es su exquisita comida callejera. El sonido de las cocinas llena el ambiente y los aromas son irresistibles.**

Hilera de puestos flotantes
en el Bloemenmarkt ↑

6

Bloemenmarkt

📍F6 🏛Singel 🚋4, 14, 24
Ⓜ Rokin 🕐9.30-17.00
diario

En el Singel, al oeste de
Muntplein, está el último
mercado flotante de la ciudad.
En el pasado, los dueños los
viveros subían por el Amstel
para atracar aquí y vender
flores y plantas directamente
desde sus barcos.

Hoy, los puestos todavía
son flotantes pero perma-
nentes. A pesar de que la
venta está principalmente
destinada a los turistas,con
precios que lo reflejan
claramente, las flores y las
plantas conforman siempre
un hermoso espectáculo.

7

Museum Van Loon

📍F7 🏛Keizersgracht 672
Ⓜ Vijzelgracht 🚋24
🕐10.00-17.00 diario
🚫1 ene, 27 abr, 25 dic
🌐museumvanloon.nl

Diseñado por Adriaan
Dortsman, el número 672 de
Keizersgracht está formado
por dos casas simétricas
construidas en 1672. Su
primer residente fue el pintor
y alumno de Rembrandt,
Ferdinand Bol. En 1884 la
propiedad pasó a mano de los
Van Loon, una de las familias
más prominentes de
Ámsterdam del siglo XVII.

La casa abrió como museo
en 1973, tras muchos años de
restauración, que ayudaron a

preservar su encanto original.
Alberga una colección de retratos de la familia Van Loon
que se remonta a principios
del siglo XVII. Las habitaciones
de época están decoradas con
elegantes muebles, porcelana
y esculturas. Algunas de las
habitaciones superiores cuentan con suntuosos frescos a
modo de trampantojos, que
fueron populares en los siglos XVII y XVIII. Cuatro de ellos
fueron pintados por el clasicista Gérard de Lairesse (1641-
1711). En el exterior, en la
solemne rosaleda, se halla la
casa de postas del siglo XVIII,
que alberga los carruajes de la
familia Van Loon y las libreas
que vestían los sirvientes.

8

Heineken Experience

📍F9 🏛Stadhouderskade
78 🚋1, 7, 19, 24
Ⓜ Vijzelgracht 🕐10.30-
19.30 do-ju (hasta 21.30
vi-sá); últ. entradas 2 horas
antes del cierre 🌐heineken
experience.com

Gerard Adriaan Heineken
fundó la compañía Heineken
en 1864, cuando compró la

LA CRISIS DE LOS TULIPANES

En la década de 1630, la ciudad de Ámsterdam se vio
invadida por la tulipomanía. Los bulbos de origen asiático
fueron una gran tentación para los inversores y sus precios
se desbordaron. En pleno auge, un bulbo poco común
llegaba a costar más de 10.000 florines, tanto como una
mansión de los canales. Tentados por la perspectiva de
una fortuna rápida, hasta los más humildes invirtieron sus
ahorros en esto. Lo perdieron todo cuando, inevitablemente,
los bulbos florecieron, y los precios se desplomaron en 1637.

de la provechosa industria cervecera de Ámsterdam.

En 1988 la compañía dejó de producir cerveza en su enorme fábrica de Stadhouderskade de ladrillo porque era incapaz de cubrir la demanda. La producción está ahora en dos fábricas, una en Zoeterwoude, cerca de La Haya, y otra en Den Bosch. Heineken produce hoy cerca de la mitad de la cerveza que se vende en Ámsterdam, cuenta con fábricas en muchos países y exporta a todo el mundo.

El edificio Stadhouderskade es hoy la sede de la Heineken Experience, en la que en una visita autoguiada de 1,5 horas se puede conocer la historia de la compañía y el proceso de elaboración de cerveza, además de la degustación gratuita. También hay un bar de degustación, una pequeña fábrica de cerveza y los establos, donde se pueden ver los espléndidos caballos que tiran de los carros; si se tiene suerte, se les ve trotando por la ciudad. Se permite la entrada a menores de 18 años acompañados de un adulto.

fábrica de cerveza (y pajar) Hooiberg en el Nieuwezijds Voorburgwal. El Stadhouderskade original fue construido en 1867. Su buena disposición a la hora de adoptar nuevos métodos y traer cerveceros extranjeros le situó a la cabeza

Hotel Dwars

Las nueve acogedoras habitaciones de este hotel están decoradas con mobiliario moderno y de estilo retro. Con mucho carácter y espléndida relación calidad/precio.

 G7
🏠 Utrechtsedwarsstraat 79 🌐 hoteldwars.com

€€€

Hotel V Frederiksplein

Este hotel, extremadamente *cool,* ofrece tanto habitaciones como apartamentos individuales tipo loft.

 G8
🏠 Weteringschans 136 🌐 hotelv frederiksplein.nl

€€€

Carro de reparto de cerveza en la Heineken Experience

El Magere Brug con
su iluminación nocturna ↑

Pathé Tuschinski

📍F6 🏠Reguliersbree-
straat 26–28 ☎0900 1458
🚋14, 24 Ⓜ️Rokin 🕐Taquilla:
12.15-22.00 diario

El cine y teatro de variedades
de Abraham Tuschinski tuvo
mucho éxito cuando abrió en
1921. Hasta entonces, los cines
de Ámsterdam habían sido lugares lúgubres, pero este edificio era una mezcla de arquitectura *art déco* y de la Escuela de
Ámsterdam *(p. 31)*. Sus torres
gemelas miden 26 m de alto.
Construido en una barriada
obrera conocida como Duivels-
hoek (Rincón del Diablo), lo diseñó Heyman Louis de Jong y
lo decoraron Chris Bartels,
Jaap Gidding y Pieter den Bes-
ten. En sus mejores tiempos
vio las actuaciones de Marlene
Dietricht y Judy Garland.

El edificio cuenta ahora
con seis salas de cine, y se ha
restaurado meticulosamente
tanto por dentro como por
fuera. La alfombra de la
entrada, reemplazada en 1984,
es una copia exacta de la original. Por unos euros de más

CONSEJO DK
**Una película en el
Pathé Tuschinski**

Sin duda, una visita
guiada es recomendable,
pero para disfrutar
de la opulencia del Pathé
Tuschinski hay que ver
una proyección en el
auditorio principal.

puede sentarse en uno de los
palcos de la última fila de la
gran sala principal, semicircular
y con 1.472 asientos.

Stadsarchief Amsterdam

📍F7 🏠Vijzelstraat 32
🚋24 🕐10.00-17.00 ma-vi,
12.00-17.00 sá y do
🚫Festivos 🌐archief.
amsterdam

Los archivos municipales
se alojan en este edificio
monumental diseñado por
Karel de Bazel. De Bazel fue
uno de los principales
diseñadores y arquitectos
de la Escuela de Ámsterdam.

Ornamentada fachada
del Pathé Tuschinski ↑

El edificio, concluido en 1926, se construyó para la Netherlands Trading Company. Aunque se restauró al finalizar la Segunda Guerra Mundial y durante la década de 1970, todavía conserva gran parte de su atractivo original, con coloridos mosaicos en el suelo (diseñados por el propio De Bazel) y paneles de madera en las salas de reuniones de la segunda planta. Hay una muestra permanente de tesoros de los archivos en las monumentales cámaras acorazadas.

En 1991 el edificio, conocido cariñosamente como el Bazel, fue declarado monumento nacional. Hay visitas guiadas a las 14.00 los domingos.

⓫

Magere Brug

📍 H7 🚋 Amstel 🚊 4

De los cerca de 1.200 puentes que tiene Ámsterdam, el Magere Brug (puente angosto) es el más conocido de la ciudad. El puente levadizo original fue construido en torno a 1670. La tradición

CÓMO FUNCIONA EL MAGERE BRUG

El Magere Brug es un puente basculante de doble estructura móvil. Esto significa que continuamente se elevan sus 5 m de longitud en cada lado, sostenidos por vigas equilibradas. Dos arcos de madera proporcionan el punto de apoyo para las vigas; una cadena de transmisión actúa sobre cables de acero que permiten que el puente ascienda y descienda.

→ El Magere Brug abierto para el tráfico fluvial

cuenta que debe su nombre a dos hermanas apellidadas Mager, que vivían a ambos lados del Amstel. Pero parece más probable que deba su nombre a lo angosto (*mager*) de su diseño. De noche, numerosas luces iluminan el puente.

El puente levadizo se ensanchó en 1871 y fue reconstruido en 1934, aunque mantiene la tradicional doble estructura móvil. El puente se fabricó con madera de azobe africana y tenía prevista una vida útil de, al menos, 50 años. En 1929, el ayuntamiento tuvo que decidir si demoler o no el antiguo esqueleto que, por desgracia, estaba podrido. Tras unas enormes protestas se decidió conservar el original.

Desde 2003 se ha limitado el tráfico a bicicletas y peatones. El encargado del puente acudía en bicicleta varias veces al día para levantarlo, pero en la actualidad todo se gestiona de forma automática desde una sala de control.

UN PASEO
AMSTELVELD

Distancia 2 km **Metro** Waterlooplein
Tiempo 20 minutos

La zona este del Grachtengordel es tranquila y principalmente residencial, sobre todo alrededor de Amstelveld, con la bonita iglesia de madera y las casas flotantes. Hay tiendas y numerosos cafés, especialmente en la animada Rembrandtplein. Mientras se sigue el ancho cauce del río Amstel, Ámsterdam pierde su carácter rural para adoptar el de una ciudad.

*En Rembrandtplein, con vistas al antiguo Botermarkt (mercado de Mantequilla) y la estatua de hierro fundido de Rembrandt, hay muchos cafés del siglo XIX, incluido **De Kroon,** en el número 17.*

Café Schiller

↑ Encuentro con amigos bajo los cerezos en flor de la Rembrandtplein

*La **Amstelkerk** de madera se pensó como estructura temporal hasta que hubiese dinero para construir una gran iglesia en Rembrandtplein, pero nunca se llevó a cabo. Hoy, la iglesia alberga oficinas y un restaurante (p. 147).*

El **Museum Willet-Holthuysen** es una casa típica de los canales doble que pertenecía a una dinastía del siglo XIX. En su interior se encuentran numerosas estancias de la época, con la extensa colección de arte decorativo de la familia (p. 144).

Blauwbrug, hecho de piedra e inspirado en el puente de Alejandro III de París, está adornado con esculturas de motivos náuticos y marinos (p. 147).

En el **216 de Amstel,** las paredes del edificio muestran misteriosos garabatos dejados por el antiguo inquilino, Conraad van Beuningen, alcalde de la ciudad a mediados del siglo XVII.

Amstelveld

ANILLO ESTE

Plano de situación
Para más detalles ver p. 142

↑ El Magere Brug,
iluminado al atardecer

El **Magere Brug** de madera actual es una réplica del puente original del siglo XVII, pero el sistema mecánico no se instaló hasta 1994 (p. 151).

AMSTEL

HERENGRACHT

UTRECHTSESTRAAT

KERKSTRAAT

PRINSENGRACHT

0 metros   100   N

PRINSENGRACHT

La **estatua del mercado Crier** conmemora al profesor Kokadorus (1867-1934), uno de los vendedores ambulantes más famosos de Ámsterdam.

¿Lo sabías?

La estatua de Rembrandt, en Rembrandtplein, es la escultura más antigua de la ciudad situada en un espacio público.

JORDAAN Y LAS ISLAS OCCIDENTALES

A principios del siglo XVII comenzó la construcción del Grachtengordel, justo al oeste del Singel. Al mismo tiempo, el urbanista de la ciudad, Hendrick Staets, trazó sobre los terrenos pantanosos detrás de Prinsengracht una zona para los obreros cuyas industrias debían permanecer fuera de la ciudad. Su red de callejones y canales oblicuos siguió el curso de antiguos caminos y diques de drenaje. Los inmigrantes perseguidos por sus creencias religiosas también se instalaron aquí. Se piensa que los refugiados hugonotes llamaron jardín al barrio, lo que más tarde evolucionó a Jordaan. Zona históricamente pobre, es famosa por los *hofjes* (complejos de casas de beneficencia), de los que es un temprano ejemplo el Claes Claeszhofje. Más al norte se encuentran las Islas Occidentales, creadas a mediados del XVII para cubrir la demanda de almacenes.

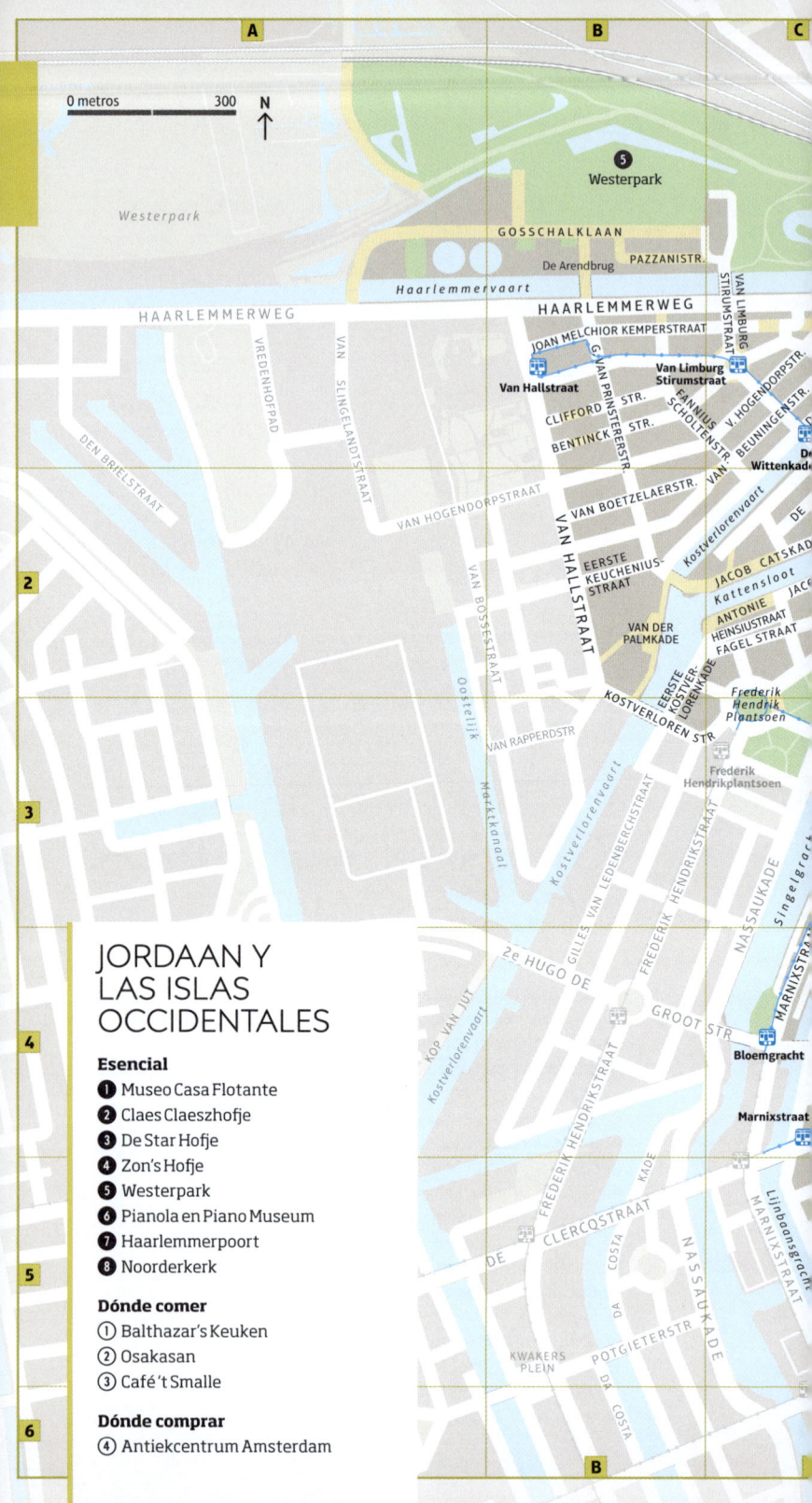

0 metros 300   N

Westerpark

5 Westerpark

GOSSCHALKLAAN   PAZZANISTR.

De Arendbrug

Haarlemmervaart   HAARLEMMERWEG

HAARLEMMERWEG

JOAN MELCHIOR KEMPERSTRAAT

Van Hallstraat   Van Limburg Stirumstraat

CLIFFORD STR.

BENTINCK STR.

VREDENHOFPAD

VAN SLINGELANDTSTRAAT

DEN BRIELSTRAAT

VAN HOGENDORPSTRAAT

VAN HALLSTRAAT

VAN BOETZELAERSTR.

EERSTE KEUCHENIUS-STRAAT

VAN DER PALMKADE

VAN BOSSESTRAAT

Oostelijk

VAN RAPPERDSTR.

Marktkanaal

Kostverlorenvaart

VAN LIMBURG STIRUMSTRAAT

V. HOGENDORPSTR.

FANNIUS SCHOLTENSTR.

VAN BEUNINGENSTR.

De Wittenkade

DE

JACOB CATSKAD

Kattensloot   JAC

ANTONIE HEINSIUSTRAAT   FAGEL STRAAT

EERSTE KOSTVER-LORENKADE

KOSTVERLOREN STR.

Frederik Hendrik Plantsoen

Frederik Hendrikplantsoen

Kostverlorenvaart

GILLES VAN LEDENBERCHSTRAAT

FREDERIK HENDRIKSTRAAT

NASSAUKADE

Singelgracht

MARNIXSTRAAT

2e HUGO DE   GROOT STR

Bloemgracht

KOP VAN JUT

Kostverlorenvaart

Marnixstraat

FREDERIK HENDRIKSTRAAT

DE CLERCQSTRAAT

KADE

DA COSTA

NASSAUKADE

MARNIXSTRAAT

Lijnbaansgracht

KWAKERS PLEIN

POTGIETERSTR

DA COSTA

JORDAAN Y LAS ISLAS OCCIDENTALES

Esencial

1 Museo Casa Flotante
2 Claes Claeszhofje
3 De Star Hofje
4 Zon's Hofje
5 Westerpark
6 Pianola en Piano Museum
7 Haarlemmerpoort
8 Noorderkerk

Dónde comer

① Balthazar's Keuken
② Osakasan
③ Café 't Smalle

Dónde comprar

④ Antiekcentrum Amsterdam

LUGARES DE INTERÉS

Museo Casa Flotante

📍 D5 🏠 Prinsengracht, enfrente del número 296
🚋 5, 7, 17, 19 🕐 10.00-17.00 ma-do (jul-ago: diario)
🔒 1 y 2,5 semanas de ene, 27 abr, 1ᵉʳ sá ago, 25 y 26 dic
🌐 houseboatmuseum.nl

En las casas flotantes de todos los canales de la ciudad viven aquellos que prefieren un estilo de vida alternativo a flote. Amarrado en el canal Princengracht, en el límite de Jordaan, el *Hendrika Maria* muestra cómo era la vida a bordo de una casa flotante de Ámsterdam. Construida en 1914, se usó como gabarra para llevar carbón, arena y grava hasta la década de 1960, cuando se convirtió en vivienda.

Hoy es la única casa flotante museo del mundo. Dentro es como estar en casa. No hay que pasar por alto la pequeña cocina original, con cacharros esmaltados en verde, una bomba de agua manual y las camas-armario, para después pasar al salón, sorprendentemente espacioso y decorado en el estilo coquetón de los cincuenta y tomar un café.

Claes Claeszhofje

📍 D3 🏠 1e Eerste Egelantiersdwarsstraat 🚋 5, 13, 17 🕐 Ocasionalmente

Se trata de un grupo de *hofjes*, el más antiguo fundado en 1616 por un mercader textil, Claes Claesz Anslo. Rescatados de la ruina en la década de 1960 por la Fundación Stichting Diogenes, los dos conjuntos de casas que componen este *hofje* actualmente alojan a estudiantes. Las casas están dispuestas alrededor de un pequeño y hermoso patio.

Una de las más antiguas y características es la Huis met de Schrijvende Hand (Casa de la Mano que Escribe), en Egelantiersstraat 52. Es de la década de 1630 y era de un profesor.

LOS *HOFJES* HOLANDESES

Antes de la Reforma *(p. 55)*, la Iglesia católica solía acoger a los pobres y ancianos, sobre todo a las mujeres. Durante los siglos XVII y XVIII, los mercaderes adinerados y las organizaciones protestantes continuaron con esta labor y construyeron cientos de complejos de beneficencia, distribuidos alrededor de patios o jardines y conocidos como *hofjes*. Al proporcionar un techo a los ancianos y a los inválidos, la creación de los *hofjes* marcó los comienzos del sistema de asistencia social neerlandés. En algunos está permitida la entrada al público, pero se pide respeto a la privacidad de los residentes. Muchos de ellos se encuentran en Jordaan, y algunos todavía cumplen su función original.

↑ El acogedor salón del Museo Casa Flotante

Balthazar's Keuken

El menú cambia cada semana en función de los productos de temporada, con platos como el lenguado en salsa de zanahorias asadas.

📍C5
🏠Elandsgracht 108
🌐balthazarskeuken.nl

€€€

Osakasan

En este local se prepara *okonomiyaki* (suculentos panqueques al estilo japonés), acompañados por *shogayaki* (ternera salteada con ajos y cebolla).

📍D3 🏠Tweede Egelantiersgracht 24a
🌐japanesepancake world.com

€€€

Café 't Smalle

Este café, popular desde 1780, sirve una amplia variedad de ensaladas, sándwiches tostados y *baguettes* con jamón, queso o filetes. Las vidrieras de colores le dan un toque pintoresco.

📍D3
🏠Egelantiersgracht 12
🕐Cenas 🌐t-smalle.nl

€€€

3

De Star Hofje

📍E3 🏠Prinsengracht 89-133 🚋3, 5, 13, 17 🚌18, 21, 22 🕐6.00-18.00 lu-vi, 6.00-14.00 sá

Su bonito jardín con flores hace de De Star Hofje uno de los más bonitos del barrio, y sus farolillos decorados con una corona real añaden aún más encanto. El *hofje* consiste en un patio con una bomba de agua rodeado por casas.

El lugar debe su nombre a la cervecera Star, que estaba aquí hasta la construcción del *hofje*, en 1804. Conocido oficialmente como el Van Brienen Hofje, cuenta la leyenda que un mercader, Jan van Brienen, fundó esta casa de beneficencia como agradecimiento, tras ser liberado de una bodega en la que fue encerrado por error. Desde 1995 es propiedad de una fundación de casas.

4

Zon's Hofje

📍E3 🏠Prinsengracht 159-171 🚋3, 5, 7, 17 🚌18, 21, 22 🕐10.00-17.00 lu-vi

Antes de convertirse en una casa de beneficencia para viudas menonitas, era una iglesia clandestina. El Kleine Zon (Pequeño Sol) era una fracción de la congregación del Arca de Noé. Conviene fijarse en un sol *(zon)* tallado, debajo del reloj del patio de 1765.

De Star Hofje con su hermoso jardín ↓

Casas flotantes en el Prinsengracht en una tarde de verano

↑ Descanso bajo los árboles en flor del Westerpark

5

Westerpark

 B1 🏠 Polonceaukade
🚋 3 🚌 21, 22 ⏰ Museum
Het Schip: 11.00-17.00
ma-do 🚫 Museum Het
Schip: 1 ene, 27 abr, 25 dic
🌐 westergasfabriek.com
🌐 hetschip.nl

El páramo que rodeaba la antigua fábrica de gas (Westergasfabriek) se transformó en un parque de 14 hectáreas a principios de los 2000. Tiene zonas de juego, bares, restaurantes, numerosos espacios escénicos y el cine Ketelhuis. La fábrica de gas ha sido modernizada y acoge festivales de gastronomía y música, además de actuaciones y exposiciones. Cerca se encuentra Het Schip (El Barco), uno de los edificios más

representativos de la Escuela de Ámsterdam (*p. 31*). Diseñado en 1919 por Michel de Klerk, este bloque de apartamentos contiene 102 casas y el Museum Het Schip, que muestra una casa de la clase obrera restaurada.

6

Pianola en Piano Museum

🔵 D3 🏠 Westerstraat 106
🚋 3, 5, 13, 17 ⏰ 13.00-17.00
vi y sá, 13.00-16.00 do y para
conciertos 🌐 pianola.nl

Quince instrumentos, además de unos 15.000 rollos de pianola, se exponen aquí, para homenajear estos pianos automáticos que aparecieron en el siglo XX. Durante la visita se verán y escucharán estos instrumentos.

Regularmente también hay actuaciones en directo de pianistas y otros músicos.

7

Haarlemmerpoort

🔵 D1 🏠 Haarlemmerplein
50 🚋 🚌 18, 21, 22
🚫 Al público

La Haarlemmerpoort, antes puerta fortificada de Ámsterdam, marcaba el inicio del

JOHNNY JORDAAN

Este busto de Kees Verkade muestra a Johnny Jordaan (1924-1989). Oriundo de Jordaan, Johannes Hendricus van Musscher se convirtió en una estrella en la década de 1950, como cantante de *levenslied*. Este estilo musical holandés muy popular suele reflejar, a través de refranes pegadizos, la realidad cotidiana. Las canciones pueden ser alegres y ligeras, o tristes y llenas de amargura. Entre sus éxitos se incluyen *Geef mij maar Amsterdam* y *Bij ons in de Jordaan*.

> Cerca de la entrada hay una escultura de tres figuras y una inscripción que dice: "La unidad es la fuerza". La estatua conmemora los Jordaanoproer (disturbios de Jordaan) de 1934 por los recortes en seguridad social.

frecuentado camino a Haarlem. La puerta actual, de 1840, se construyó para la entrada triunfal del rey Guillermo II en la ciudad, y por eso recibió el nombre oficial de Willemspoort. Aun así, y a pesar de ser la tercera puerta que se construía aquí, los ciudadanos siguen llamándola Haarlemmerspoort.

Diseñada por Cornelis Alewijn (1788-1839), la puerta neoclásica se usó como oficina de recaudación de impuestos en el sigo XIX y pasó a edificio de viviendas en 1986. Al construirse un puente que cruza el cercano Westerkanaal, el tráfico ya no pasa por la puerta. Más allá de la puerta está el tranquilo Westerpark.

Noorderkerk

📍 E2 🏠 Noordermarkt 44–48 🚊 3, 5, 13, 17 🚌 18, 21, 22 🕐 10.30-12.30 lu y sá Ⓦ noorderkerk.nl

Construida para los habitantes pobres de Jordaan, la iglesia del Norte fue el primer templo de Ámsterdam construido con forma de una cruz griega. Esta disposición, con el púlpito situado en el centro, permitía a los feligreses ver y oír mejor al párroco.

La iglesia fue diseñada por Hedrick de Keyser, que falleció en 1621, solo un año después del comienzo de las obras. Se terminó en 1623. Al templo acude una numerosa congregación calvinista y posee recordatorios sobre el pasado obrero de Jordaan. Cerca de la entrada hay una escultura de tres figuras y una inscripción que dice: "La unidad es la fuerza". La estatua conmemora los Jordaanoproer (disturbios de Jordaan) de 1934 por los recortes en seguridad social. En la fachada sur hay una placa en recuerdo de la huelga de febrero de 1941 en protesta contra la deportación nazi de los judíos. Van Gogh & Rembrandt in Amsterdam se proyecta sobre los muros del interior y muestra la influencia de Rembrandt en el arte de Van Gogh (vangoghin amsterdam.com).

Antiekcentrum Amsterdam

En el espacio laberíntico del mercado de curiosidades y antigüedades más grande del país se vende un poco de todo, desde artículos de cristal y joyería de estilo retro hasta muñecas.

📍 C6 🏠 Elandsgracht 109 🕐 11.00-18.00 lu y mi-vi, 11.00-17.00 sá y do Ⓦ antiek centrumamsterdam.nl

↑ Animado mercado enfrente de la Noorderkerk

PLANTAGE

Esta zona, conocida como la plantación, fue en su momento un conjunto de jardines fuera de las murallas de la ciudad, donde los ciudadanos pasaban el tiempo libre en el siglo XVII. En 1663 se decidió que la zona fuera destinada a la expansión urbana, pero la crisis económica de 1672 provocó que el Gobierno no encontrara suficientes compradores para el terreno. En consecuencia, se destinó a parcelas y huertos. En 1682 una parcela importante se convirtió en el Hortus Botanicus, uno de los jardines botánicos más antiguos de Europa. Hacia el año 1848 la zona se convirtió en uno de los primeros barrios residenciales de Ámsterdam, y se inauguraron varios cafés, teatros y salones de baile. En el siglo XIX prosperó en el Plantage la clase media judía, dedicada principalmente a pulir diamantes. El teatro Hollandsche Schouwburg, que antes fuera el corazón de la comunidad judía, se convirtió durante la ocupación alemana de la Segunda Guerra Mundial en un centro de deportación de judíos detenidos.

Esta parte de la ciudad está vinculada también con la historia naval. En 1655 tras la derrota en la Primera Guerra angloneerlandesa, el Gobierno decidió construir un embarcadero militar en la isla de Kattenburg, al que años después se añadió un arsenal. Dicho edificio alberga, desde 1972, la colección nacional marítima en el Het Scheepvaartmuseum. Un astillero de 1757 situado en el otro lado de Nieuwevaart, en su época muy próspero, alberga el Museum 't Kromhout. Hoy día, el Plantage sigue siendo una de las zonas más verdes de Ámsterdam a cuya exploración vale la pena dedicar un tiempo.

PLANTAGE

Esencial
1 Het Scheepvaartmuseum
2 Wereldmuseum Amsterdam

Lugares de interés
3 Nationaal Holocaust Museum
4 Muziekgebouw aan 't IJ
5 Molino De Gooyer
6 Hortus Botanicus Amsterdam
7 Holocaust Namenmonument
8 Museum 't Kromhout
9 Verzetsmuseum
10 Entrepotdok
11 H'ART Museum

Dónde comer
1 Café Restaurant De Plantage
2 Restaurant Stalpaert
3 Bloem Eten en Drinken

Dónde dormir
4 Hotel Arena
5 Hotel Hortus

Map labels:

Centraal Station
STATIONS PLEIN
DE RUIJTERKADE
OOSTERDOKSTRAAT
OOSTERDOKSKADE
Het IJ
Oosterdok
PRINS HENDRIKKADE
Oude Kerk
NIEUWE ZIJDE
GELDERSEKADE
KROMME WAAL
OUDE WAAL
KALKMARKT
PALEISSTR.
ROKIN PLEIN
Rokin
OUDEZIJDS VOORBURGWAL
ACHTERBURGWAL
Nieuwmarkt
RECHTBOOMSSLOOT
OUDESCHANS
OUDE ZIJDE
p. 88
PRINS HENDRIKKADE
KALVERSTRAAT
ROKIN
NES
KLOVENIERSBURGWAL
ST ANTONIESBREE STR
Zuiderkerk
NIEUWE UILENBURGERSTRAAT
Uilenburgergracht
VALKENBURGERSTRAAT
De Burch
Wertheim Park
Allard Pierson Museum
JODENBREESTRAAT
Waterlooplein
Nationaal Holocaust Museum
Hortus Botanicus Amsterdam **6**
5
Artis
PLANTAGE PARKLAAN
Joods Museum
M.S. Vaz Diasbrug
HORTUSPLANTSOEN
Holocaust Namenmonument
KEIZERSGR.
7
KEIZERSGRACHT
11
H'ART Museum
NIEUWE
NIEUWE
AMSTEL
NIEUWE
WEESPERSTRAAT
KERKSTRAAT
PRINSENGRACHT
PRINSENGRACHT
Magere Brug
NIEUWE
N. ACHTERGRACHT
N. ACHTERGRACHT
Amstelsluizen
VALCKENIERSTR.
Amstel
AMSTEL
VOORMALIGE STADSTIMMERTUIN
Weesperplein
SPINOZASTRAAT
SARPHATISTRAAT
PROF. TULPPLEIN
WIBAUTSTRAAT
ANDREAS BONNPLE
TILANI
Tulpbrug
MAURITSKADE
SWAMMERDAM STRAAT
WEESPERZIJDE
Torontobrug
ANILLO ESTE
p. 140
Wibautstraat
RUYSCHSTRAAT
BLASIUSSTRAAT
RUY

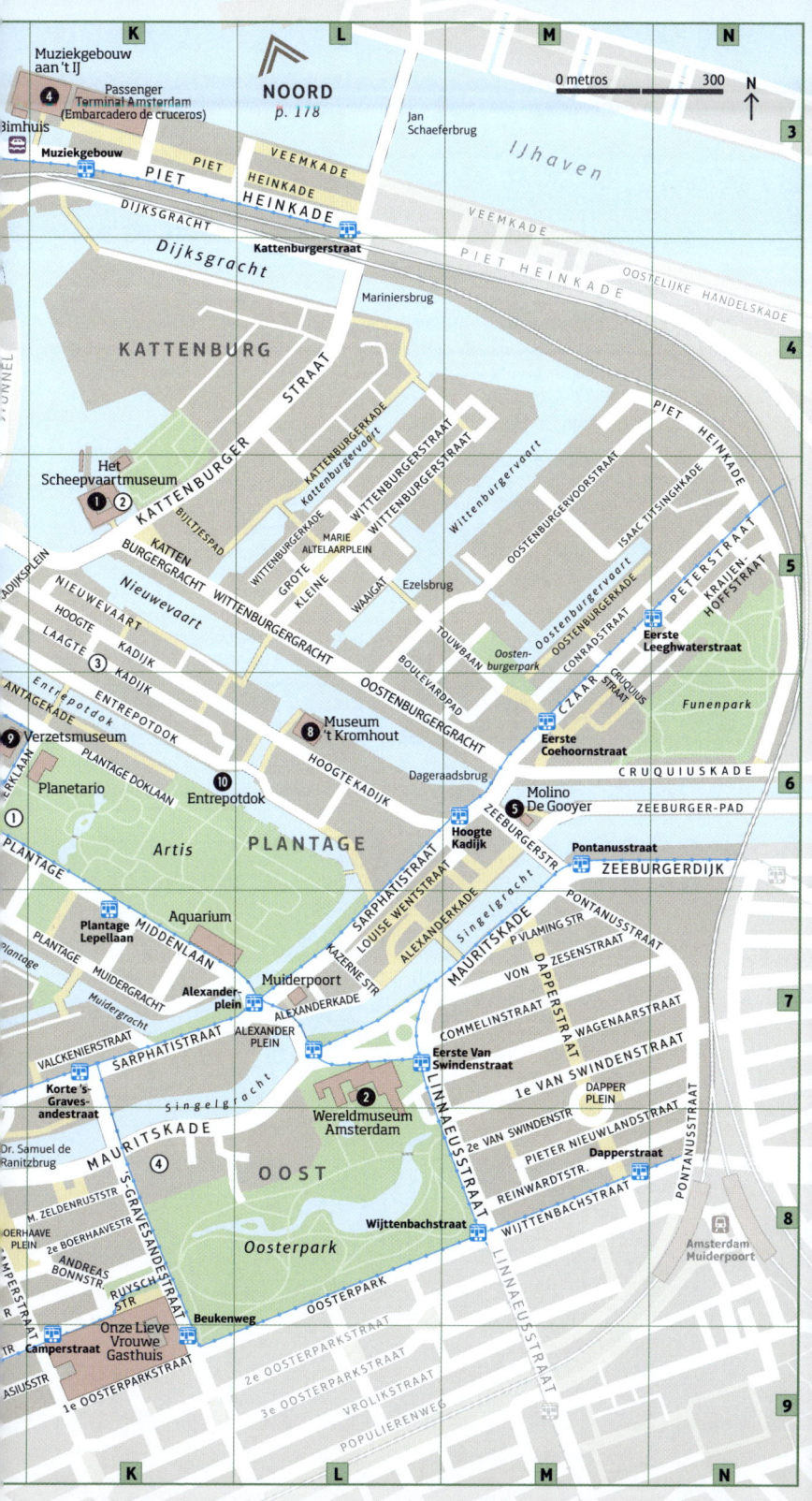

HET SCHEEPVAARTMUSEUM

K5 ⌂ Kattenburgerplein 1 🚌 22 🚇 Nemo ⏰ 10.00-17.00 ma-do 🗓 1 ene, 27 abr, 25 dic 🌐 hetscheepvaartmuseum.nl

Este vasto edificio neoclásico de arenisca, antiguo arsenal del Almirantazgo de Ámsterdam, fue construido por Daniel Stalpaert en 1656. El Almirantazgo estuvo aquí hasta 1973, año en que el edificio pasó a ser el Museo Naval. Una gran reforma realizada entre 2007 y 2011 acabó con el antiguo patio de artillería cubierto con un espectacular techo de vidrio.

↑ Moderno techo acristalado, inspirado en las líneas de navegación

Los visitantes de todas las edades disfrutan de las exposiciones interactivas y de los objetos marítimos del museo. Es muy recomendable utilizar las audioguías gratuitas. Desde el patio se accede a las tres alas temáticas del edificio. La Oost (Este) cuenta con una exposición de objetos marítimos, cuadros, esferas y maquetas de barcos. Las piezas destacadas de la colección se exhiben en la Noord (Norte). Vale la pena subir a bordo del *Amsterdam*, copia de un buque de la Compañía de las Indias Orientales, para viajar al siglo XVII utilizando la última tecnología de realidad virtual. La West (Oeste) tiene exposiciones interactivas orientadas a los niños, como "El cuento de la ballena". La entrada al patio, la tienda y la cafetería es gratuita.

1 El museo alberga una sensacional colección de maquetas de barcos, como embarcaciones de recreo de todas las épocas, desde el siglo XVII hasta la actualidad. Cada una de ellas es una obra de arte, con detalles minuciosamente pintados.

2 Aquí se exponen tanto antiguas cartas náuticas como esferas modernas.

3 "El cuento de la ballena" comienza con las primeras expediciones balleneras, cuando se creía que estos cetáceos eran unos temibles monstruos marinos, y termina con los esfuerzos actuales por evitar su extinción.

1

2.300

pilotes, clavados en el fondo del Oosterdok, soportan el edificio.

2

3

El museo está situado en un entorno acuático, con el buque *Amsterdam* fondeado en su proximidad

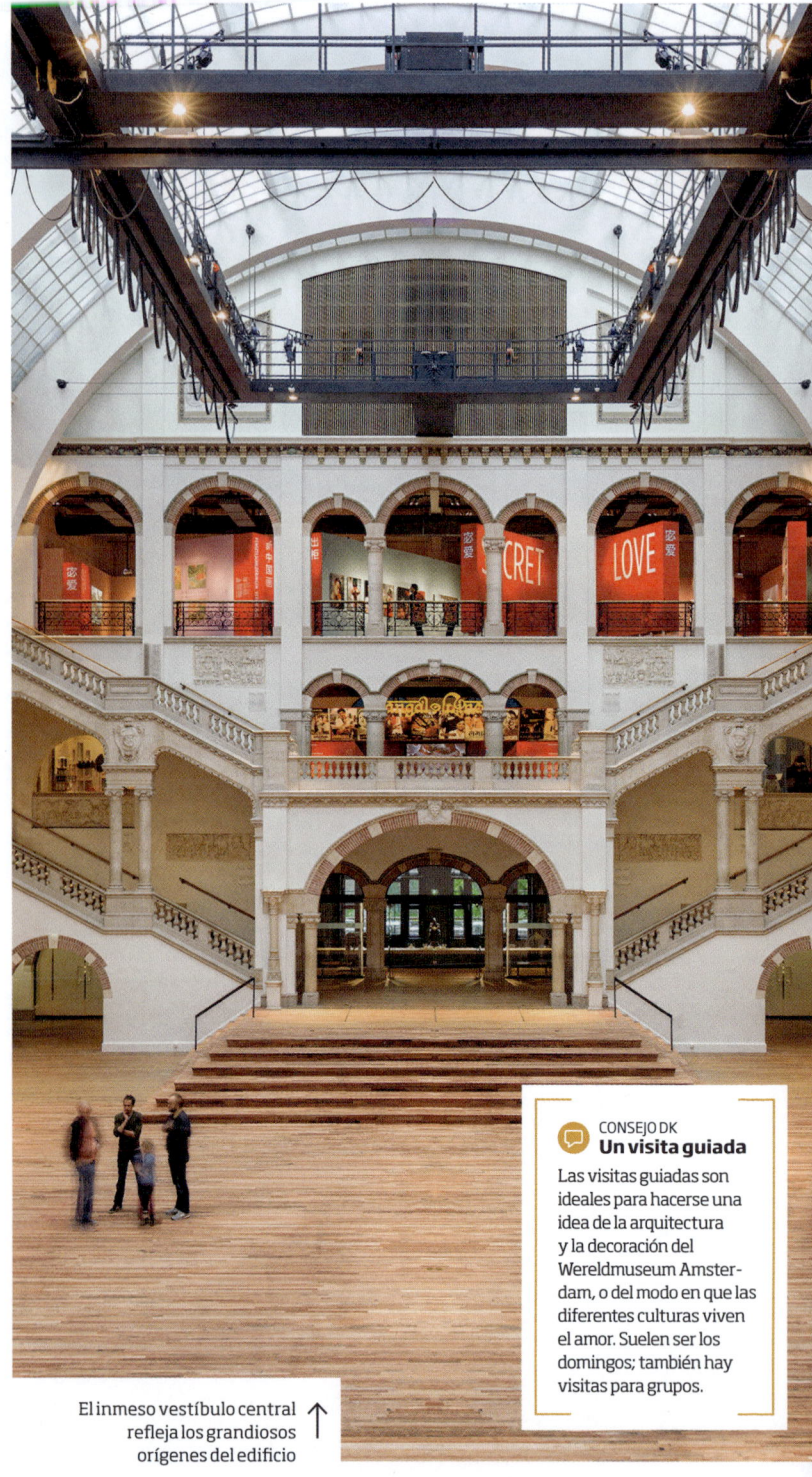

CONSEJO DK
Un visita guiada

Las visitas guiadas son ideales para hacerse una idea de la arquitectura y la decoración del Wereldmuseum Amsterdam, o del modo en que las diferentes culturas viven el amor. Suelen ser los domingos; también hay visitas para grupos.

El inmeso vestíbulo central refleja los grandiosos orígenes del edificio ↑

2 🏛️ 🎭 🍴 🖥️ 🛍️

WERELDMUSEUM AMSTERDAM

📍 L7 🏛️ Linnaeusstraat 2 🚊 7, 14, 19 🕐 10.00-17.00 ma-do (diario durante vacaciones escolares) 🚫 1 ene, 27 abr, 25 dic 🌐 amsterdam.wereldmuseum.nl

El Wereldmuseum Amsterdam, un museo de las culturas mundiales, celebra la historia de la humanidad con toda su diversidad. Las fotografías, objetos de arte y películas ilustran las diferentes culturas del mundo explorando temas que nos unen. Los niños deberían ver el Wereldmuseum Junior, interactivo.

Construido para albergar el Instituto Colonial Holandés, el enorme complejo fue finalizado en 1926 por los arquitectos M. A. y J. J. Nieukerken y es uno de los edificios más bellos de Ámsterdam.

La primera planta alberga la exposición permanente "Nuestra herencia colonial". Recorre el pasado colonial holandés en Surinam, el Caribe e Indonesia y su legado. Los objetos y obras de arte retratan el racismo y la desigualdad del colonialismo, pero también la actual diversidad resultante en la sociedad y las culturas de los Países Bajos. También se abordan temas como el comercio, el trabajo y la explotación, haciendo énfasis en la esperanza,

↑ Magnífica fachada del museo, hecha de ladrillos rojos

la resistencia y la resiliencia. En las plantas superiores hay exposiciones temporales.

Wereldmuseum Junior

Este museo ahonda en la importancia de que los niños aprendan sobre las diferentes culturas. Los pequeños se sumergen en ellas, viendo, oyendo, oliendo y saboreando cómo es la vida en un país diferente. El destino cambia cada 2 años y medio. Actualmente, los niños pueden aprender cosas sobre Surinam y su historia común con los Países Bajos dando un paseo en barco por los canales de Surinam o bailando su música tradicional.

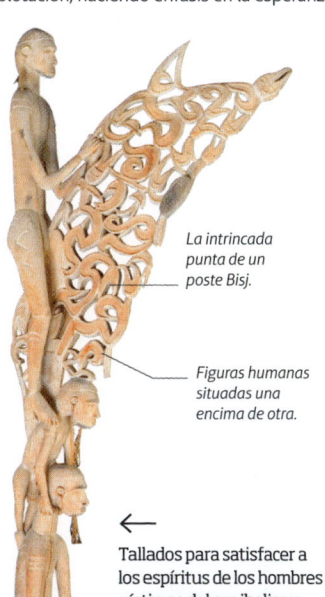

La intrincada punta de un poste Bisj.

Figuras humanas situadas una encima de otra.

← Tallados para satisfacer a los espíritus de los hombres víctimas del canibalismo, los postes Bisj, unos tótems espirituales de Nueva Guinea, se hacían con raíces y troncos de mirística

↑ Hecho con madera y corteza de árbol, el *Putasha* (*Libro de las Adivinaciones*) contiene las recetas de un curandero usadas en la aldea Toba batak, al norte de Sumatra

LUGARES DE INTERÉS

 3

Nationaal Holocaust Museum

📍 J6 🏠 Plantage Middenlaan 24 y 27 🚊 14
🕐 10.00-17.00 diario
📅 27 abr, Yom Kippur y Año Nuevo judío 🌐 jck.nl/en

El Museo Nacional del Holocausto, parte del Barrio de la Cultura Judía *(p. 94)*, ocupa dos edificios en el Plantage Middenlaan. El Hollandsche Schouwburg, un antiguo teatro, es en la actualidad un monumento conmemorativo de las 104.000 víctimas judías holandesas de la Segunda Guerra Mundial. Aquí se recluyó a miles de personas antes de deportarlas a campos de concentración. Al otro lado de la calle hay una antigua escuela de formación de profesorado, de la que fueron sacados clandestinamente cientos de niños judíos para llevarlos a lugares seguros durante la Segunda Guerra Mundial. Hoy día, exposiciones temporales y semipermanentes ahondan en las historias personales de las víctimas y de los supervivientes del Holocausto.

 4

Muziekgebouw aan 't IJ

📍 K3 🏠 Piet Heinkade 1
🚊 26 🌐 muziekgebouw.nl

Este espectacular auditorio, una enorme caja de cristal sobre el IJ, fue inaugurado en 2005. El versátil edificio, que comparte el espacio con la BIMHUIS, la principal sala de jazz de Ámsterdam, es capaz de acoger tanto íntimas sesiones de música de cámara como conciertos a gran escala, con hasta 1.500 espectadores. Además de música clásica, se organizan conciertos de todos los géneros, desde electrónica hasta folclórica mundial. Muziekgebouw aan 't IJ también tiene una serie de exposiciones de fotografía y arte contemporáneo. Hay descuentos del 20% al 35% reservando las entradas *online* para la temporada siguiente antes del 1 de octubre.

10.000

molinos de viento solían poblar antaño el paisaje neerlandés.

5

Molino De Gooyer

📍 M6 🏠 Funenkade 5
🚊 7, 14 🚌 22 🕐 Al público

El De Gooyer, también llamado Funenmolen, es el más céntrico de los seis molinos que han sobrevivido dentro de la ciudad. Con buenas vistas al Nieuwevaart, se construyó en 1725, y fue el primer molino de maíz de los Países Bajos que utilizó aspas aerodinámicas.

Al principio estaba al oeste de su actual ubicación, pero los barracones Orange Nassau, construidos en 1814, le cortaban el viento

↑ La fachada iluminada del Muziekgebouw aan 't IJ, al anochecer

→ Molino De Gooyer, uno de los iconos de los Países Bajos

y tuvo que trasladarse a Funenkade. La estructura octagonal de madera se reconstruyó sobre la base de un antiguo molino de agua demolido en 1812.

En 1925 el De Gooyer estaba en muy mal estado y lo compró el ayuntamiento para restaurarlo. Desde entonces, la parte inferior del molino, con el tejado de paja y diminutas ventanas, ha sido una vivienda privada, aunque sus grandes aspas todavía se mueven de vez en cuando. Junto al molino está la Brouwerij Het IJ, una de las diversas fábricas de cerveza independientes de la ciudad.

6

Hortus Botanicus Amsterdam

📍 J6 🏠 Plantage Middenlaan 2 🚋 9, 14 Ⓜ Waterlooplein 🕙 10.00-17.00 diario (may-ago: hasta 21.00 ju y do) 🚫 1 ene, 25 dic 🌐 dehortus.nl

Tras sus inicios como jardín de hierbas aromáticas de un boticario en 1682, este pequeño oasis verde en el centro de la ciudad ahora contiene una de las colecciones botánicas más extensas del mundo. La flora aumentó cuando la Compañía Neerlandesa de las Indias Orientales *(p. 56)* trajo plantas tropicales. En 1706 fue el primer lugar fuera de Arabia que cultivó la planta del café.

El jardín de las plantas medicinales tiene varias especies, asequibles en el siglo XVII, y de gran importancia para la medicina, como el *Acorus calamus*. En la Casa de las Palmeras, con su bóveda de cristal, construida en 1912, hay una colección de palmeras, plantas de invernadero y cicas; una de estas tiene más de 400 años. La restaurada Orangery tiene cafetería y terraza, y se celebran exposiciones de temática botánica.

En 1993 se abrió El Invernadero de los Tres Climas, una construcción de cristal y aluminio, diseñada por M. Zwarts y R. Jansma, para las plantas tropicales, subtropicales y desérticas. Se han hecho reformas hasta el verano de 2025. El recinto cuenta también con un mariposario con muchas especies y una tienda que ofrece plantas y herramientas de jardinería.

Café Restaurant De Plantage

Ricas viandas en un patio lleno de vegetación.

📍 J6 🏠 Plantage Kerklaan 36 🌐 caferestaurant deplantage.nl

€€€

Restaurant Stalpaert

El café-restaurante del Het Scheepvaartmuseum ofrece tentempiés y sopas.

📍 K5 🏠 Kattenburgerplein 1 🌐 hetscheep vaartmuseum.com

€€€

Bloem Eten en Drinken

En la terraza de este restaurante situado a la orilla del canal se sirven platos veganos y sin gluten con productos ecológicos.

📍 K5 🏠 Entrepotdok 36 🚫 lu 🌐 bloem36.nl

€€€

→

Carteles de la Resistencia y otros objetos de época en el Verzetsmuseum

❼ Holocaust Namenmonument

📍H6 🚏Weesperplantsoen
🚋4,14 Ⓜ Waterlooplein
🚌Ayuntamiento
🌐holocaust
namenmonument.nl

Al sur del Joods Museum, entre Nieuwe Heren y Nieuwe Keizersgracht, se encuentra el Holocaust Namenmonument, un monumento conmemorativo de las más de 102.000 víctimas del Holocausto que no recibieron sepultura adecuada. Diseñado por Daniel Libeskind, consiste en unos muros hechos de miles de ladrillos, cada uno de ellos con el nombre de una víctima grabado. Los muros sustentan cuatro letras hebreas hechas de acero inoxidable reluciente, que forman la expresión "en memoria de".

❽ Museum 't Kromhout

📍L6 🚏Hoogte Kadijk 147
🚋7,14 🚌22 🕐10.00-15.00
ma, 12.00-15.30 3er do
de mes 🌐kromhout
museum.nl

El Museum 't Kromhout es uno de los astilleros en funcionamiento más antiguos de Ámsterdam, y aquí se construyen barcos desde 1757. Al aumentar el tamaño de los transatlánticos en la segunda mitad del siglo XIX por el desarrollo industrial, el astillero, debido a su reducido tamaño, pasó a construir naves más ligeras para los canales. Ahora solo se utiliza para trabajos de restauración. El museo está dedicado a la historia de la ingeniería naval, y tiene motores, fotografías marítimas y una fundición original muy bien equipada.

❾   Verzetsmuseum

📍J6 🚏Plantage Kerklaan
61 🚋14 🕐10.00-17.00
lu-vi, 11.00-17.00 sá, do y
festivos 🚫1 ene, 27 abr,
25 dic 🌐verzets
museum.org

Situado en un edificio que servía de sede a una sociedad coral judía, el Museo de la Resistencia posee una fascinante colección de objetos relacionados con la Resistencia holandesa durante la Segunda Guerra Mundial. Se centra en el valor de las 25.000 personas que participaron en este movimiento. Se exponen falsos documentos, vídeos, películas, fotografías, equipamiento y objetos personales que pertenecían a sus miembros.

En 1945 había unas 300.000 personas escondidas, incluyendo a judíos y holandeses contrarios a los nazis. Los actos de la Resistencia, como la huelga de los estibadores contra la deportación de los judíos (p. 57), cobran vida de nuevo mediante recreaciones de cómo se escondían o de cómo hacían contrabando. En el museo hay una sección especial para los niños, el Verzetsmuseum Junior, que cuenta las experiencias vividas por niños en tiempos de guerra.

La historia comienza en una máquina del tiempo que traslada a los visitantes a la década de 1940.

---

❿   Entrepotdok

📍K6 🚋14 🚌22

La reurbanización de los antiguos almacenes (p. 56) de la

VOC en Entrepotdok ha dado vitalidad a esta zona portuaria. Los edificios del puerto forman un animado complejo de oficinas, viviendas, cafés y restaurantes. Algunas fachadas son las originales, pero los interiores no, pues se han abierto para crear un patio interior. Suele haber mesas en el exterior, en el canal. En la otra orilla fondean coloridas casas flotantes y las garzas dormitan junto al agua.

H'ART Museum

📍 H7 🏠 Amstel 51 🚃 4, 14 Ⓜ Waterlooplein 🚏 Ayuntamiento 🕐 10.00-17.00 diario 🚫 27 abr 🌐 hartmuseum.nl

El Museo Hermitage de San Petersburgo, Rusia, eligió Ámsterdam como sucursal internacional, trayendo exposiciones temporales de su extensa colección. El Hermitage de Ámsterdam, ahora conocido como H'ART Museum, abrió sus puertas en 2004, en un ala lateral del Amstelhof (una antigua residencia de ancianos), con una espectacular exposición de joyas de oro griegas del siglo VI al II a. C.

Tras la invasión rusa de Ucrania en 2022, la junta directiva decidió romper lazos con el Museo Hermitage de San Petersburgo, y en 2024 pasó a llamarse H'ART Museum. En lugar de exposiciones procedentes de San Petersburgo, hay muestras temporales en un ala del Amstelhof, con obras del Centro Pompidou (París), el British Museum (Londres) y el Smithsonian (Washington D. C.).

Otra parte del edificio alberga el Museum Van de Geest, donde se exponen obras de Outsider Art de artistas autodidactas al margen del mundo artístico consolidado. El Amsterdam Museum (p. 76) también se encuentra en el Amstelhof mientras su sede de Nieuwe Zijde está cerrada por reforma. Aquí se pueden ver las obras más destacadas de sus colecciones y de las exposiciones temporales.

Hotel Arena

Este hotel, con 139 habitaciones decoradas en tonos blancos y grises, ofrece vistas del Oosterpark y un agradable y bonito patio.

📍 K8 🏠 's-Gravesandestraat 55 🌐 hotelarena.nl

Hotel Hortus

Con vistas al sosegado Hortus Botanicus, este hotel familiar ofrece habitaciones sencillas, dobles y familiares, algunas con servicios comunes.

📍 J6 🏠 Plantage Parklaan 8 🌐 hotelhortus.nl

↑ El histórico Amstelhof, ahora sede del H'ART Museum

UN PASEO
PLANTAGE

Distancia 2,5 km **Tranvía** 14 (Artis)
Tiempo 25 minutos

Con sus anchas y verdes calles y los edificios de arenisca pintada, el Plantage es una bella, y a veces olvidada, parte de la ciudad. A pesar de parecer una zona tranquila, hay mucho que ver y hacer en ella, con gran variedad de atracciones populares que pueden llegar a estar muy animadas los días soleados. La zona, dominada por el complejo Artis, tiene una fuerte tradición judía, y varios monumentos conmemoran la historia judía de Ámsterdam, incluyendo un monumento de basalto en el Nationaal Holocaust Museum.

PLANTAGE PARKLAAN

INICIO

Inspirado en un palazzo italiano, **De Burcht** fue la sede del Sindicato de Trabajadores de Diamantes de los Países Bajos.

PLANTAGE KERKLAAN

LLEGADA

Los antiguos invernaderos de **Hortus Botanicus Amsterdam** se han restaurado y se ha añadido uno nuevo, para acoger plantas de tres regiones climáticas diferentes (p. 173).

Nationaal Holocaust Museum

Poco queda del **Hollandsche Schouwburg**, un antiguo teatro, que en la actualidad forma parte del Nationaal Holocaust Museum (p. 172).

Micropia, integrado en el complejo zoológico Artis, es el primer museo del mundo dedicado a los microbios y microorganismos, con exposiciones muy innovadoras.

El **Planetario**, con su cúpula, explora nuestra relación con las estrellas. Hay exposiciones interactivas que muestran la posición de los planetas.

←

Invernadero del Hortus Botanicus Amsterdam

↑ Visitantes delante de las puertas ornamentadas del Artis Zoo

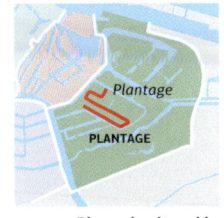

Plano de situación
Para más detalles ver p. 166

Más de 900 especies, incluyendo una manada de leones, viven en el **complejo zoológico de Artis,** *que ocupa unos jardines preciosos.*

¿Lo sabías?

El nombre Artis abrevia la frase latina *Natura Artis Magistra*, que significa: "La naturaleza es la maestra de las artes".

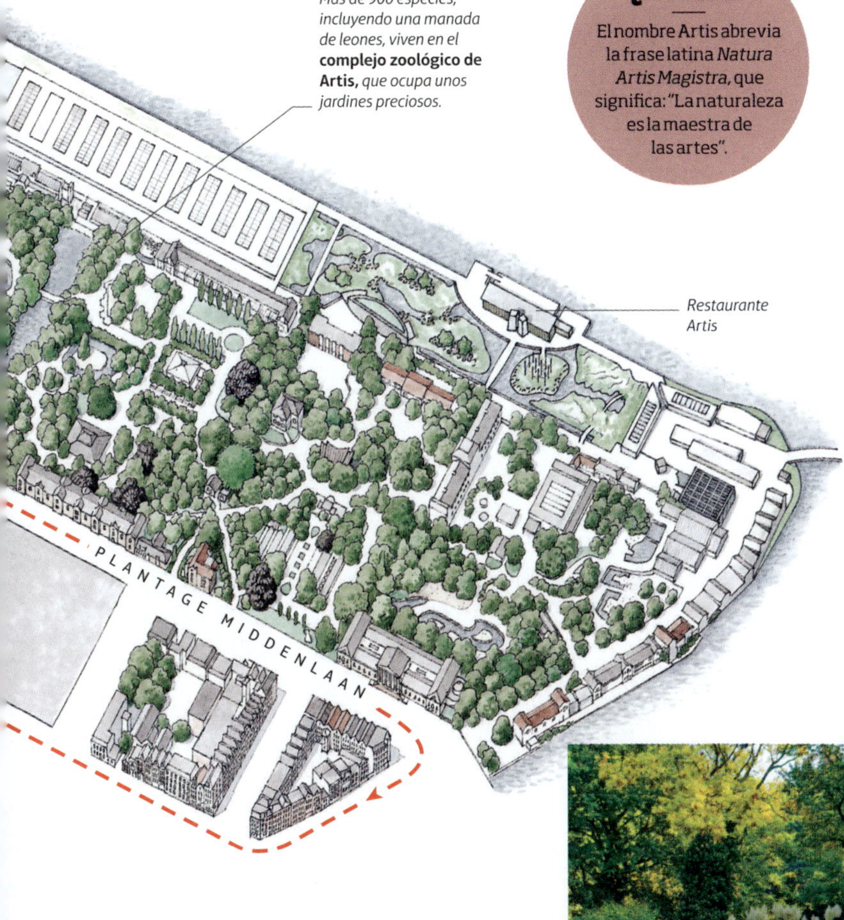

—— Restaurante Artis

PLANTAGE MIDDENLAAN

0 metros — 100   N ↑

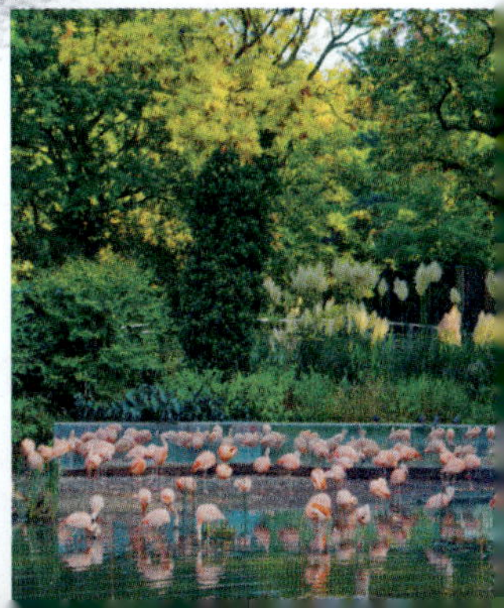

→ Los flamencos añaden encanto al Artis Zoo

NOORD

A principios del siglo XX los armadores de grandes buques de acero, buscando más espacio, comenzaron a moverse hacia las zonas septentrionales del río IJ. En 1946 se fusionaron dos de las compañías más grandes y surgió el Nederlandsche Dok en Scheepsbouw Maatschappij (NDSM), el astillero más grande del mundo. El NDSM prosperó, construyendo cargueros y enormes buques petroleros hasta la crisis de la década de 1970, cuando la demanda de navíos descendió prácticamente a cero. La compañía abandonó el sector en 1984 y, en la década de 1990, los edificios abandonados los ocuparon artistas.

De nuevo a la última por sus bohemios habitantes, el área al norte del IJ atrajo a las empresas de comunicación e industrias creativas, como la MTV Europe. Los antiguos astilleros NDSM son hoy en día el principal reclamo de un distrito que es un vibrante núcleo cultural. En los alrededores también se encuentra la antigua sede de la compañía petrolera Shell, conocida actualmente como A'DAM Toren, con bares, restaurantes y hoteles que ofrecen unas incomparables vistas al río IJ.

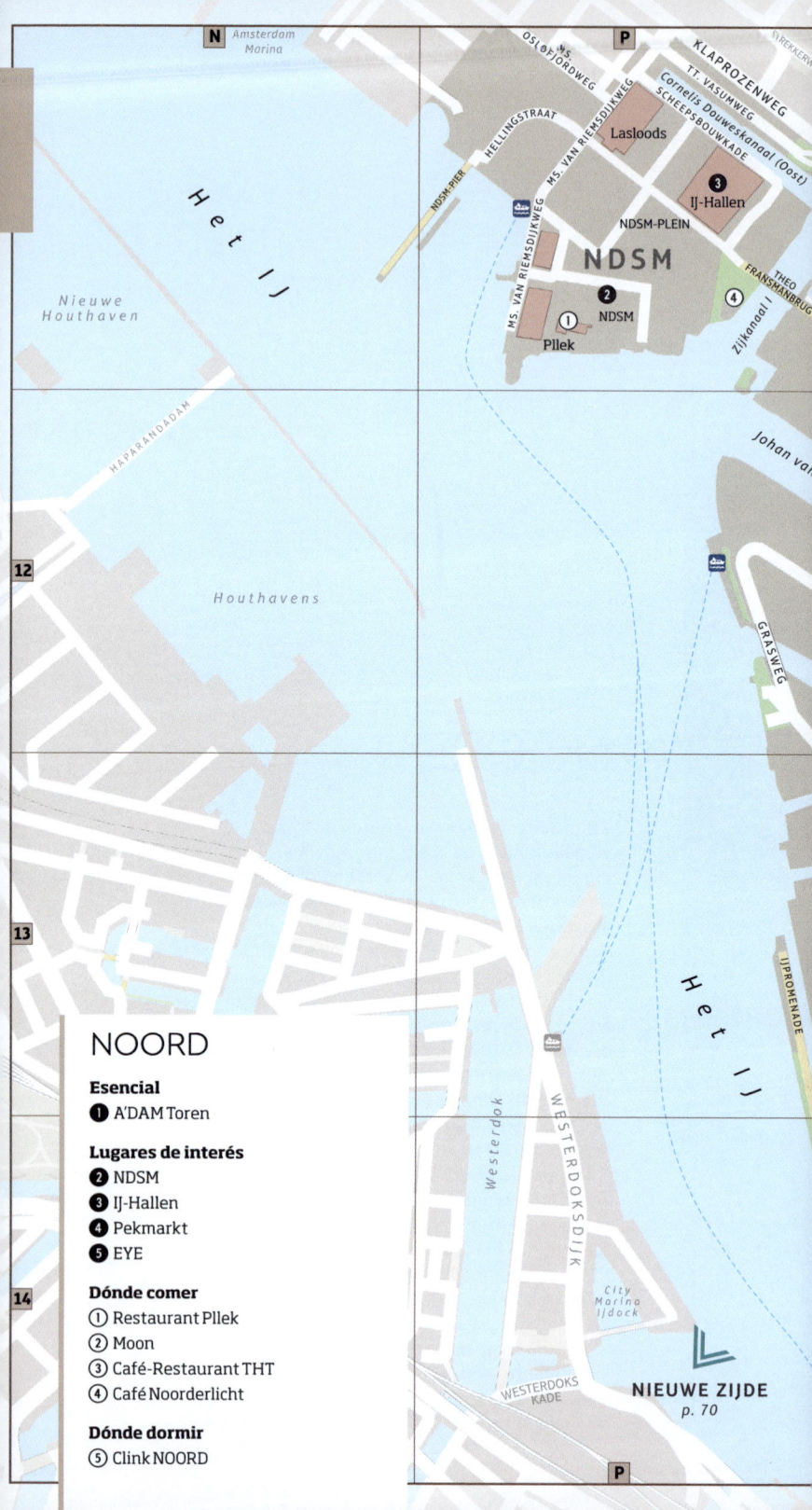

P

KLAPROZENWEG

STREKKERW

OS (OF) ORDWEG

TT. VASUMWEG

Cornelis Douweskanaal (Oost)

SCHEEPSBOUWKADE

HELLINGSTRAAT

MS. VAN RIEMSDIJKWEG

NDSM-PIER

MS. VAN RIEMSDIJKWEG

Lasloods

IJ-Hallen **3**

NDSM-PLEIN

NDSM

THEO FRANSMANBRUG

Zijlkanaal I

2 NDSM

4

1

Pllek

H e t   I J

Nieuwe Houthaven

Johan van

HAPARANDADAM

12

Houthavens

GRASWEG

13

H e t   I J

IJPROMENADE

Westerdok

WESTERDOKSDIJK

City Marina IJdock

14

WESTERDOKSKADE

NIEUWE ZIJDE
p. 70

NOORD

Esencial
1 A'DAM Toren

Lugares de interés
2 NDSM
3 IJ-Hallen
4 Pekmarkt
5 EYE

Dónde comer
① Restaurant Pllek
② Moon
③ Café-Restaurant THT
④ Café Noorderlicht

Dónde dormir
⑤ Clink NOORD

P

A'DAM TOREN

📍 Q14 🏠 Overhoeksplein 1 🚋 F3 🚌 38 Ⓜ Centraal Station 🕐 Diario; A'DAM Lookout: 10.00-22.00 diario (último acceso: 21.00) 🌐 adamtoren.nl

A diferencia de la mayoría de las ciudades, la silueta de Ámsterdam está exenta de grandes rascacielos, por lo que sus habitantes admiran la A'DAM Toren, de 100 m de altura, con cierto entusiasmo. Todo un icono del Noord postindustrial, este coloso se ha convertido en el complejo cultural más excitante de la ciudad.

La torre de 22 plantas se construyó para el gigante petrolero Royal Dutch Shell en 1971, y hasta 2009 albergaba la sede de la compañía. Muchos amsterdameses siguen llamándola Shelltoren (Torre Shell). Tras una gran remodelación en 2016, ahora está llena de sitios para comer, beber, bailar o comprar, como el restaurante giratorio Moon (p. 185) o uno de los hoteles con más clase de Ámsterdam, el Sir Adam.

Un ascensor lleva a los visitantes con entradas al A'DAM Lookout, en la planta 21, con unas vistas impresionantes de 360°. Este es el lugar ideal para hacer fotografías, sobre todo al atardecer. Los amantes de la adrenalina que no se contenten con el mirador pueden columpiarse a 100 m del suelo sobre la ciudad en el Over the Edge.

↑ La clientela disfrutando de las vistas y la comida en el Moon

¿Lo sabías?

Over the Edge es el columpio más alto de Europa.

TOP 5 LUGARES DE LA A'DAM TOREN

A'DAM Lookout
Aquí se puede degustar un cóctel o columpiarse sobre la ciudad.

Moon
Este restaurante giratorio ofrece unas espectaculares vistas de Ámsterdam.

Sir Adam
Un hotel *boutique* con enormes ventanales, máquinas espresso y menú de almohadas.

Shelter
El programa de esta discoteca incluye sesiones de música dance y exposiciones de arte contemporáneo.

Madam
Bar-restaurante en la planta 20.

← La A'DAM Toren, a orillas del IJ, domina el horizonte de Noord

↑ Coloridos contenedores de barcos en el interior del inmenso NDSM

LUGARES DE INTERÉS

2

NDSM

📍 P11 🚇 Neveritaweg 61
🚌 F4, F7 🌐 ndsm.nl

Los gigantescos edificios de la fábrica del corazón del antiguo astillero NDSM (a orillas del IJ) se han convertido en el núcleo del barrio con la escena cultural más excitante de Ámsterdam. En sus contenedores reacondicionados viven y trabajan algunos de los jóvenes talentos más importantes de la ciudad. Los que quieran saber más sobre la historia y el futuro del NDSM pueden reservar visitas guiadas al recinto y reunirse con algunos de los nómadas urbanos que hacen vibrar la zona.

Rebosante de tiendas extravagantes, estudios y tiendas de artesanos, bares, cafés, restaurantes y locales nocturnos, el complejo también atrae por sus festivales, sesiones de baile y exposiciones. El lugar cuenta con su propia playa, llamada Pllek, en la que los urbanitas toman el sol, practican yoga y escuchan música en directo. En verano hay cine al aire libre. No es de extrañar que esta vistosa zona acoja el **STRAAT,** el museo de arte callejero más grande del mundo, alojado en la antigua nave de soldadura del NDSM. Ahí se exponen obras de artistas callejeros de todo el mundo. En la fachada del edificio el mural sobre Ana Frank, llamado *Let Me Be Myself,* del brasileño Eduardo Kobra, es impresionante. El artista utilizó 500 botes de pintura en espray y 40 l de esmalte para completar su obra de 240 m².

STRAAT
♿ 🕐 10.00-17.00 ma-do (desde 12.00 lu)
🌐 straatmuseum.com

Clink NOORD
Los acogedores dormitorios de Clink son ideales para viajeros jóvenes con poco presupuesto. Para los más exigentes, hay también cómodas habitaciones con baño privado.

📍 Q14 🏠 Badhuiskade 3
🌐 clinkhostels.com

↑ Toda clase de artículos interesantes a la venta en IJ-Hallen

3

IJ-Hallen

📍P11 🚊TT Neveritaweg
15 🚇F4, F7 🕐9.00-16.30
2º o 3er fin de semana de
cada mes 🌐ijhallen.nl

Este mercadillo es de visita
obligada para los amantes de
las compras y los chollos.
Ubicado en IJ-Hallen, es el
mercado de su clase más
grande de Europa, y en un día
concurrido puede haber hasta
750 puestos. Hay

de todo, desde vinilos para
coleccionistas hasta ropa retro
de décadas pasadas. Además,
hay numerosos puestos con
comida y bebida. Conviene
llegar temprano para encontrar
los mejores artículos, aunque
los que lleguen tarde pueden
dar con los mejores precios.

Desde abril hasta
septiembre el mercado se
traslada al exterior, mientras
que durante el resto del año
ocupa el edificio del antiguo
almacén, con unos grafitis
muy logrados en las paredes.

4

Pekmarkt

📍R13 🚊Van der Pekstraat
🚇F3 🕐11.00-17.00 mi,
vi y sá

Tres días por semana, la Van
der Pekstraat se anima con
su mercado de alimentos.
Docenas de puestos ofrecen
todo tipo de comestibles,
incluyendo quesos y panes
artesanos o salchichas.
Los sábados, además de
alimentos, también hay obras

RENACIMIENTO DEL NORTE

Tras el cese de la industria naviera en
Noord, las fábricas y almacenes permane-
cieron vacíos durante años. La regenera-
ción se aceleró a principios del siglo XXI,
cuando las industrias creativas y los
medios de comunicación reemplazaron a
las empresas dedicadas al acero. En 2018
también se abrió una línea de metro que
conecta Noord con el centro de la ciudad.

←

La A'DAM Toren, uno de los símbolos
del renacimiento de Noord

de arte, ropa *vintage* y accesorios estrafalarios.

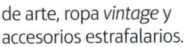

5

EYE

📍Q14 🏠IJpromenade 1
🚇F3 🕐Taquilla: 9.30-22.00 diario (hasta 23.00 vi y sá); exposiciones: 10.00-19.00 diario 🌐eyefilm.nl/en

EYE, situado en la orilla norte del río IJ, es una fusión del Filmmuseum, ocupado

Restaurant Pllek

Ubicado en un espacio creado con contenedores antiguos y otros materiales reciclados, Pllek es uno de los lugares más populares.

📍P11 🏠TT Neveritaweg 59
🌐pllek.nl

Moon

La panorámica desde este restaurante giratorio es espectacular. Las exquisiteces del menú se complementan con magníficos vinos ecológicos.

📍Q14 🏠Overhoeksplein 3
🕐Cenas ma-do, mediodía sá y do
🌐restaurantmoon.nl

Café-Restaurant THT

En verano hay que pasarse por este animado café y bar.

📍Q14 🏠Tolhuistuin, IJpromenade 2
🌐tht.nl

Café Noorderlicht

Este invernadero convertido en restaurante ofrece un ambiente cálido en invierno, a salvo de las inclemencias del tiempo. En los meses de verano hay música en directo en su terraza.

📍P11 🏠NDSM Plein 102
🌐noorderlichtcafe.nl

durante casi 40 años por lo que hoy se llama Het Documentaire Paviljoen *(p. 134)*, y varias organizaciones cinematográficas neerlandesas. La inmensa colección del museo narra la historia de la industria cinematográfica del país, desde el cine mudo de finales del siglo XIX, hasta la tecnología digital más avanzada y el cine en 3D del presente. La colección incluye también numerosos objetos

relacionados con el cine, como fotografías, bandas sonoras, equipo técnico y carteles.

El museo ha cambiado mucho desde su primera sede en un pabellón del siglo XIX del parque. El EYE ocupa hoy un edificio blanco de líneas elegantes, cuyo diseño recuerda a un ojo gigante. Dentro hay cuatro salas de cine, una sala de exposiciones y un café restaurante con una bonita terraza que los días soleados ofrece unas vistas impresionantes del puerto.

En el sótano, se pueden ver películas mudas de la gran colección del museo, desde unas cápsulas-sofás de tres plazas especialmente diseñadas para tal propósito. En otra sala se proyectan fragmentos de películas en una pantalla de 360°. El acceso al sótano está incluido en el precio de la entrada.

←

El edificio del EYE, con su característica forma

FUERA
DEL CENTRO

Ámsterdam se encuentra en el extremo septentrional de la región conocida como el Randstad, el centro económico de los Países Bajos. Próximas a la capital se encuentran las antiguas ciudades de Leiden y Utrecht, al igual que La Haya y Haarlem con sus excepcionales museos. El Randstad se extiende hacia el sur hasta Rotterdam, una ciudad moderna repleta de arquitectura vanguardista.

Las comunidades tradicionales de pescadores de las zonas del norte de Ámsterdam, que dependían de las aguas del Zuiderzee antes de que fuera separado del mar en 1932, comenzaron a orientar sus actividades al turismo. La mayor parte de este territorio se ha ganado al mar durante los últimos 300 años, y esta tierra tan fértil se ha cultivado de forma intensiva. En primavera los campos se cubren de colores brillantes que se extienden hacia el sudoeste, y los exquisitos jardines Keukenhof son el escaparate de la industria de bulbos neerlandesa.

FUERA DEL CENTRO

Esencial

Mar del Norte

Den Helder
De Kooy
Van Ewijcksluis
Callantsoog
't Zand
Schagen
N242
Warmenhuizen
Opme
Bergen
N9
Alkmaar
Heerhugowaar
Egmond aan Zee
Heiloo
NOORD-HOLLAND
A9
Castricum
Middenbeemster
Heemskerk
Krommenie
Purmeren
Beverwijk
IJmuiden
Zaanstad
Santpoort
Landsmeer
A9
A10
HAARLEM 2
N200
Zandvoort
Badhoevedorp
Ámsterdam
3 *LOS CAMPOS DE FLORES*
N201
Hoofddorp
Amstelveen
Hillegom
Aeropuerto de Amsterdam Schiphol
N208
Lisse
A4
Abcoud
Sassenheim
Aalsmeer
Noordwijk aan Zee
Uithoorn
Katwijk aan Zee
Roelofarendsveen
Mijdrecht
Rijnsburg
A44
Kager Plassen
Wassenaar
LEIDEN 4
Alphen aan den Rijn
Scheveningen
N44
A4
N12
Woerden
Leidschendam
Boskoop
Bodegraven
Voorburg
Zoetermeer
A12
LA HAYA 5
Rijswijk
A12
Waddinxveen
Gouda
Oudewater
Monster
Pijnacker
A20
Hoek van Holland
Naaldwijk
6 **DELFT**
A13
Schoonhoven
Europoort
Rotterdam The Hague
A16
Krimpen aan den IJssel
Maassluis
Lek
N15
A20
Schiedam
7 **ROTTERDAM**
ZUID-HOLLAND
Brielle
A15
Ridderkerk
Spijkenisse

ZUIDERZEEMUSEUM

U2 **Wierdijk, Enkhuizen; 50 km al NE de Ámsterdam** **Enkhuizen**
Sale de detrás de la estación de tren (abr-oct) **Museo: 10.00-17.00 diario (cerrado: 1 ene, 25 dic); museo al aire libre: abr-oct: 10.00-17.00 diario** **zuiderzeemuseum.nl**

Este fascinante museo al aire libre recrea la vida cotidiana a principios del siglo XX en un pueblo pesquero tradicional del Zuiderzee, una bahía del mar del Norte. Un auténtico viaje a través del tiempo.

Enkhuizen era uno de los pueblos de la costa del Zuiderzee que se vio arruinada su economía pesquera cuando se cerró el acceso al mar del Norte, con el dique de Afsluitdijk, en 1932. La fortuna del pueblo renació con la apertura de este complejo. El *binnenmuseum* (museo cubierto) se centra en la historia del Zuiderzee, e incluye una impresionante exposición sobre embarcaciones históricas. El *buitenmuseum* (museo al aire libre) se compone de una reconstrucción de edificios que forman el típico pueblo del Zuiderzee con una demostración de artesanía local.

Sala naval

→ El museo al aire libre, con sus casas y puerto restaurado

← Casa tradicionales, hornos de cal y barcos modernos, en el museo

Los hornos de cal, con forma de botella, se utilizaban para conseguir cal viva, quemando conchas de moluscos.

Barcazas que llevan a los visitantes al museo al aire libre.

¿Lo sabías?

Los arenques se conservan ahumándolos sobre astillas de madera.

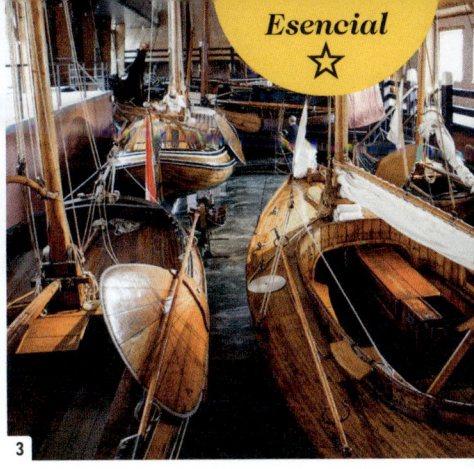

① La cultura moderna neerlandesa se ve a través de los azulejos azules de Delft en la instalación Delft contemporáneo, de Hugo Kaagman.

② En las casas de Urk hay actores que representan la vida cotidiana –como lavar la ropa– de la isla en 1905.

③ La Sala Naval, situada en un antiguo almacén de la Compañía Neerlandesa de las Indias Orientales, alberga veleros y barcos de pesca.

Instalación Delft contemporáneo

Los constructores de esta iglesia, de finales del siglo XIX, ocultaron el órgano en un armario para evadir impuestos.

Las casas de esta zona son de Zoutkamp.

Un molino en funcionamiento

Aquí se pueden degustar los deliciosos arenques ahumados.

En "Cuidando de la casa", un ama de casa de la década de 1930 habla de su vida cotidiana tomando una taza de té.

Casas de Urk

EXCURSIONES EN BARCO

Para disfrutar de las tranquilas aguas del IJsselmeer lo mejor es ir a bordo de un barco tradicional, como el *Aaltje Engelina*, un *stevenaak* (velero) de 22 m de eslora para 12 personas. Si no hay tiempo, también se puede hacer una excursión de un día, o un crucero al atardecer por el Markermeer a bordo del *Zuiderzee*, una *tjalk* tradicional (gabarra) con Zuiderzee Zeiltochten (p. 51).

HAARLEM

📍 T3 🚉 20 km al O de Ámsterdam 🚉 Haarlem
ℹ️ Grote Markt 2; visithaarlem.com

Haarlem, con las calles pavimentadas de ladrillos alrededor del Grote Markt, fue una próspera ciudad durante el siglo XVII, y en la actualidad conserva gran parte de su encanto original.

Haarlem se convirtió en una ciudad próspera durante el siglo XV, gracias a las manufacturas textiles. Hoy es la capital comercial de la provincia de Noord-Holland y la octava ciudad más grande de los Países Bajos. Es el centro de la imprenta, la industria farmacéutica y la producción de bulbos holandesa, algo que apenas se percibe en las encantadoras calles peatonales del centro histórico de la ciudad. La mayoría de los lugares de interés están cerca del Grote Markt, una animada plaza llena de viejos edificios, cafés y restaurantes. En las calles próximas se pueden encontrar viejas librerías, anticuarios y comercios de comida local.

La Hoofdwacht era una torre de guardia en el siglo XVII.

El Grote Markt es el bullicioso núcleo urbano.

④

② *Frans Hals Museum Hof (600 m)* ↓

③ *Verwey Museum Haarlem (550 m)* ↓

1

① La Sala ovalada de dos plantas del Teylers Museum se añadió en 1779, y contiene vitrinas con muestras de minerales raros y cajas de extraños e inquietantes instrumentales médicos.

② La plaza arbolada de Grote Markt está rodeada por animados cafés y restaurantes y, durante siglos, ha sido el punto de encuentro de los habitantes de Haarlem.

③ El molino de viento sobre el río Spaarne, Molen De Adriaan, es uno de los emblemas de la ciudad, y el lugar perfecto para hacer fotos al atardecer.

2

3

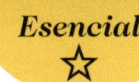

Estatua de Laurens Jansz Coster (1370-1440), que se cree que inventó la imprenta en 1423, 16 años antes que Gutenberg.

La ilustración muestra el centro histórico de Haarlem

↓

¿Lo sabías?

En 1573 Kenau Simonsdochter Hasselaer defendió la ciudad frente a los españoles.

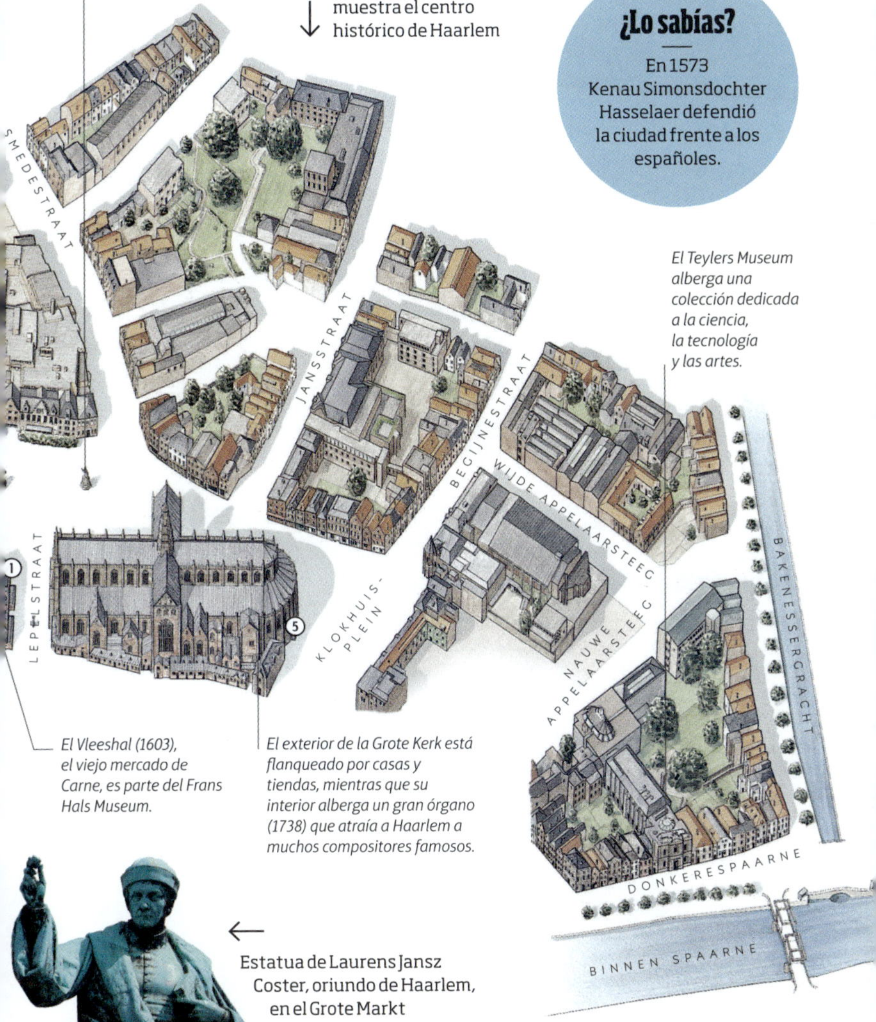

El Teylers Museum alberga una colección dedicada a la ciencia, la tecnología y las artes.

S M E D E S T R A A T

J A N S S T R A A T

B E G I J N E S T R A A T

WIJDE APPELAARSTEEG

L E P E L S T R A A T

B A K E N E S S E R G R A C H T

KLOKHUIS- PLEIN

NAAUWE APPELAARSTEEG

① ⑤

El Vleeshal (1603), el viejo mercado de Carne, es parte del Frans Hals Museum.

El exterior de la Grote Kerk está flanqueado por casas y tiendas, mientras que su interior alberga un gran órgano (1738) que atraía a Haarlem a muchos compositores famosos.

D O N K E R E S P A A R N E

B I N N E N   S P A A R N E

← Estatua de Laurens Jansz Coster, oriundo de Haarlem, en el Grote Markt

EL HOMBRE QUE CONSTRUYÓ HAARLEM

El centro histórico de Haarlem lleva la impronta de Lieven de Key (1560-1627). Nacido en Gante, De Key fue nombrado arquitecto de la ciudad en 1592. Gran parte de Haarlem sufrió un incendio en 1576, así que tuvo vía libre para poder reconstruir la ciudad con estilo renacentista holandés, incluyendo ladrillos en tonos rojos, negros y blancos, agujas decorativas en miniatura y hastiales escalonados.

①

Frans Hals Museum Hal

📍 Grote Markt 16
🕐 11.00-17.00 ma-do
🚫 1 ene, 27 abr, 25 dic
🌐 franshalsmuseum.nl

El ornamentado Vleeshal (mercado de Carne) lo construyó en 1603 Lieven de Key, y en su parte frontal tiene un empinado hastial escalonado que disimula el tejado del edificio.Los escalones del hastial están muy decorados, con varios de ellos provistos de una aguja en miniatura. Una cabeza de buey gigante, pintada en la fachada, recuerda la función original del edificio.

Esta sala y el Verweyhal, un antiguo club de caballeros del siglo XIX, son los lugares en los que el Frans Hals Museum Hof organiza sus exposiciones.

El museo invita a artistas contemporáneos a crear obras inspiradas en su colección de arte del siglo XVII. El diálogo entre las obras nuevas y las antiguas es sorprendente, con parecidos inesperados, y sus diferencias obvias.

②

Frans Hals Museum Hof

📍 Groot Heiligland 62
🕐 11.00-17.00 ma-do
🚫 1 ene, 27 abr, 25 dic
🌐 franshalsmuseum.nl

Frans Hals (*c. 1582-1666*) introdujo una nueva clase de realismo en la pintura de la época. Mientras que sus contemporáneos trataban de reproducir la apariencia exacta, Hals captó el carácter de sus modelos con técnicas más impresionistas. Siendo octogenario, seguía pintando retratos, como el de *Las regentes del asilo de ancianos de Haarlem* (1664). El asilo representado en la obra se convirtió, en 1913, en el Frans Hals Museum Hof.

El museo también tiene una selección de pinturas de los siglos XVI y XVII de otros artistas de Haarlem. Cada sala muestra obras de maestros antiguos juntos a las de artistas contemporáneos, creando así interesantes contrastes. En primavera las salas se llenan de tulipanes y otras flores de temporada, dispuestas en jarrones modernos y de época.

TOP 5 QUÉ VER EN FRANS HALS MUSEUM HOF

Jardín del patio
Este hermoso jardín renacentista es ideal para disfrutar de un momento de tranquilidad.

Retratos de regentes
Entre las obras notables de Hals están *Las regentas del asilo de ancianos de Haarlem* (1664) y *Los regentes del hospital de Santa Isabel* (1641).

Banquete de los arcabuceros de San Jorge (1616)
Este retrato de Hals muestra a los miembros de esta compañía militar.

Retrato de Cornelia Claesdr Vooght (1631)
La pintura de estilo barroco de Hals muestra a la esposa de Nicolaes van der Meer, alguacil y oficial.

Alegoría de la Tulipomanía (1640)
Una sátira sobre el tema de Jan Brueghel el Joven.

3

Verwey Museum Haarlem

🏠 Groot Heiligland 47
🕐 12.00-17.00 lu y do, 11.00-17.00 ma-sá 🚫 Festivos
🌐 verwey
museumhaarlem.nl

La Gasthuis de St. Elisabeth fue edificada en 1610 alrededor de un precioso patio. La placa de piedra sobre la entrada (1612) representa a un enfermo que es llevado al hospital. Tras una inmensa renovación en la década de 1980, esta casa de beneficencia se convirtió en el principal museo de Haarlem. Se centra en la historia de la ciudad y sus alrededores. La alternancia de las exposiciones que acoge vinculan el pasado con el presente.

4

Stadhuis

🏠 Grote Markt 2 📞 14 023
🕐 Anno Haarlem: 11.00-16.00 mi-sá

El Stadhuis (ayuntamiento) de Haarlem ha ido creciendo de forma irregular a lo largo de los siglos, y es una extraña

mezcla de estilos arquitectónicos que data de 1250. La parte más antigua del edificio es la sala de banquetes medieval, conocida originariamente como Gravenzaal. Los incendios de 1347 y 1351 la destruyeron en gran parte, pero todavía pueden verse los retratos del siglo XV de los condes de Holanda.

El ala del ayuntamiento que da al Grote Markt fue diseñada por Lieven de Key en 1622. Es típica de la arquitectura renacentista holandesa, con elaborados hastiales y elementos clásicos.

Sobre la entrada principal, en un nicho, hay una figura alegórica de la Justicia, con la espada en una mano y la balanza en la otra, que sonríe con bondad hacia los cafés de la plaza.

En los sótanos abovedados se puede visitar una exposición gratuita que ilustra la historia de la ciudad: Anno Haarlem.

5

Grote Kerk

🏠 Grote Markt 22 🕐 10.00-17.00 lu-sá 🚫 Festivos
🌐 bavo.nl

El enorme edificio gótico de la gran iglesia de Sint Bavo, conocida más comúnmente por la Grote Kerk, era el tema preferido de los artistas del siglo XVII Pieter

Saenredam (1597-1665) y Gerrit Berckheyde (1639-1698), de la Escuela de Haarlem. Edificada entre 1400 y 1550, la iglesia y su campanario dominan la plaza del mercado. En 1502 se inició la construcción de una torre de piedra, pero los pilares comenzaron a ceder. En 1520 se construyó una torre de madera cubierta de plomo.

La iglesia tiene un alto techo abovedado de cedro, muros superiores blancos, y 28 columnas de apoyo. La intrincada reja del coro, al igual que el magnífico facistol de latón con forma de águila acicalándose, elaboró el forjador Jan Fyerens en 1510. La sillería del coro (1512) está pintada con escudos de armas, y los apoyabrazos y misericordias están tallados con caricaturas de animales y cabezas humanas. Cerca de aquí está la sencilla lápida de piedra que cubre la tumba del artista más famoso de Haarlem, Frans Hals.

La Grote Kerk cuenta con uno de los mejores y más llamativos órganos de Europa, construido en 1738 por Christiaan Müller. En 1740 Handel probó el órgano y lo consideró excelente. También le gustó a Mozart, que lanzó gritos de alegría cuando dio un recital aquí en 1766. El órgano aún se utiliza para conciertos.

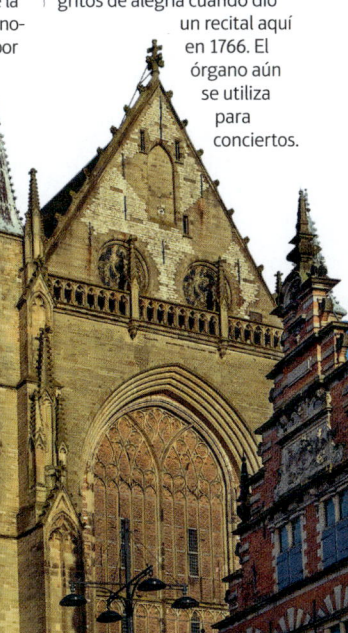

En bicicleta por
infinitos campos de tulipanes,
entre Haarlem y Leiden ↑

3

LOS CAMPOS DE FLORES

📍T3 🚉Haarlem, Leiden

Con una extensión de 30 km entre Haarlem y Leiden, el Bollenstreek es la principal zona de cultivo de flores de los Países Bajos. Entre los bulbos más cultivados se encuentran los gladiolos, las liliáceas, los narcisos, los jacintos, los lirios, los azafranes y las dalias, aunque los tulipanes siguen siendo, con diferencia, las flores más populares del país.

Cuándo ir

Desde finales de enero, los pólderes (tierra conquistada al mar) comienzan a iluminarse con flores de vivos colores, empezando por los tempranos azafranes y llegando paulatinamente a su apogeo a mediados de abril, cuando florecen los tulipanes. Las plantas de flor tardía, como los lirios, alargan la temporada hasta finales de mayo. No hay que caer en la tentación de pasear por los campos, pues las flores se dañan.

Aalsmeer

La ciudad alberga la subasta de flores más grande del mundo, la Bloemenveiling Royal FloraHolland. Más de 12.000 millones de flores y plantas en macetas se venden aquí cada año en una subasta inversa. El precio baja a medida que el gran reloj en pantalla va marcha atrás. Los compradores pueden parar el reloj en cualquier punto de precio. Los visitantes lo observan desde una galería acristalada.

Keukenhof

Este jardín floral, situado a las afueras de Lisse, se creó en 1949 como escaparate para los cultivadores de bulbos holandeses, y hoy cuenta con unos 7 millones de flores. El mejor momento de Keukenhof es entre finales de marzo y finales de mayo, cuando cientos de narcisos, jacintos y tulipanes florecen. La flor de los cerezos japoneses sale a principios de la temporada y, más adelante, brotan azaleas y rododendros.

TOP 5 FLORES NEERLANDESAS

Tulipán _Aladdin_
Tiene una flor semejante a un lirio, con pétalos rojos de puntas amarillas.

Tulipán _China Pink_
De tallo delicado, coronado con una hermosa flor de color rosado.

Narciso _Tahiti_
De flor doble y pétalos de color amarillo dorado, con un centro de color naranja.

Narciso _Minnow_
Un fragante narciso en miniatura con flor de color crema.

Jacinto _Blue Jacket_
Muy aromáticos, sus pétalos azules con rayas forman una cónica flor.

↑ Parterres de tulipanes y jacintos en los jardines de Keukenhof

→ Campo en Lisse, cubierto de tulipanes de distintos colores

❹
LEIDEN

📍 T3 🏠 35 km al SO de Ámsterdam
🚆 Leiden Centraal ℹ️ Stationsweg 26;
visitleiden.nl

Leiden es famosa por su universidad, la más antigua y prestigiosa de los Países Bajos. En época académica, las calles rebosan de estudiantes moviéndose en bici entre clases y abarrotando los cafés y las librerías.

La universidad de Leiden fue fundada en 1575 por Guillermo de Orange *(p. 55)*, tras un año de duro asedio por parte de los españoles. Como recompensa por su resistencia y perseverancia, Guillermo hizo que los ciudadanos eligieran entre dos cosas: construir una universidad o abolir los impuestos. Los residentes eligieron sabiamente, y la ciudad se convirtió en un centro intelectual y se reafirmó la tolerancia religiosa. Los puritanos ingleses, víctimas de la persecución en su país natal, pudieron asentarse en Leiden, en el siglo XVII, antes de su épica partida a América.

Muchos museos excepcionales documentan la turbulenta historia de la ciudad, incluyendo el siglo XVII, un período en el que Leiden fue un centro comercial a nivel mundial. Dicha época vio nacer también al hijo más famoso de la ciudad, Rembrandt, en junio de 1606. Una placa conmemorativa en Weddesteeg señala su lugar de nacimiento.

1

↑
⑥ *Wereldmuseum Leiden
(900 m)*

*Langebrug está rodeado
de alojamientos
estudiantiles.*

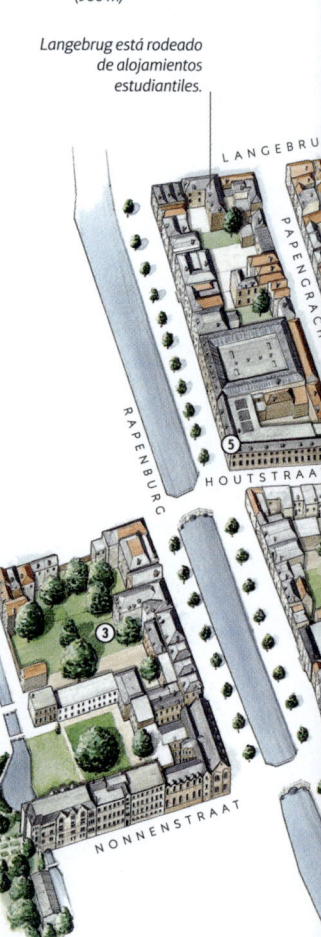

↑ Un café en uno de los pintorescos canales de Leiden, rodeados de edificios modernos y del siglo XVII

La ilustración muestra ↑ los alrededores de Pieterskerk en Leiden

2

3

4

① Hortus Botanicus Leiden ofrece muchas maravillas naturales, como esta cascada.

② Objetos de la Grecia antigua expuestos en el Rijksmuseum van Oudheden.

③ El Rijksmuseum Boerhaave organiza varias exposiciones, entre ellas esta dedicada a los molinos.

④ Pieterkerk con su imponente interior y hermosas bóvedas.

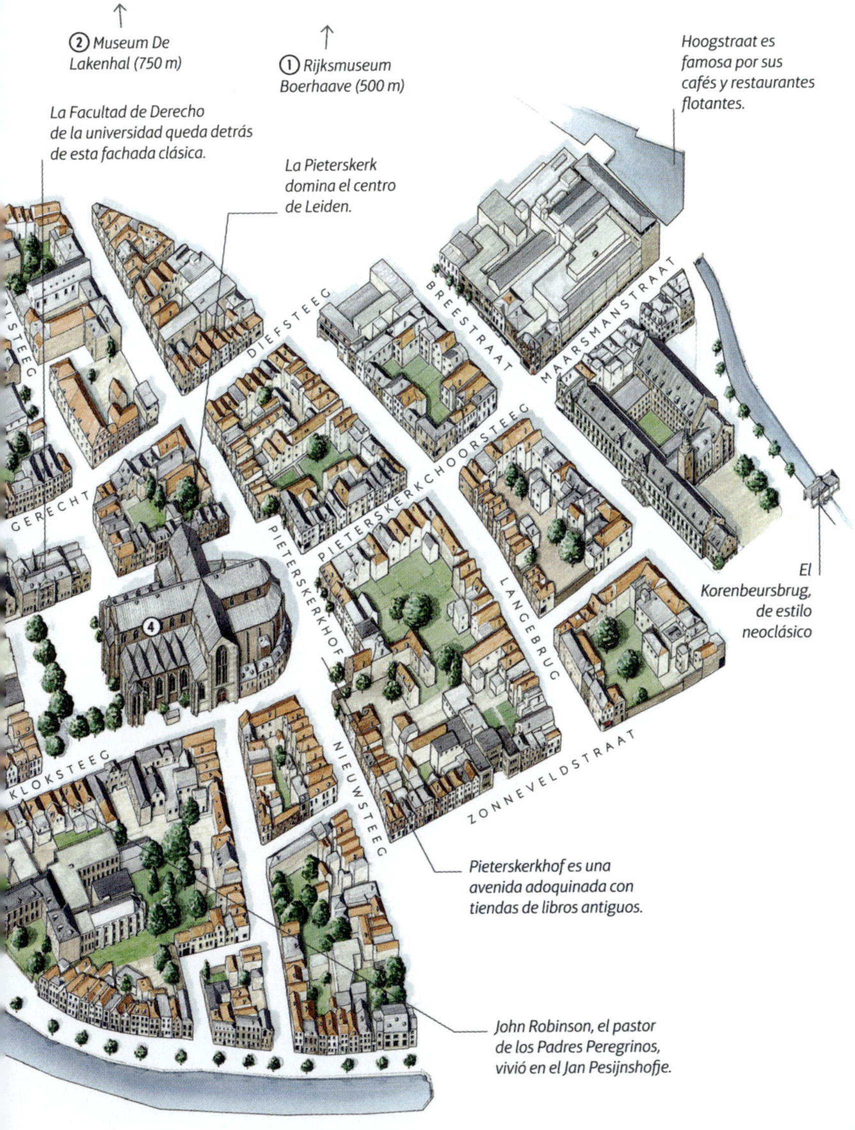

↑
② *Museum De Lakenhal (750 m)*

↑
① *Rijksmuseum Boerhaave (500 m)*

Hoogstraat es famosa por sus cafés y restaurantes flotantes.

La Facultad de Derecho de la universidad queda detrás de esta fachada clásica.

La Pieterskerk domina el centro de Leiden.

STEEG

DIEFSTEEG

BREESTRAAT

MAARSMANSTRAAT

GERECHT

PIETERSKERKCHOORSTEEG

PIETERSKERKHOF

LANGEBRUG

El Korenbeursbrug, de estilo neoclásico

④

KLOKSTEEG

NIEUWSTEEG

ZONNEVELDSTRAAT

Pieterskerkhof es una avenida adoquinada con tiendas de libros antiguos.

John Robinson, el pastor de los Padres Peregrinos, vivió en el Jan Pesijnshofje.

Grand Café van Buuren

La carta de este café incluye sopas, ensaladas y potentes bocadillos elaborados con ingredientes como pollo mechado y aguacate.

🏠 Stationsweg 7
🌐 grandcafevan buuren.nl

€€€

Crabbetje

En este elegante restaurante sirven generosos platos de lenguado, langostas y ostras.

🏠 St. Agatenstraat 5
🕐 do y lu
🌐 visrestaurant crabbetje.nl

€€€

---

①

Rijksmuseum Boerhaave

🏠 Lange St. Agnietenstraat 10 🕐 10.00-17.00 diario
🗓 1 ene, 25 mar, 8 y 27 abr, 1 jul, 16 sep, 3 oct, 2 y 25 dic
🌐 museumboerhaave.nl

El Rijksmuseum Boerhaave debe su nombre al gran profesor holandés de medicina, botánica y química Herman Boerhaave (1668-1738).

Sus colecciones muestran el desarrollo de las matemáticas, la astronomía, la física, la química y la medicina.

Cronológicamente, abarcan desde un astrolabio del siglo XV hasta un equipo de cirujano antiguo o un microscopio de electrones.

→

Niños utilizando microscopios en el Rijksmuseum Boerhaave

---

②

Museum De Lakenhal

🏠 Oude Singel 32
🕐 10.00-17.00 ma-do
🗓 1 ene, 27 abr y 25 dic
🌐 lakenhal.nl

El Lakenhal (Salón Textil) era la sede del comercio textil de Leiden durante el siglo XVII. Arent van 's-Gravesande lo construyó en estilo clásico holandés en 1640 y actualmente alberga el museo municipal.

Una de las obras de arte más famosas del museo es el tríptico renacentista de Lucas van Leyden *El juicio final* (1526-1527), rescatado de la Pieterskerk durante los enfrentamientos religiosos de 1566. Un ala del museo construida en la década de 1920, ofrece una enorme colección de plata, muebles y objetos de la industria textil local. El *hutspot*, o caldero de bronce, abandonado por los españoles cuando Guillermo de Orange acabó con el asedio en 1574, es una de las piezas más importantes. El contenido que guardaba en ese momento, un guiso muy saludable y picante, se lo comieron los ciudadanos hambrientos. El 3 de octubre de cada año se prepara este guiso para conmemorar la victoria neerlandesa sobre los españoles *(p. 55)*.

---

③

Hortus Botanicus Leiden

🏠 Rapenburg 73 🕐 Med mar-med sep: 9.00-18.00 diario; med sep-mar: 10.00-17.00 diario 🗓 3 oct y 25 dic-1 ene 🌐 hortusleiden.nl

El Jardín Botánico de Leiden fue fundado en 1590 como parte de la universidad. Entre sus árboles y arbustos cuenta con un laburno de 350 años, que refleja la historia del jardín.

Hoy, el Hortus Botanicus cuenta con una reproducción del jardín amurallado original, llamado Clusiustuin. También destacan los invernaderos, llenos de hermosas orquídeas, los rosales y un jardín japonés.

---

④

Pieterskerk

🏠 Pieterskerkhof 1a
🕐 11.00-18.00 diario, excepto en caso de eventos especiales; consultar la web para más información
🗓 1 ene y 25 dic
🌐 pieterskerk.com

Esta espléndida iglesia gótica, dedicada a San Pedro, fue construida en ladrillo rosa en

→ Wereldmuseum Leiden, a la orilla del canal

MEJORES VISTAS
De Burcht

Esta ciudadela situada sobre una verde colina artificial entre dos canales del Rijn, de origen sajón probablemente, ofrece buenas vistas de la ciudad. Merece la pena subir hasta esta extraña fortaleza del siglo XII y asomarse entre las almenas.

⑤

Rijksmuseum van Oudheden

📍 Rapenburg 28 🕐 10.00-17.00 diario 🚫 1 ene, 27 abr, 3 oct y 25 dic 🌐 rmo.nl

El Museo Arqueológico Nacional de los Países Bajos, fundado en 1818, es la principal atracción de Leiden. La pieza central de la colección es el templo egipcio de Taffeh. El templo data del siglo I d. C., y fue dedicado a Isis, la diosa egipcia de la fertilidad, desde el siglo IV d. C.

El museo cuenta con una rica colección de objetos egipcios, incluyendo unos maravillosos sarcófagos pintados, que ocupan gran parte de las dos primeras plantas. También se exponen instrumentos musicales, telas y zapatos, expresivos bronces etruscos y restos de mosaicos y frescos romanos.

La presentación ha sido especialmente concebida para niños, con exposiciones interactivas y reconstrucciones que recogen la vida en el antiguo Egipto, Grecia y Roma.

⑥

Wereldmuseum Leiden

📍 Steenstraat 1 🕐 10.00-17.00 ma-do (diario durante vacaciones escolares) 🚫 1 ene, 27 abr, 3 oct y 25 dic 🌐 leiden.wereldmuseum.nl

En este museo etnológico, fundado en 1837, hay colecciones de muchas culturas no occidentales. Las muestras individuales se enlazan para crear un viaje que muestre las diferencias y conexiones entre las distintas culturas. Las exposiciones temporales que ahondan en las condiciones de vida de todo el mundo, desde el Ártico hasta las colinas de China, le añaden un gran atractivo a este museo.

19
—
molinos de viento se encuentran en las murallas de Leiden, donde los vientos soplan con mayor fuerza.

el siglo XV y se halla en una frondosa plaza rodeada de casas elegantes. Pieterskerk fue desconsagrada en 1971 y hoy es un edificio para actos. Merece una visita por su interior austero y su magnífico órgano, construido por los hermanos Hagenbeer en 1642, con enmaderado dorado. El suelo de la nave está cubierto de lápidas con las tumbas de intelectuales del siglo XVII, entre ellos el artista Jan Steen o el peregrino padre John Robinson. Hay una pequeña exposición sobre los puritanos en la capilla lateral, cerca de la sepultura de John Robinson.

5

LA HAYA

📍 S4 🚗 56 km al SO de Ámsterdam 🚉 Centraal Station, Koningin Julianaplein; Station Hollands Spoor (HS), Stationsplein ℹ️ Centraal Station: 10.00-18.00 lu-sá, 12.00-18.00 do; denhaag.com

La Haya (Den Haag o 's-Gravenhage) se convirtió en la capital política de los Países Bajos en 1586 y alberga instituciones tan prestigiosas como el Parlamento y el Tribunal Internacional de Justicia.

Binnenhof

🏛️ Binnenhof 8a 🔒 Por reformas importantes hasta fin 2028 🌐 prodemos.nl

El antiguo castillo de los condes de Holanda alberga hoy la sede del Parlamento neerlandés y la oficina del primer ministro de los Países Bajos. Conocido como el Binnenhof, está ubicado al lado de lo que era el foso del castillo o, el Hofvijver. En el centro del patio, como sacada de un cuento de hadas, se alza la gótica Ridderzaal (sala de los Caballeros), con sus dos torres. Esta era la sala de banquetes en el siglo XIII de Florencio V, conde de Holanda (1254-1296). Desde 1904, se ha utilizado para ceremonias, para la apertura del Parlamento de los Países Bajos por el monarca (Prinsjesdag, 3er martes de septiembre) y otros actos oficiales. La totalidad del Binnenhof está cerrado por reforma hasta 2028. La Tweede Kamer der Staten-Generaal (Cámara Baja) se ha trasladado provisionalmente al antiguo Ministerio de Asuntos Exteriores, en Bezuidenhoutseweg 67; y la Eerste Kamer (Cámara Alta) a Huis Huguetan, una suntuosa mansión del siglo XVIII en Lange Voorhout 34. Se puede consultar la página web de ProDemos para realizar visitas guiadas en estos lugares.

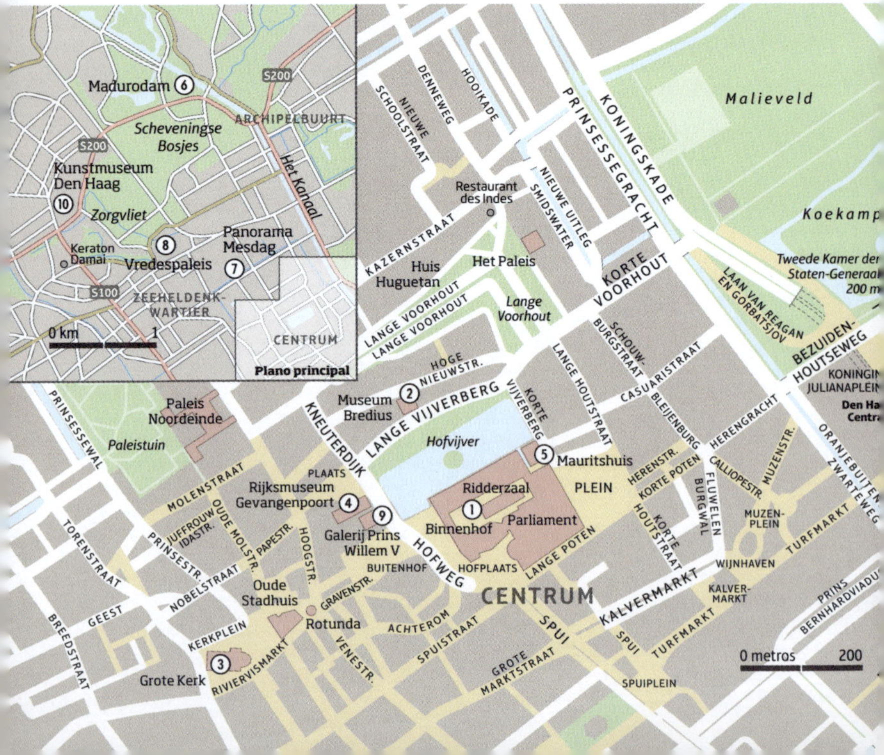

Plano principal

Madurodam 6
ARCHIPELBUURT
Scheveningse Bosjes
Kunstmuseum Den Haag 10
Zorgvliet
Keraton Damai
Vredespaleis
Panorama Mesdag 8 7
ZEEHELDEN-KWARTIER
CENTRUM
0 km 1

Malieveld
Koekamp
Restaurant des Indes
Huis Huguetan
Het Paleis
Lange Voorhout
Tweede Kamer der Staten-Generaal 200 m
BEZUIDEN-HOUTSEWEG
KONINGIN JULIANAPLEIN
Den Haag Centraal

Paleis Noordeinde
Paleistuin
Museum Bredius 2
LANGE VIJVERBERG
Hofvijver
Mauritshuis 5
PLEIN
Rijksmuseum Gevangenpoort 4 9
Galerij Prins Willem V
Ridderzaal
Binnenhof 1
Parliament
Oude Stadhuis
Rotunda
Grote Kerk 3
CENTRUM

0 metros 200

↑ El imponente Binnenhof, sobre las aguas tranquilas del lago Hofvijver

②

Museum Bredius

🏠 Lange Vijverberg 14
🕐 11.00-17.00 ma-do
📅 1 ene, 27 abr, 25 dic
🌐 museumbredius.nl

Situado en la orilla norte del lago Hofvijver, esta distinguida casa de un comerciante del siglo XVIII cuenta con unos 200 cuadros del siglo XVII, entre ellos obras famosas de maestros holandeses como Rembrandt o Jan Steen, así como de otros artistas menos conocidos.

El edificio que acoge el Museum Bredius guarda una gran colección de mobiliario antiguo, delicada porcelana y platería muy elaborada.

③

Grote Kerk

🏠 Rond de Grote Kerk 12
🕐 Jun-sep: 12.00-16.00 ju-do; oct-may: 12.00-16.00 sá y do (consultar cierres por actos en la página web)
🌐 grote-kerk.nl

La Grote Kerk data principalmente de 1539. Su rasgo más impresionante es la vidriera que reproduce al emperador Carlos V (*p. 55*), arrodillado a los pies de la Virgen María.

_____

④

Rijksmuseum Gevangenpoort

🏠 Buitenhof 33 🕐 10.00-17.00 ma-vi, 11.00-17.00 sá y do (abr-oct: también 12.00-17.00 lu) 📅 lu (nov-mar), 1 ene, 25 dic
🌐 gevangenpoort.nl

La Gevangenpoort (puerta de la Prisión) era originariamente la puerta principal del castillo del siglo XIV de los condes de Holanda. Luego pasó a ser una prisión, y adquirió mala

↑ La entrada medieval del Rijksmuseum Gevangenpoort

fama durante el período de disturbios sociales a finales del siglo XVII, cuando el burgomaestre Cornelis de Witt fue confinado y torturado aquí. Él y su hermano Jan fueron juzgados por herejía, y despedazados miembro a miembro por la muchedumbre, a las puertas de la prisión.

El edificio es hoy un museo sobre prisiones. Las visitas guiadas exploran su colección única de instrumentos de tortura, con gritos de fondo.

←
Estatua de mármol de talla exquisita en la Grote Kerk

⑤

Mauritshuis

🏛 Plein 29 🕐 13.00-18.00
lu, 10.00-18.00 ma-do
🚫 1 ene, 25 dic
🌐 mauritshuis.nl

El conde de Nassau, Johann Maurits, encargó esta preciosa casa cuando era gobernador de Brasil. Se terminó en 1644 por los arquitectos locales Pieter Post y Jacob van Campen en estilo clásico holandés, con influencias de la arquitectura renacentista italiana, y tiene magníficas vistas al lago Hofvijver. La mansión fue legada al estado tras la muerte de Maurits en 1679, y alberga la Galeria Real de Pintura desde 1822. La coleccion es pequeña (ocupa solo tres plantas), pero casi todos los cuadros son obras de arte de alguno de los grandes maestros. Esto, combinado con la exquisita presentación en

En el magnífico Mauritshuis, reflejado en el lago Hofvijver, está *La joven de la perla (derecha)* de Vermeer ↑

TOP 5 **PINTURAS EN MAURITSHUIS**

La joven de la perla (1665-1667)
El retrato más famoso de Johannes Vermeer.

La lección de anatomía del Dr. Nicolaes Tulp (1632)
Pintura de Rembrandt que muestra a cirujanos examinando un cuerpo.

El jilguero (1654)
Una pequeña y delicada obra de Carel Fabritius.

Buscando piojos (c. 1652-1653)
Escena de una madre inspeccionando el pelo de su hijo, de Gerard ter Borch.

Rosas en un florero de cristal (c. 1640-1645)
Un fino bodegón de Jacob van Hulsdonck.

---

elegantes salas de época, con flamantes arañas e inmensos frescos en los techos, hace de la Mauritshuis una de las mejores galerías de los Países Bajos. Entre lo más destacado de la colección de Mauritshuis figura la representación de un cirujano practicando una autopsia, obra de Rembrandt. Esta pintura refleja el creciente interés en la anatomía y las ciencias en el siglo XVII.

La muestra cambia con frecuencia, para mostrar todas las obras de la colección, y es posible averiguar el contenido de la exposición actual en la página web del museo. Hay folletos y audioguías en español.

El ala de Royal Dutch Shell, abierta en 2014, está conectada con el museo a través de un moderno corredor subterráneo, y cuenta con una cafetería y la tienda del museo, con hermosos libros de arte.

---

⑥ 🚻 🍴 🛍

Madurodam

🏛 George Maduroplein 1
🕐 Diario, consultar web para más información
🌐 madurodam.nl

Madurodam es la maqueta de una ciudad holandesa a escala 1:25. Tiene réplicas del Binnenhof de La Haya, de las casas de los canales de Ámsterdam, del Europoort de Rotterdam y del aeropuerto de Schiphol, junto con molinos, pólderes y campos de flores. Por la noche, diminutas lucecitas iluminan las calles y los edificios.

Inaugurada por la reina Juliana en 1952, la concibió J. M. L. Maduro en memoria a su hijo George, que murió en el campo de concentración de Dachau en 1945.

⑦ Panorama Mesdag

Zeestraat 65
🕐 11.00-17.00 ma-do
📅 1 ene, 25 dic
w panorama-mesdag.com

Este ciclorama pintado es importante tanto como obra del impresionismo holandés como por ser un ejemplo único de espectáculo del siglo XIX. La enorme pintura, el lienzo circular más grande de Europa, tiene un diámetro de 120 m y cubre la pared interior de un pabellón circular cubierto. La ilusión óptica que provoca la obra transporta a los visitantes al viejo pueblo pesquero de Scheveningen.

El tremendo efecto realista de la pintura se consigue mediante un magnífico uso de la perspectiva, que ilumina la tela desde arriba. El cuadro fue pintado en 1881 por miembros de la escuela impresionista holandesa, liderada por H. W. Mesdag (1831-1915) y su mujer Sientje (1834-1909). George Hendrik Breitner (1857-1923) añadió un grupo de oficiales de caballería desfilando a caballo en la playa. En los edificios adyacentes al pabellón Panorama se realizan exposiciones temporales que muestran las obras de Hendrik y Sientje Mesdag.

Hotel des Indes

Este gran hotel, abierto desde 1884, con sus espejos de marcos dorados y grandes arañas, recuerda a la *belle époque*.

🏨 Lange Voorhout 54-56
w hoteldesindes thehague.com

Stadsvilla Hotel Mozaic

Este pequeño hotel ofrece habitaciones clásicas, decoradas con tonos monocromáticos.

🏨 Laan Copes van Cattenbuch 38-40
w mozaic.nl

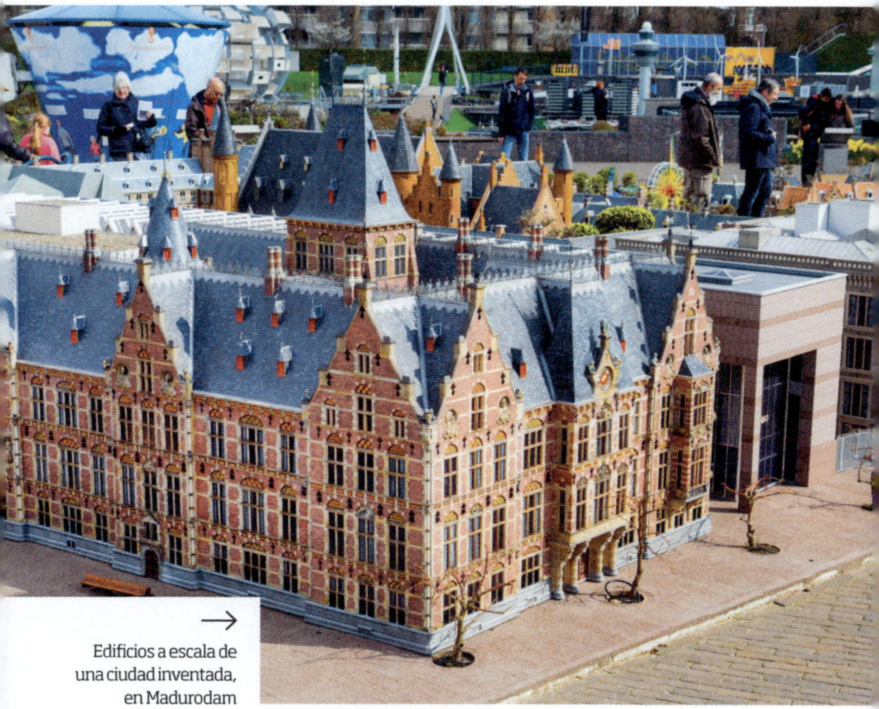

→
Edificios a escala de una ciudad inventada, en Madurodam

Restaurant des Indes

El opulento restaurante del hotel más exclusivo de La Haya *(p. 205)* sirve platos de carne y pescado clásicos, como el lenguado Dover, de inspiración francesa.

⌂ Lange Voorhout 54-56
🕒 do y lu
🌐 desindes.nl

Keraton Damai

Ubicado en una grandiosa casa señorial del siglo XIX, este restaurante ofrece una apetitosa selección de platos indonesios. Optar directamente por tomar *rijsttafel* (platos pequeños servidos con arroz) facilita la elección.

⌂ Groot Hertoginnelaan 57
🕒 lu
🌐 keratondamai.nl

---

⑧ 🚲 Ⓜ

Vredespaleis

⌂ Carnegieplein 2
🕒 Centro de visitantes: ma-do 🔒 Festivos y sesiones del tribunal
🌐 vredespaleis.nl

En 1899 La Haya albergó la primera conferencia internacional de paz. Esto llevó después a la creación del Tribunal Permanente de Arbitraje, cuya finalidad era la de mantener la paz mundial. Para proporcionar unas augustas instalaciones al tribunal, el filántropo escocés Andrew Carnegie (1835-1919) donó un millón y medio de dólares para la construcción del Vredespaleis (palacio de la Paz), que imita el estilo gótico, diseñado por el arquitecto francés Louis Cordonnier.

El enorme palacio se terminó en 1913, y muchas de las naciones miembro del tribunal contribuyeron a su decoración interior. En la actualidad, el Vredespaleis es la sede del Tribunal Internacional de Justicia de las Naciones Unidas, que se constituyó en 1946 como sucesor del Tribunal Permanente de Arbitraje. El lugar cuenta con un centro de visitantes, pero el edificio abre solo a las visitas guiadas. Para horarios y entradas conviene consultar la página web.

---

⑨ 🚲 Ⓜ

Galerij Prins Willem V

⌂ Buitenhof 33 🕒 Consultar detalles en la página web
🌐 galerijprinswillemv.nl

En su juventud, el príncipe Guillermo V era un coleccionista de pintura del siglo XVII. Su colección fue abierta al público en 1774 dentro de esta antigua posada, que el príncipe reformó para usarla como su *kabinet* (voz neerlandesa del siglo XVIII para denominar una galería de arte). La Galerij Prins Willem V es la galería de arte más antigua de los Países Bajos. La moda que imperaba en el

↑ Paredes repletas de cuadros, Galerij Prins Willem V

Vredespaleis, la sede del Tribunal Internacional de Justicia ↓

↑ Admirando *Evolución,* de Mondrian, Kunstmuseum Den Haag

siglo XVIII de cubrir por completo las paredes con lienzos se ha conservado, por lo que los cuadros están colgados demasiado altos y juntos. Muchos son compras originales del príncipe Guillermo. Hay obras de los grandes maestros como Rembrandt, Jan Steen y Paulus Potter (1625-1654) en una colección dedicada principalmente a paisajes típicos del siglo XVII holandés, pintura de género (*p. 129*), piezas de conversación y recreaciones de importantes sucesos históricos.

Kunstmuseum Den Haag

⌂ Stadhouderslaan 41
🕙 10.00-17.00 ma-do
🚫 1 ene, 25 dic 🆆 kunst museum.nl

El Kunstmuseum es uno de los mejores museos de la ciudad. El precioso edificio fue la última obra de H. P. Berlage, padre del movimiento arquitectónico conocido como la Escuela de Ámsterdam (*p. 31*). El museo se acabó en 1935, un año después de su muerte, y es de ladrillo claro con dos plantas alrededor de un patio central, y cada sala recibe luz solar.

La exhibición está dispuesta en tres secciones. Lo mejor de la espléndida sección de artes aplicadas incluye cerámica antigua de Delft, porcelana islámica y asiática y la mayor colección de pintura de Piet Mondrian del mundo.

Los trajes datan desde el siglo XV al XIX y son demasiado frágiles para estar siempre expuestos, pero algunos se exhiben a menudo.

El laberíntico sótano acoge las Wonderkamer (Salas Maravillosas), con obras estrafalarias de todas las colecciones, dirigidas sobre todo a los adolescentes.

Con una media de 35 exposiciones temporales al año, el Kunstmuseum cambia constantemente su programación. En la extensa agenda de exposiciones siempre hay algo para todos los públicos, con temas tan diversos como cuál fue el papel del color negro en la historia de la moda, o las esculturas cubistas de Picasso. Basta con comprar una entrada *online* y, antes de ir, descubrir en profundidad temas interesantes.

TRIBUNAL INTERNACIONAL DE JUSTICIA

La Haya es famosa en todo el mundo por ser la sede del Tribunal Internacional de Justicia, el tribunal supremo de las Naciones Unidas. Los 15 jueces del tribunal son elegidos para un período de nueve años por la Asamblea General y el Consejo de Seguridad de las Naciones Unidas, y su tarea es resolver conflictos legales entre estados miembros de la ONU. Se la suele confundir con el Tribunal de Justicia de la Unión Europea, con sede en Luxemburgo, y el Tribunal Europeo para los Derechos Humanos, en Estrasburgo.

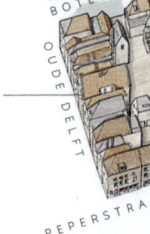

DELFT

📍 S4   🚗 50 km al SO de Ámsterdam
🚆 Delft   ℹ️ Stationsplein 7; indelft.nl/en

La encantadora ciudad de Delft es conocida en todo el mundo por su cerámica azul y blanca, pero también por ser el lugar de sepultura de Guillermo de Orange (1533-1584) y la cuna del artista Jan Vermeer (1632-1675).

Los orígenes de Delft datan de 1075 y su prosperidad dependía de los tejidos y la elaboración de cerveza. Una enorme explosión en el arsenal nacional destruyó gran parte de la ciudad medieval en octubre de 1645, y el centro fue reconstruido a finales del siglo XVII. La vieja y tranquila ciudad ha cambiado poco desde entonces; los canales todavía están flanqueados por casas góticas y renacentistas. La actividad se concentra en la plaza del mercado, rodeada por el Stadhuis y la Nieuwe Kerk. Los visitantes pueden recorrer las numerosas tiendas de anticuarios y cerámica de Delft.

CONSEJO DK
Cerámica de Delft

En vez de comprar esta famosa cerámica pintada a mano en las caras tiendas del centro de la ciudad, se puede ir directamente a una fábrica local. Se pueden visitar y sus tiendas suelen tener precios razonables.

Plano del centro de Delft, con sus dos iglesias emblemáticas

SCHOOLSTRAAT

ST AGATHA PLEIN

HIPPOLYTUSBUURT

OUDE DELFT

NIEUWSTRAAT

EL ASESINATO DE GUILLERMO DE ORANGE

En 1581 Felipe II declaró proscrito a Guillermo de Orange *(p. 55)* y ofreció una recompensa de 25.000 coronas por su cabeza. Balthasar Gérard, disfrazado como un noble francés, se ganó la confianza de Guillermo. El 10 de julio de 1584 Gérard mató a Guillermo, disparándole en su casa de Delft que, hoy en día, alberga el Stedelijk Museum Het Prinsenhof. Las siluetas proyectadas recrean el asesinato.

Capilla de St. Hippolytus (1396)

Oude Delft está flanqueada por casas de los canales renacentistas.

BOTER BRUG

OUDE DELFT

PEPERSTRAAT

↑ El magnífico órgano, en el interior blanquecino de la Oude Kerk, donde están las tumbas de ciudadanos prominentes de Delft

↑ La fachada de Vleeshal, el antiguo mercado de Carne, cuyas cabezas de animales lo distinguen de los edificios colindantes

¿Lo sabías?

El apodo de Vermeer, la esfinge de Delft, se debe a lo poco que se sabe sobre su vida.

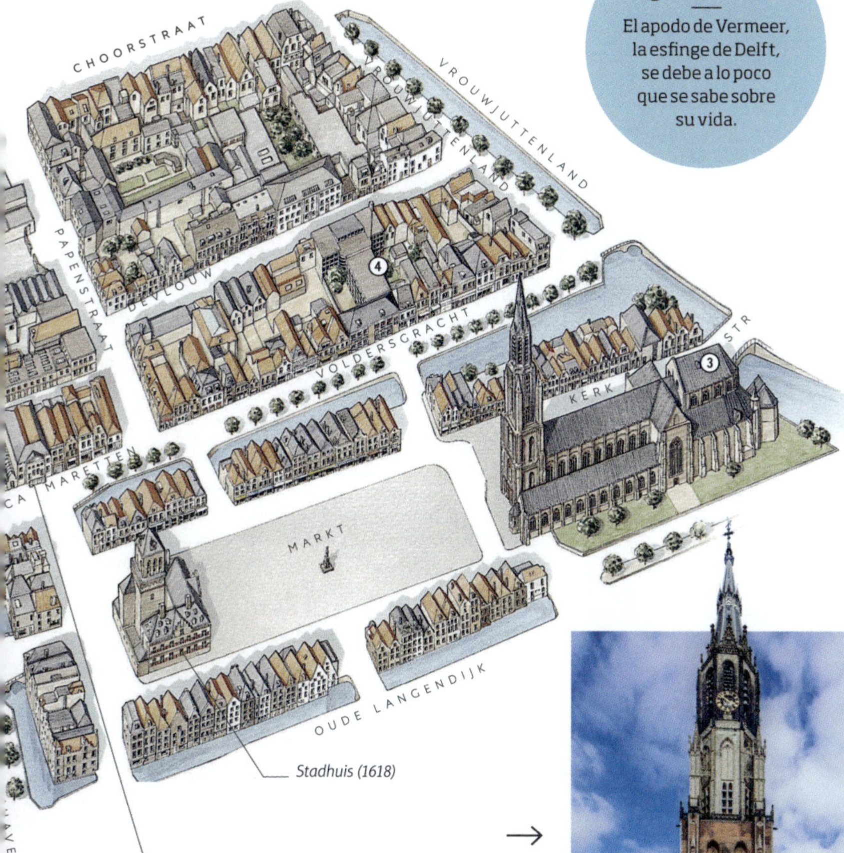

CHOORSTRAAT

VROUWJUTTENLAND

PAPENSTRAAT

DEVLOUW

④

VOLDERSGRACHT

KERK

STR

③

MARETTEN

MARKT

OUDE LANGENDIJK

Stadhuis (1618)

Vleeshal (1650)

② Royal Delft Museum (1,6 km)
↓

La torre de P. J. H. Cuypers corona la Nieuwe Kerk, construida en irregulares arrebatos de actividad a lo largo de muchos años

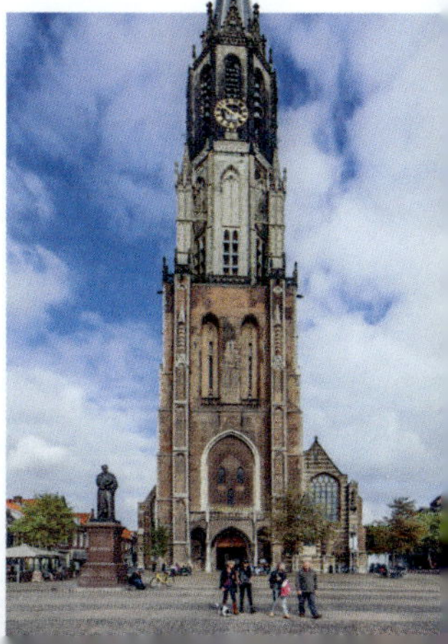

El campanario de la
Oude Kerk, visto desde
uno de los muchos y
bonitos canales de Delft

Oude Kerk

🏠 **Heilige Geestkerkhof**
🕐 **Nov-ene: 11.00-16.00 lu-vi, 10.00-17.00 sá; feb-oct: 10.00-17.00 lu-sá** 🌐 **onkd.nl**

En este lugar se levanta una iglesia desde el siglo XI, pero el edificio original ha sufrido muchas ampliaciones. La torre del reloj, ahora con una pronunciada inclinación, fue construida en el siglo XIV y el crucero norte, de estilo gótico flamígero, fue añadido a principios del siglo XVI. En el interior destaca el elaborado púlpito de madera tallada con doselete. La sencilla lápida de piedra en el extremo este de la nave norte marca la tumba de Johannes Vermeer. En el crucero norte está enterrado el almirante Maarten Tomp (1598-1653), que derrotó a la flota inglesa en 1652.

Royal Delft Museum

🏠 **Koninklijke Porceleyne Fles, Rotterdamseweg 196**
🕐 **9.00-17.00 diario**
📅 **1 ene, 25 y 26 dic**
🌐 **royaldelft.com**

En su momento llegó a haber más de 30 fábricas de cerámica en la zona. De Porceleyne Fles, fundada en 1653, es una de las pocas fábricas que todavía producen la típica cerámica blanca con delicada decoración azul pintada a mano conocida como cerámica de Delft. En la visita, que incluye un recorrido por la fábrica, se tiene la oportunidad de ver a los artistas trabajando.

El museo expone piezas producidas en la fábrica desde sus inicios hasta la actualidad. En la Hacienda Real se muestra la cerámica diseñada especialmente para la familia real holandesa.

La fábrica también ofrece la oportunidad de inscribirse en un taller de decoración de cerámica al estilo de Delft, para que el visitante pueda realizar sus propias creaciones. Hay una cafetería donde se sirve el té con pastas en fina cerámica azul y blanca.

Nieuwe Kerk

🏠 **Markt** 🕐 **Nov-ene: 11.00-16.00 lu-vi, 10.00-17.00 sá; feb-oct: 10.00-17.00 lu-sá**
🌐 **onkd.nl**

La Nieuwe Kerk, situada en la plaza del mercado, enfrente del ayuntamiento, se construyó entre 1383 y 1510, pero gran parte de la estructura original hubo de ser restaurada en 1536 tras un incendio y

CERÁMICA DE DELFT

La cerámica azul y blanca, conocida como cerámica de Delft, evolucionó a partir de la mayólica y se introdujo en los Países Bajos en el siglo XV por artesanos inmigrantes italianos. Estos, instalados alrededor de Delft y Haarlem, fabricaban azulejos, con motivos decorativos holandeses como animales y flores. El comercio con Oriente trajo a los Países Bajos la porcelana china, y el mercado de la mayólica holandesa, más basta, cayó. Para 1650, los artesanos locales habían adoptado el modelo chino y diseñaban platos, jarrones y tazones decorados con paisajes holandeses, y escenas bíblicas y de género.

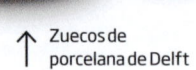

↑ Zuecos de porcelana de Delft

→ Maqueta de un galeón, en el Stedelijk Museum Het Prinsenhof

en 1654 tras la explosión del arsenal nacional. Las obras en la iglesia siguieron y en 1872 P. J. H. Cuypers añadió la escultural torre de 100 m. Para subir los 376 escalones de la torre hay que comprar una ficha en la iglesia. La subida es agotadora, pero merece la pena por las espectaculares vistas de Delft y sus alredededores. La torre tiene también una bonita serie de campanas.

El panteón de la familia real holandesa está en la cripta de esta iglesia vacía y cavernosa, pero lo mejor del interior es el mausoleo de Guillermo de Orange (p. 55). La tumba, ornamentada y dispuesta en un amplio coro con arcos, fue diseñada en 1614 por Hendrick de Keyser (p. 39). Está tallada en mármol blanco y negro, con recargados detalles dorados. En el centro hay una escultura de Guillermo de Orange, resplandeciente en su traje de batalla, con figuras de bronce a cada lado: las Virtudes. Cerca de Guillermo está su perro, que murió días después que él, y al pie de la tumba hay un ángel con trompeta, símbolo de la Fama. Debido a las obras de restauración es posible que algunas partes de la iglesia estén cubiertas. Lo mejor es consultar la web de la iglesia antes.

④

Vermeer Centrum Delft

🏠 **Voldersgracht 21**
🕐 **10.00-17.00 diario**
📅 **25 dic** 🌐 **vermeerdelft.nl**

Poco se sabe sobre la vida del más famoso y enigmático artista de Delft, Johannes Vermeer (1632-1675). Este centro descubre algunos de los misterios que rodean a este personaje.

A los visitantes se les hace una introducción sobre el artista y la ciudad, en la que vivió toda su vida. En la exposición se pueden ver copias de todas sus pinturas, incluida *La joven de la perla* (1665-1667). En las plantas superiores se explican algunas de sus técnicas de pintura, sobre todo su uso de la perspectiva, el color y la luz. Las exposiciones temporales se centran en el simbolismo de su obra.

⑤

Stedelijk Museum Het Prinsenhof

🏠 **St. Agathaplein 1**
🕐 **11.00-17.00 ma-do (diario en vacaciones escolares)**
📅 **1 ene, 25 dic**
🌐 **prinsenhof-delft.nl**

Este edificio gótico, antiguamente un convento, alberga el museo de historia de Delft, pero es más conocido por ser el lugar donde fue asesinado Guillermo de Orange.

Este requisó el convento en 1572 para usarlo como cuartel general durante el Levantamiento Holandés. En 1584, por orden del rey Felipe II de España, Guillermo fue asesinado por Balthasar Gérard. Los agujeros de bala de la escalera principal aún se pueden ver.

El museo tiene una exposición de cerámica de Delft, y también tapices, platería, esculturas medievales y retratos de la familia real holandesa. El café del museo tiene una terraza en el jardín.

Huszár

Esta bonita *brasserie* en la orilla está en un espacio industrial hábilmente rediseñado. Su menú es a base de productos locales ecológicos. Es fácil imaginarse a Vermeer sentado aquí, pintando su famosa *Vista de Delft*.

🏠 **Hooikade 13**
🌐 **huszar.nl**

7

ROTTERDAM

T4 🚗 65 km al SO de Ámsterdam 🚆 Rotterdam Centraal
✈ 6 km NO 🛈 Rotterdam Centraal station y Coolsingel 114;
rotterdam.info

El centro de Rotterdam fue devastado durante la Segunda
Guerra Mundial por su puerto. Gran parte de la ciudad fue
reconstruida con estilos experimentales, y hoy tiene una de
las arquitecturas más originales e innovadoras de Europa.

Maritiem Museum Rotterdam

🏠 Leuvehaven 1 🕐 10.00-
17.00 ma-sá, 11.00-17.00 do
🚫 1 ene, 27 abr, 25 dic
🌐 maritiemmuseum.nl

Rotterdam ocupa una posición
marítima estratégica donde el
Nieuwe Maas, principal afluente
del Rin (Rijn), desemboca en el
mar del Norte, y por eso siempre ha sido un importante
núcleo comercial. Hoy, las gabarras de Rotterdam transportan
mercancías hasta el interior del
continente, y los cargueros
transoceánicos llevan los productos europeos alrededor de
todo el mundo. Por eso Rotterdam es el sitio perfecto para un
museo dedicado a la destreza
marítima de los neerlandeses.
El museo lo fundó el príncipe
Hendrik en 1873, y entre los
principales atractivos destaca
la maqueta de navío más
antigua de Europa: una versión
en miniatura de uno de los
barcos de Colón. El puerto del
museo, con gabarras restauradas y barcos de vapor, merece una visita y se puede dar un
paseo en barco (desde med
jun hasta ago).

Los niños pueden jugar en
la zona interactiva del profesor
Splash mientras aprenden sobre barcos y sobre cómo es
trabajar en un puerto.

←

Barcos históricos
en el puerto del Maritiem
Museum Rotterdam

Markthal
Para probar comidas de
todo el mundo en este
animado mercado de
alimentación techado.

🏠 Ds. Jan Scharpstraat
298 🌐 markthal.nl

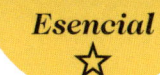

Esencial ☆

←

Los impresionantes cubículos amarillos de las Kubuswoningen

 ③

Wereldmuseum Rotterdam

🏛 Willemskade 25 🕐 10.00-17.00 ma-vi (desde 11.00 sábado) 🚫 1 ene, 27 abr, 25 dic 🌐 rotterdam.wereldmuseum.nl

La inmensa colección del Wereldmuseum refleja y celebra el rico legado cultural de los diversos habitantes de Rotterdam. El museo muestra 1.800 objetos de Indonesia, América y Asia y presenta exposiciones audiovisuales de teatro, cine, danza y música. El Superstreet Neighbours Day es una divertida exposición interactiva para niños. El café ofrece unas vistas del río espectaculares.

PASEOS EN BARCO POR EL EUROPOORT

El Europoort es la parte sur del puerto de Rotterdam que se extiende por el Nieuwe Maas, entre la ciudad y el mar del Norte. Una excursión en barco por esta zona del puerto puede ser una oportunidad única para ver algunos de los buques más grandes del mundo de cerca. Los que prefieran quedarse en tierra firme, pueden mirar cómo estos gigantes de acero cargan y descargan, directamente en el Spido (*spido.nl*), en el centro de la ciudad, en cuyos muelles se atienden alrededor de 32.000 buques de contenedores al año.

---

②

Kubuswoningen

🏛 Overblaak 70 🕐 11.00-17.00 diario 🌐 kubuswoning.nl

Gran parte de Oudehaven, los antiguos muelles de Rotterdam, la bombardearon en la Segunda Guerra Mundial, y ha sido reconstruida con estilos atrevidos y vanguardistas. El Blaaktoren, un bloque con forma de lápiz, y las vecinas Kubuswoningen (casas cubo) diseñadas por el arquitecto Piet Blom (1934-1999), se construyeron entre 1982 y 1984. Estos edificios se diseñaron para integrarse con su entorno, pero también para estimular la interacción social entre los residentes.

Las Kubuswoningen son unos apartamentos extraordinarios, sobre pilotes de hormigón e inclinados, desafiando a la gravedad. Cada cubo tiene tres plantas. La planta baja es un salón de forma triangular, con ventanas a la calle, mientras que en la segunda planta están los dormitorios, con ventanas con vistas al cielo. La planta superior tiene forma de una pirámide trilateral, con 18 ventanas y 3 trampillas, y magníficas vistas. Los residentes tienen muebles especialmente diseñados para la inclinación de los suelos.

↑ La impresionante torre de observación Euromast, en Parkhaven

 **④**

Euromast

🏠 **Parkhaven 20** 🕐 **Abr-sep: 9.30-22.00 diario; oct-mar: 10.00-22.00 diario** 🌐 **euromast.nl**

Esta estructura futurista ofrece una increíbles vistas de Rotterdam. Su primera sección de 100 m de altura, edificada en 1960, cuenta con una plataforma panorámica y un restaurante. En 1970 la Torre del Espacio se extendió otros 85 m, convirtiéndose en una de las construcciones más altas de los Países Bajos. En la parte exterior hay una cabina que asciende 58 m desde la plataforma.

Todos los fines de semana entre mayo y septiembre los visitantes más atrevidos de Rotterdam pueden descender haciendo rápel los 185 m de la Euromast. Un ascensor asciende en unos minutos, pero el descenso desde lo más alto supone unos 15 minutos. Los adictos a la adrenalina estarán acompañados por un instructor y deben ser mayores de 16 años. La entrada incluye el acceso a la Euromast.

 ⑤

Kunsthal

🏠 **Westzeedijk 341.** 🕐 **10.00-17.00 ma-sá, 11.00-17.00 do y festivos** 🌐 **1 ene, 27 abr, 25 dic** 🌐 **kunsthal.nl**

Desde el traje y el arte hasta los inventos y la fotografía, el Kunsthal ofrece interesantes exposiciones que alternan entre el arte culto tradicional y la cultura pop. No tiene una exposición permanente.

El llamativo edificio fue diseñado en 1998 por el Rem Koolhaas de Rotterdam, entre cuyos trabajos está la sede central de la Televisión China en Beijing. Su innovador uso de materiales, como el plástico ondulado y una viga de color naranja que asoma desde el tejado, atraen mucho la atención.

 ⑥

Nederlands Fotomuseum

🏠 **Gebouw Las Palmas, Wilhelminakade 332** 🕐 **11.00-17.00 ma-do** 🌐 **1 ene, 27 abr, 25 dic** 🌐 **nederlands fotomuseum.nl**

Las Palmas, un antiguo almacén restaurado en el corazón de la antigua zona industrial de Rotterdam, alberga el Museo Holandés de Fotografía, que cuenta con impresionantes archivos de fotógrafos holandeses. En las fascinantes exposiciones se pueden comparar

y contrastar estos trabajos con los de otros fotógrafos internacionales. Los visitantes pueden adquirir copias en la tienda del museo.

⑦

Museum Boijmans Van Beuningen

🏛 Museumpark 18–20
🕐 11.00-17.00 ma-do
🔧 Por reforma hasta 2029; Almacén Boijmans Van Beuningen: 11.00-17.00 ma-do 🌐 boijmans.nl

El museo debe su nombre a dos entendidos en arte, F. J. O. Boijmans, que legó sus cuadros a Rotterdam en 1847, y D. G. van Beuningen, cuyos herederos donaron su colección al

¡Lo sabías?

Con una extensión de 105 km², el puerto de Rotterdam es el más grande de Europa.

Estado en 1958. La colección resultante es una de las mejores de los Países Bajos.

Conocida por las series de pinturas de los viejos maestros, la colección cubre toda la historia del arte, incluyendo las obras de la Edad Media de Jan van Eyck , exquisitos objetos de cristal, cuadros surrealistas y arte contemporáneo.

Para las obras de Brueghel y Rembrandt hay que ir a la colección de los Maestros Antiguos, y para Dalí y Magritte, buscar la sección de Arte: siglo XVIII-1945.

Durante el período de reformas, las obras más destacadas se expondrán en diferentes museos de Rotterdam y otras ciudades. Consultar los detalles en la página web. Mientras tanto, el cautivador Almacén Boijmans Van Beuningen, el edificio de almacenamiento del museo, está al lado del edificio principal y está abierto al público. Vale la pena perderse entre los tesoros ocultos de esta estructura, que recuerda a una gigantesca maceta, y disfrutar de las espectaculares vistas desde el jardín de la azotea.

JOYAS DEL BOIJMANS VAN BEUNINGEN

Torre de Babel (c. 1556)
El famoso rascacielo del Antiguo Testamento, según Pieter Brueghel.

El vendedor ambulante (c. 1502)
Alegoría de la tentación humana, del Bosco.

Tito en su escritorio (1655)
Rembrandt retrató aquí a su frágil hijo.

Las tres Marías en el sepulcro (c. 1425-1435)
La escena bíblica de Jan y Hubertus van Eyck.

Projet pour la toile "Premier Amour" (1952)
El cuadro abstracto de geometría irregular de Man Ray.

Vista panorámica de la moderna arquitectura de Rotterdam, desde la torre Euromast

Barco pasando junto a una
terraza en uno de los muchos
embarcaderos de Utrecht ↑

8

UTRECHT

 U4 57 km al SE de Ámsterdam Utrecht Centraal
Domplein 9; discover-utretch.com

El centro urbano de Utrecht conserva muchas iglesias
y conventos medievales junto a edificios modernos y un
enorme complejo comercial. La ciudad está atravesada
por el Oudegracht (canal Viejo), flanqueado por anchos
muelles con bodegas ocupadas por cafés y tabernas.

①

Domkerk

Achter de Dom 1
Diario domkerk.nl

La catedral comenzó a
construirse en 1254. Solo se
conservan los cruceros norte y
sur, dos capillas y el coro, junto
con el claustro del siglo XV y
una sala capitular (1495), que
ahora forma parte de la
universidad.

Fuera de la iglesia hay una
enorme roca que data del
980, cubierta con runas,
regalo del pueblo danés en
1936 para recordar la cris-
tianización de Dinamarca
por parte de misioneros de
Utrecht.

La Domtoren, de 112 m
de altura, siempre estuvo
apartada de la propia catedral.

②

Museum Catharijneconvent

Lange Nieuwstraat 38
10.00-17.00 ma-vi, de
11.00 sá, do y festivos
1 ene, 27 abr
catharijneconvent.nl

Este bello edificio, antiguo convento carmelita de Santa Cata-
lina fundado en 1468, alberga
arte religioso desde la Edad
Media hasta la actualidad. Vis-
tosos retablos, pinturas religiosas y estatuas forman parte de
la colección permanente. El tesoro reúne una hermosa variedad de objetos preciosos, libros
miniados, relicarios y vestuario
bordado. Las exposiciones
temporales abordan temas relacionados con su, a menudo,
tumultuosa historia.

③

Museum Speelklok

Buurkerk on Steenweg 6
10.00-17.00 ma-do (diario
durante vacaciones
escolares) 1 ene,
27 abr, 25 dic
museumspeelklok.nl

Es un lugar mágico que alberga
una colección de instrumentos
musicales mecánicos desde el
siglo XVIII hasta nuestros días.
Hay ruidosos órganos de feria
compitiendo con cajas de
música, relojes, carillones,
pianolas y el piar de pájaros
autómatas. Durante la visita
guiada, donde se pueden tocar,
se anima al visitante a cantar y
bailar. En el taller se puede
contemplar la restauración de
instrumentos.

Meneer Smakers

En este luminoso y
acogedor restaurante
del canal se preparan
hamburguesas
artesanales.

Oudegracht 116
meneersmakers.nl

→ Una niña abraza a la conejita Miffy, en el Nijntje Museum

④

Nederlands Spoorwegmuseum

🏠 Maliebaanstation
🕐 10.00-17.00 ma-do y festivos (diario durante vacaciones escolares)
🚫 27 abr 🌐 spoorweg museum.nl

La sede central de la compañía del ferrocarril holandés está en Utrecht, por lo que la ciudad cuenta con un magnífico museo del ferrocarril.

Dentro del museo hay accesorios ferroviarios modernos, y fuera se pueden explorar locomotoras de vapor, vagones, tranvías y cinco trenes del mundo temáticos.

La sección Dream Journeys con actores disfrazados, recrea un viaje en el legendario Orient Express, desde París hasta Constantinopla, evocando el romanticismo y el glamour de la era de vapor.

---

⑤

Nijntje Museum

🏠 Agnietenstraat 2 🕐 10.00-17.00 ma-do 🚫 1 ene, 27 abr, 25 dic 🌐 nijntjemuseum.nl

Se puede reservar *online* la entrada al popular Nijntje Museum, dedicado a la conejita *(nijntje)* Miffy, famosísima en los Países Bajos, y a su creador, Dick Bruna (1927-2017).

En el interior, los niños pueden explorar 10 espacios temáticos, inspirados en los caracteres de los muchos libros infantiles de Bruna, escuchar sus cuentos o visitar un taller creativo. Una experiencia didáctica y divertida, sin ser demasiado cursi o comercial.

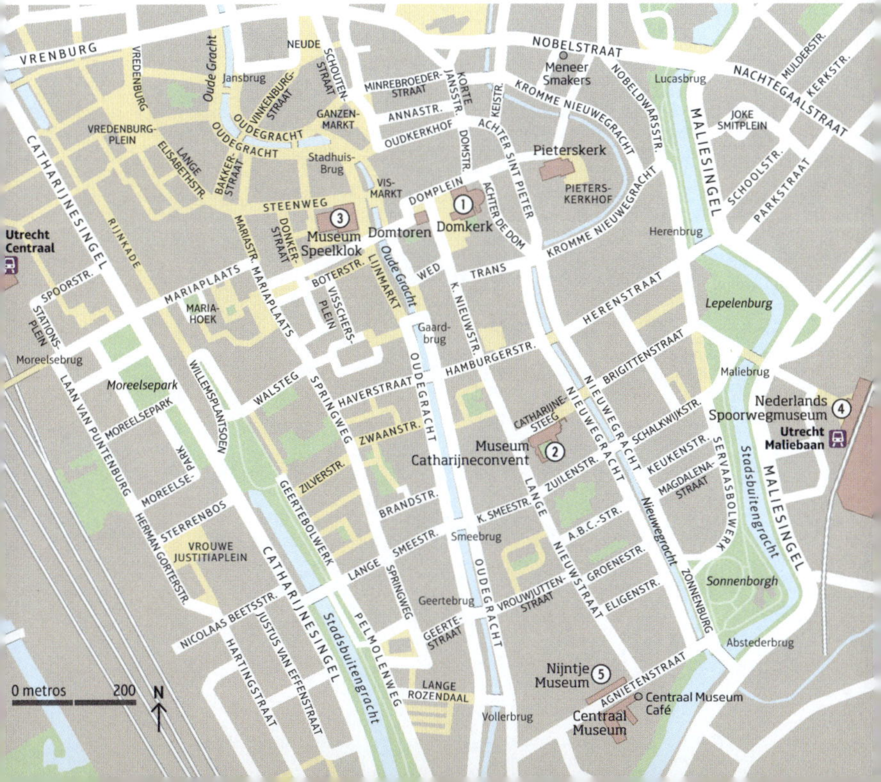

Map of Utrecht centre showing locations: Museum Speelklok (3), Domkerk (1), Museum Catharijneconvent (2), Nederlands Spoorwegmuseum (4), Nijntje Museum (5). Street grid with Utrecht Centraal and Utrecht Maliebaan stations marked.

0 metros 200 N

9

PALEIS HET LOO

U3 ⌂ 85 km al SE de Ámsterdam; Koninklijk Park 1, Apeldoorn
🚍 Apeldoorn, después autobús 304 ⏰ 10.00-17.00 ma-do (diario en vacaciones escolares) 🚫 1 ene 🌐 paleishetloo.nl

La fachada clásica de este palacio, considerado el Versalles de los Países Bajos, oculta la gran opulencia de su lujoso interior. No hay que perderse los jardines y la colección de carruajes antiguos en los establos.

Guillermo de Orange (reinado 1698-1702), el estatúder de la República Neerlandesa, construyó Het Loo en 1686 como pabellón real de caza. Durante generaciones, la casa de Orange lo utilizó como palacio de verano. El arquitecto principal fue Jacob Roman (1640-1716); de la decoración interior y la disposición de los jardines se encargó Daniel Marot (1661-1752). Las audioguías llevan a los visitantes por las estancias de Guillermo de Orange y su esposa, María, así como por las salas ocupadas por la reina Guillermina y su esposo, Hendrik, entre 1890 y 1948.

Dormitorio de la princesa María

Antiguo comedor

Dormitorio del rey Guillermo III de los Países Bajos

Las paredes del vestidor de Guillermo de Orange (1690) están revestidas con púrpura rayada y damasco escarlata y su gabinete privado aún alberga sus cuadros y piezas de porcelana de Delft favoritas.

Jardín del rey

Entrada principal

↑ El magnífico Paleis Het Loo, con sus hermosos jardines

↑ La bandera neerlandesa ondea sobre el Paleis Het Loo y sus solemnes jardines

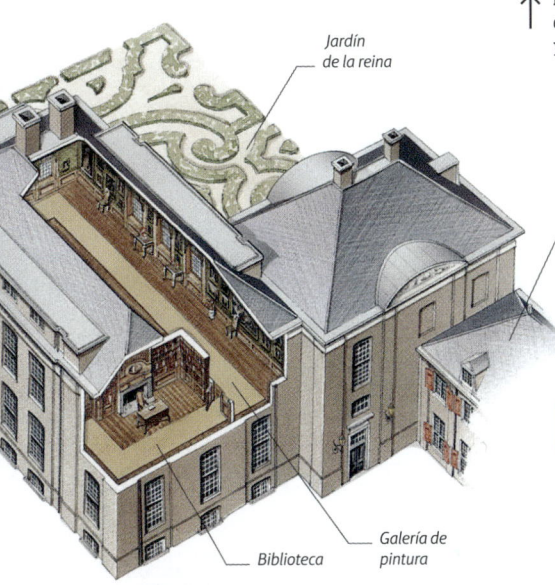

Jardín de la reina

El ala este alberga una exposición sobre la familia real holandesa.

¿Lo sabías?

El palacio acoge un fin de semana de mayo o junio el Royal Horsepower Show.

Biblioteca

Galería de pintura

1

2

3

① El lujoso dormitorio del rey Guillermo III de los Países Bajos (reinado 1849-1890) tiene la cama original en la que durmió, incrustada de marfil y madreperlas.

② La combinación de plantas, fuentes y esculturas de estilo clásico refleja la creencia del siglo XVII de que las artes y la naturaleza debían coexistir en armonía.

③ Las paredes de mármol del viejo comedor (1686) tienen tapices con escenas de los poemas de Ovidio. La sala alberga bustos de Guillermo de Orange y su esposa, María.

GUÍA ESENCIAL

ANTES
DE PARTIR

La planificación es esencial para que el viaje sea un éxito. Hay que estar preparado para cualquier situación, teniendo en cuenta los siguientes datos antes de viajar.

DE UN VISTAZO

MONEDA
Euro (EUR)

GASTO MEDIO DIARIO

BAJO	MEDIO	ALTO
80 €	175 €	+250 €

AGUA MINERAL	CAFÉ	CERVEZA	CENA PARA DOS
2,50 €	3,50 €	5,50 €	75 €

FRASES ÚTILES

Hola	Hallo
Adiós	Dag
Por favor	Alstublieft
Gracias	Dank u
Lo siento	Sorry
No comprendo	Ik snap het niet

ENCHUFES
Los enchufes son de tipo C y F, con dos clavijas. La tensión es de 230 V.

Documentación

Para conocer los requisitos de entrada, incluidos visados, hay que consultar la embajada holandesa más próxima o la página web **Países Bajos y tú**. Los ciudadanos de la UE no necesitan visado para estancias de hasta tres meses con fines turísticos.
Países Bajos y tú
🅦 paisesbajosytu.nl

Consejos oficiales

Es importante tener en cuenta los consejos oficiales antes de viajar. Se pueden consultar las recomendaciones sobre seguridad, sanidad y otras cuestiones importantes tanto en la web del **Ministerio de Asuntos Exteriores de España** como en la del **Gobierno de los Países Bajos.**
Gobierno de los Países Bajos
🅦 government.nl
Ministerio de Asuntos Exteriores de España
🅦 exteriores.gob.es

Información de aduanas

La web del **Gobierno de los Países Bajos** ofrece información relativa a la legislación sobre bienes y divisas que se pueden introducir o sacar de los Países Bajos.

Seguros de viaje

Es recomendable contratar un seguro completo que cubra robos, pérdida de pertenencias, problemas médicos, cancelaciones y retrasos, y leerse la letra pequeña. Los ciudadanos de la UE tienen derecho a atención sanitaria urgente de modo gratuito en los Países Bajos si presentan la **Tarjeta Sanitaria Europea (TSE)** en vigor. Para los visitantes que viajen desde fuera de la UE es necesario un seguro médico privado.
Tarjeta Sanitaria Europea (TSE)
🅦 seg-social.es

Vacunas

En los Países Bajos no son necesarias vacunas. Para más información sobre los requisitos de

vacunación contra la COVID-19, consultar los consejos oficiales.

Reservas de alojamiento

Los alojamientos se llenan durante la temporada alta y los precios tienden a subir, así que es conveniente reservar el hospedaje con antelación. La página web **I amsterdam** *(p. 228)* dispone de un listado de alojamientos. Los visitantes deben abonar una tasa turística del 12,5% de la tarifa de pernoctación.

I amsterdam
w iamsterdam.com/es

Dinero

La mayoría de los establecimientos aceptan las principales tarjetas de crédito, débito y prepago; no obstante, nunca está de más llevar encima algo de dinero en metálico. La forma de pago *contactless* es ampliamente aceptada.

Las propinas deben ser de entre el 5 y el 10% de la factura; los mozos de hoteles y los camareros de piso esperan recibir 1 € por bulto o día.

Viajeros con necesidades específicas

A pesar de los sinuosos canales y las calles adoquinadas, Ámsterdam es una ciudad sorprendentemente accesible. **Accessible Travel Netherlands** reseña las condiciones de accesibilidad y comodidad de restaurantes, comercios, medios de transporte y edificios públicos de la ciudad.

El servicio de asistencia en el **aeropuerto de Schiphol** es gratuito, pero hay que reservarlo al mismo tiempo que el vuelo.

Las principales estaciones de tren cuentan con guías táctiles y rampas móviles, y un asistente o acompañante puede viajar de forma gratuita con el servicio de **NS Travel Assistance.** Muchos trenes disponen de puertas acondicionadas para sillas de ruedas y los trenes de dos plantas tienen también aseos adaptados. Todos los pasos para peatones están equipados con sistemas acústicos para personas invidentes.

Aeropuerto de Schiphol
w schiphol.nl/en/page/extra-assistance
Accessible Travel Netherlands
w accessibletravelnl.com
NS Travel Assistance
w ns.nl/en/travel-information/traveling-with-a-functional-disability

Idioma

El holandés es la lengua oficial que se habla en Ámsterdam, pero los holandeses tienen un excelente nivel de inglés. Preguntarle a un holandés si habla inglés puede ser considerado descortés, ya que implicaría un bajo nivel de educación.

Horarios

La pandemia de **COVID-19** demostró que todo puede cambiar repentinamente. Antes de visitar museos, monumentos u otros lugares de interés consulte los horarios actualizados y las formalidades de reserva.

Lunes Algunos lugares de interés cierran.

Domingo Algunas tiendas cierran temprano.

Festivos Muchos lugares de interés cierran temprano.

DÍAS FESTIVOS

1 ene	Año Nuevo
mar/abr	Viernes Santo
mar/abr	Domingo de Pascua
mar/abr	Lunes de Pascua
27 abr	Día del Rey
5 may	Día de la Liberación
may/jun	Día de la Ascensión
may/jun	Domingo de Pentecostés
may/jun	Lunes de Pentecostés
25 dic	Navidad
26 dic	Día de San Esteban

LLEGADA Y DESPLAZAMIENTOS

Tanto si se trata de una escapada de fin de semana o de una estancia más larga, aquí está toda la información para llegar mejor al destino y viajar como un profesional.

DE UN VISTAZO

PRECIO DEL TRANSPORTE PÚBLICO

Los billetes son válidos para todos los medios de transporte público de Ámsterdam.

SENCILLO

3,20 €

Válido para 1 hora, transbordos incluidos

ABONO DE 1 DÍA

9,00 €

Viajes ilimitados, de día y de noche

ABONO DE 3 DÍAS

21,00 €

Viajes ilimitados, de día y de noche

LÍMITES DE VELOCIDAD

AUTOPISTA

100 km/h

AUTOVÍA

100 km/h

CARRETERAS NACIONALES

80 km/h

ZONAS URBANAS

50 km/h

Llegada en avión

El aeropuerto de Ámsterdam, Schiphol, es uno de los nudos principales de transporte aéreo para destinos de todo el mundo. Schiphol está perfectamente conectado con el centro urbano a través de tren, autobús y taxi. También hay compañías de alquiler de vehículos, aunque conducir por Ámsterdam no es muy recomendable *(p. 226)*. Véase la tabla en la siguiente página para conocer la duración del trayecto entre el aeropuerto y el centro de la ciudad.

Schiphol Travel Taxi es un servicio de taxi compartido que se puede reservar *online*, para uso individual o compartido si se quiere rebajar la tarifa. La tarifa compartida empieza con 48 € por el viaje de ida y 96 € por ida y vuelta. El trayecto compartido puede durar más tiempo, ya que puede hacer alguna parada antes de llegar a su destino.

Connexxion ofrece un servicio de autobús rápido desde el aeropuerto hasta el centro de Ámsterdam, el Amsterdam Airport Express. Se puede reservar un billete por adelantado en la página web, o subir y bajar utilizando una OV-chipkaart o una tarjeta bancaria *(p. 226)*. La línea 397 funciona todo el día (cada 10-15 minutos de 5.27 a 23.45). El autobús nocturno N97 pasa cada hora de 1.19 a 4.19.

Connexxion
🆆 connexxion.nl

Schiphol Travel Taxi
🆆 schipholtraveltaxi.nl

Barcos y ferris

Logitravel opera un crucero a bordo del Costa Firenze, provisto con 18 cubiertas y capacidad para 5.200 pasajeros. Se parte desde Barcelona y se visita Marsella, Savona, Ajaccio, Tarragona, Cádiz, Lisboa, La Coruña, Le Havre, Zeebrugge, Rotterdam, Skagen y finalmente se desembarca en Kiel (Alemania).

Logitravel
🆆 logitravel.com

TRANSPORTE AL AEROPUERTO

Transporte	Duración	Precio medio
Amsterdam Airport Express	30 minutos	6,50 €
Schiphol Travel Taxi	desde 30 minutos	54 €
Taxi	desde 30 minutos	40-60 €
Tren (Sprinter o Intercity)	15-20 minutos	4,90 €

Autobuses de larga distancia

Los autobuses de larga distancia son una opción barata para viajar. **Flixbus** ofrece numerosas conexiones entre Ámsterdam y Madrid, Barcelona y otras ciudades europeas, como Londres, París y Berlín. Hay descuentos para niños y estudiantes.

Flixbus
W flixbus.co.uk

Viajar en tren

Viajes de tren internacionales

Trenes internacionales de alta velocidad conectan regularmente la Centraal Station de Ámsterdam, el principal núcleo de transportes de la ciudad, con otras grandes ciudades europeas. Para este tipo de servicio, es esencial reservar con anticipación.

Los billetes y abonos para trayectos internacionales múltiples se pueden adquirir a través de **Eurail** o **Interrail,** pero cabe la posibilidad de tener que abonar un recargo adicional por la reserva, según el servicio que se utilice. Antes de subir hay que asegurarse de que el billete es válido para el servicio que se piensa utilizar. El uso de un billete incorrecto puede acarrear una multa.

Thalys opera trenes de alta velocidad entre París, Bruselas y Ámsterdam 10-12 veces al día. Se recomienda buscar ofertas especiales, paquetes y viajes *last minute* a mitad de precio.

NS International también opera trenes de alta velocidad entre Bruselas, Amberes, Breda, Rotterdam y Ámsterdam.

Los estudiantes y viajeros menores de 26 años tienen descuento. Para más información consultar las páginas web de **Eurail** o **Interrail.**

Eurail
W eurail.com

Interrail
W interrail.eu
NS International
W nsinternational.nl
Thalys
W thalys.com

Trenes regionales

La red de ferrocarriles neerlandesa está operada por Nederlandse Spoorwegen **(NS).**

El Centro de Servicio de la NS está situado en la sala oeste de la Centraal Station y da información sobre todos los trayectos ferroviarios, incluyendo actualizaciones en tiempo real, información sobre retrasos y cambios de horarios.

Más allá de los límites urbanos, la NS ofrece muchas excursiones de un día a distintos destinos de todo el país. El billete suele incluir un vale para la comida y entrada reducida a muchos museos y lugares de interés de Ámsterdam.

Los billetes se pueden comprar *online* o en las máquinas de color amarillo, situadas en las entradas de la Centraal Station.
NS
W ns.nl/en

Transporte público

GVB es el sistema integrado de transporte público de Ámsterdam. En la página web de GVB se pueden consultar medidas de seguridad e higiene, horarios, información sobre billetes, planos de transporte y demás.

9292 ofrece información sobre todos los medios de transporte, tanto dentro de la ciudad como en el resto de los Países Bajos, pero no es posible hacer reservas.
9292
W 9292.nl/en
GVB
W gvb.nl/en

Billetes

Para utilizar el metro, el tranvía o el autobús es necesario hacerse con una OV-chipkaart. Hay dos tipos: una es desechable, válida para un viaje de 1 hora o de 1 a 7 días, y la otra es recargable. Las dos se pueden comprar en las máquinas de las estaciones, en las taquillas de la GVB, y en algunos supermercados y puntos de venta de OV-chipkaart. Las tarjetas recargables se pueden rellenar.

Para validar un viaje hay que colocar la OV-chipkaart ante uno de los lectores de tarjetas de color gris, al entrar y salir del metro.

En todos los medios de transporte se cobra el mismo precio.

La OV-chipkaart deja de utilizarse a finales de 2025. El nuevo sistema **OV Pay** permite a los pasajeros subir y bajar del transporte público con una tarjeta de débito o crédito.

Los niños menores de 4 años viajan gratis. Las OV-chipkaarten personalizadas, con descuento para personas mayores y niños de entre 4 y 11 años, se pueden comprar en las oficinas de GVB.

OV Pay

w ovpay.nl

Autobuses

La mayoría de los autobuses urbanos sale de la Centraal Station hacia distintos barrios de la ciudad, y comparte las paradas con los tranvías.

Los autobuses nocturnos, cuyos números de línea empiezan por N, circulan toda la noche cada hora entre semana y cada media hora los fines de semana. Tarifas a partir de 4,70 €.

Tranvías

Las líneas más útiles circulan hacia el sur desde la Centraal Station (2, 4, 12, 13, 14, 17), separándose una vez pasado el Singel. Los tranvías circulan desde las 6.00 entre semana y las 7.00 los fines de semana hasta pasadas las 24.00, cuando empiezan los buses nocturnos.

Metro

El metro de Ámsterdam tiene cinco líneas, tres de las cuales empiezan y acaban en la Centraal Station. El centro urbano cuenta con siete estaciones. Desde Amsterdam CS (Centraal Station) salen las líneas que van al este (51, 53, 54), con paradas en Nieuwmarkt, Waterlooplein y Weesperplein, o bien la de Noord/Zuidlijn (52) hacia Rokin, Vijzelgracht y De Pijp.

Taxis

Los taxis oficiales tienen matrículas azules y el número de licencia en el parabrisas. El taxímetro es obligatorio. Los taxis no se paran con la mano, sino en las paradas oficiales *(kwaliteitstaxistandplaatsen),* en las principales estaciones y plazas, o cerca de los lugares de interés turístico. En Ámsterdam también funcionan compañías como

Uber. **Amsterdam Taxi Online, Sneltaxi** y **TCA Taxicentrale** se pueden reservar por teléfono y *online.*

Amsterdam Taxi Online

w amsterdamtaxi-online.com

Sneltaxi

w sneltaxi.nl

TCA Taxicentrale

w tcataxi.nl/en/

En coche

Conducir por Ámsterdam no es recomendable. Las calles estrechas, los canales, la falta de sitio para aparcar y un complicado sistema de vía de sentido único hacen de Ámsterdam un lugar poco amable hacia los conductores. El transporte público es un modo mucho más eficiente de moverse por la ciudad.

Llegada en coche

Los Países Bajos son fácilmente accesibles desde la mayoría de los países europeos a través de la Red de Carreteras Europeas.

Las carreteras nacionales (N) y las autovías (A) están en buen estado. Desde la circunvalación A10 las carreteras S (señalización azul) dirigen hacia el centro de Ámsterdam.

Para llevarse el coche propio a los Países Bajos se necesitan los papeles del seguro, prueba del registro y permisos especiales si el coche es de fuera de la UE. La mayor parte de Ámsterdam es zona de bajas emisiones. Solo se permite entrar en la ciudad a los coches diésel con motor Euro 4. Los coches que circulan con gasolina están exentos.

Alquiler de coches

Para alquilar un coche en los Países Bajos es necesario ser mayor de 19 años y poseedor del carnet de conducir por un período de al menos un año. Los visitantes de fuera de la UE pueden necesitar un permiso internacional. Hay que comprobarlo antes.

Conducir en Ámsterdam

Para conducir por la ciudad conviene tener en cuenta el complejo sistema de calles de sentido único del centro de la ciudad. Al conducir por los canales el agua debe estar siempre a la izquierda. Cada vez más calles están siendo calificadas como *fietsstraat* (calle para bicicletas), donde las bicicletas tienen preferencia. El límite de velocidad en estas calles es de 30 km/h.

Los aparcamientos disuasorios, situados en las afueras, son mucho más baratos y menos estresantes que aparcar en la ciudad.

El **ANWB** ofrece un servicio de asistencia a miembros de organizaciones de motorismo de países extranjeros. Un conductor no miembro puede abonar los servicios del ANWB o adquirir una membresía temporal.

ANWB

w anwb.nl

Normas de circulación

Pasar o girar sobre una raya continua está terminantemente prohibido.

Llevar el carné de conducir es obligatorio siempre, junto con los papeles del seguro y matriculación.

El uso del cinturón es obligatorio y el del móvil está prohibido, menos el sistema de manos libres. Está prohibido utilizar solo las luces de posición. Hay que llevar siempre las de cruce.

Las autoridades neerlandesas son muy rigurosas con las infracciones de los límites de velocidad (*p. 224*), y hay cámaras en zonas urbanas y radares móviles en las carreteras nacionales y autovías. También son muy estrictas con el cumplimiento del límite de alcohol permitido en sangre (*p. 229*).

En bicicleta

La mejor manera, con gran diferencia, de moverse por Ámsterdam es en bici. El sistema de tráfico urbano favorece a los ciclistas, además de disponer de una excelente red de carriles para bicis (*fietspaden*), con aparcamientos especiales, semáforos, buena señalización y rutas que conectan diferentes partes de la ciudad.

Los robos de bicis son frecuentes. La bici siempre tiene que estar amarrada. Los lugares de alquiler aconsejan sobre la seguridad e incluyen un cierre de seguridad en el precio del alquiler.

Alquiler de bicicletas

Los precios de alquiler empiezan en unos 10 € por día por una bicicleta básica, con una sola marcha y freno de pedal. Como la ciudad es plana, las marchas no son necesarias.

Los depósitos se pagan por adelantado y se reembolsan a la hora de devolver la bicicleta. Lo más probable es que retengan el pasaporte o el carné de identidad mientras dure el alquiler.

MacBike y **Black Bikes** ofrecen extras como sillas para niños, cestas, alforjas y ropa impermeable.

MacBike
🆆 macbike.nl
Black Bikes
🆆 black-bikes.com

Seguridad en la bicicleta

Se circula por la derecha. Se puede practicar antes un poco, en un parque. Conviene llevar casco, sobre todo si se prevé circular por carretera.

En caso de duda, desmonte. Muchos principiantes atraviesan los cruces concurridos andando. En este caso, hay que pasar del carril bici a la acera. Cuidado con los raíles de los tranvías; hay que cruzarlos en el ángulo más perpendicular posible.

No se puede andar junto a la bici por el carril bici, ni circular por las aceras, por la izquierda, en zonas peatonales, o de noche sin luces. Las multas por infracción son muy caras.

Rutas ciclistas

Las rutas guiadas en bicicletas son una popular manera de descubrir la ciudad y sus alrededores. **Joy Ride Tours, Mikes Bike Tours** y **Yellowbike Tours and Rental** ofrecen rutas tanto por la ciudad como por el campo.

Joy Ride Tours
🆆 joyridetours.nl
Mikes Bike Tours
🆆 mikesbiketoursamsterdam.com
Yellowbike Tours and Rental
🆆 yellowbike.nl

A pie

El centro de Ámsterdam es muy pequeño, y los monumentos, las zonas comerciales y otros lugares de interés están muy cerca, por lo que caminando se ahorra dinero y se descubre mucho más de la ciudad.

LOS CANALES DE ÁMSTERDAM

Rutas *hop on - hop off* por los canales
Estas rutas con parada permiten explorar los principales lugares de interés turístico y las zonas comerciales (*lovers.nl*).

Rutas por los canales
Muchos operadores ofrecen visitas en idiomas extranjeros. Los cruceros a la hora de comer, por la tarde o a la hora de cenar se deben reservar con antelación.

Rutas en barcos pequeños
Estas rutas permiten visitar los canales más estrechos, por los que los grandes no pueden navegar. Las rutas salen cada 40 minutos desde el embarcadero de Prinsengracht (*thosedamboatguys.com*).

Taxis acuáticos
Los exclusivos taxis acuáticos son un modo de transporte mucho más práctico, pero también mucho más caro (*aemstelland.nl*).

Alquiler de barcos privados
No hace falta ningún título ni licencia, pero hay que hojear las normas locales de navegación antes de la primera salida (*boaty.nl*).

Barca de pedales
Hay de 2 y 4 asientos, alquilables por unos 20 € la hora. Se pueden estacionar en cualquier embarcadero, pero está prohibida la entrada al puerto (*stromma.com*).

INFORMACIÓN
PRÁCTICA

Conocer la información local ayuda a moverse por Ámsterdam. Aquí están todos los consejos e información esencial que pueden resultar necesarios durante la estancia.

DE UN VISTAZO

NÚMEROS DE EMERGENCIAS

URGENCIAS EN GENERAL	POLICÍA PARA NO EMERGENCIAS
112	**0900-8844**

ZONA HORARIA
CET/CEST
Hora central europea/
Horario de verano
entre abr y oct

AGUA DEL GRIFO
A no ser que se indique lo contrario, el agua del grifo en los Países Bajos es potable.

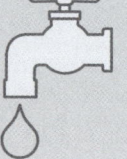

PÁGINAS WEB Y APPS
iamsterdam.com
La red oficial de información turística.

Instabridge
Esta app accesible sin conexión orienta sobre lugares con wifi gratuita por toda la ciudad.

GVB
La app oficial de transporte de proveedor de transporte público de Ámsterdam.

NS Reisplanner
La app oficial de la NS (red nacional de ferrocarriles holandeses).

VaarWater
Esta app ofrece información sobre rutas en barco populares, horarios y dónde es mejor embarcar.

Seguridad personal

Ámsterdam es una ciudad relativamente segura, donde solo hay que temer ser víctima de algún carterista. Los carteristas operan en las concurridas zonas turísticas, y en los trenes y tranvías entre el centro urbano y el aeropuerto de Schiphol.

Si se produce un robo, hay que ir lo antes posible a la comisaría de policía más cercana. Para poder reclamar los daños al seguro se necesitan el carné de identidad y una copia de la denuncia.

En caso de robo del pasaporte o de algo aún más serio, los consulados de cada país están en Ámsterdam y las embajadas en La Haya.

Por lo general, los ciudadanos de Ámsterdam aceptan a toda clase de personas, con independencia de su raza, género u orientación sexual. Más de 180 nacionalidades consideran que la ciudad es su hogar y se festeja la multiculturalidad. La homosexualidad fue despenalizada en 1811, el primer bar gay abrió en 1927 y los Países Bajos fueron el primer país del mundo que legalizó los matrimonios entre personas del mismo sexo. Si se siente inseguro, **Safe Space Alliance** le indicará el lugar más seguro donde buscar refugio.
Safe Space Alliance
🌐 safespacealliance.com

Salud

Los Países Bajos cuentan con un sistema sanitario de primera. Los ciudadanos de la UE pueden recibir tratamiento de emergencia con coste reducido *(p. 222)*. Si dispone de una **Tarjeta Sanitaria Europea (TSE)**, asegúrese de presentarla lo antes posible. Tal vez tenga que reclamar el dinero posteriormente.

Los visitantes de otros países deben pagar los gastos médicos. Por eso es importante contratar un seguro médico integral antes de viajar.

El **Servicio Médico Central** *(Huisartsenposten Amsterdam)* informa de la farmacia más cercana y puede también remitir a un médico o a un dentista.

Las pequeñas dolencias se solucionan en una farmacia "droguería" *(drogist)*. En la farmacia tradicional *(apotheek)* dispensan los medicamentos prescritos con receta.

La lista de farmacias de guardia se encuentra en los escaparates de todas las farmacias.

Servicio Médico Central

W huisartsenpostenamsterdam.nl

Tabaco, alcohol y drogas

En los Países Bajos está prohibido fumar en todos los espacios públicos. Para mayor confusión, la prohibición también concierne a los *coffee shops*, en los que está permitido fumar cánnabis pero no tabaco.

Los turistas extranjeros tienen desde enero de 2013 prohibida la entrada a los *coffee shops*, pero la policía neerlandesa suele hacer la vista gorda. El uso personal de drogas blandas, como hachís o cánnabis, está despenalizado en los Países Bajos. Está prohibido fumar cánnabis en la calle. Las drogas duras, sin embargo, son otro tema: la posesión de drogas duras es un delito, así como intentar sacar drogas del país.

Consumir alcohol está prohibido en los parques y en la calle, sobre todo en las zonas de copas como Leidsplein, Rembrandtplein y el Barrio Rojo. Los Países Bajos tienen un límite estricto de alcohol al volante de 0,5 gramos por litro tanto para los conductores como para los ciclistas.

Carné de identidad

En los Países Bajos, toda persona mayor de 14 años, turistas incluidos, debe llevar siempre un documento de identidad. No llevar consigo el documento correcto puede acarrear una multa.

Turismo responsable

El número de turistas que visitan Ámsterdam se ha disparado en las dos últimas décadas. El ayuntamiento está tomando medidas para que la ciudad sea al mismo tiempo habitable y hospitalaria. Al recorrer la ciudad, hay que tener presentes a las personas que viven en ella. Ámsterdam tiene mucho más que ofrecer que las zonas más concurridas. Merece la pena evitar las rutas y cafés más turísticos y pasear por las zonas de la periferia, basta con subirse al tren y explorar.

No fotografiar a las trabajadoras sexuales del Barrio Rojo es importante, ya que las ofende e irrita. Hay que evitar el uso de cámaras o cualquier otro dispositivo de grabación en dicha zona, pues se pueden confundir las intenciones.

Hay muchas formas de explorar Ámsterdam de forma responsable. La ciudad es ideal para recorrerla a pie o en bicicleta, y todos los barcos del canal son eléctricos desde 2025. No hay que dejar basura y conviene buscar lugares menos populares durante los meses de mayor afluencia turística.

Visitas a iglesias y catedrales

Hay que llevar ropa discreta, con el torso y la parte superior de los brazos cubiertos. La falda o el pantalón corto deben cubrir las rodillas.

Teléfonos móviles y wifi

La conexión wifi es bastante accesible en Ámsterdam. Los cafés y restaurantes suelen permitir el uso de sus redes a los clientes.

Los visitantes procedentes de los países miembros de la UE ya no tienen que asumir los costes del *roaming* internacional, y el consumo de datos, la mensajería y las llamadas les costará lo mismo que en su país.

Correos

Los sellos (*postzegels*) se pueden adquirir en tiendas, supermercados, quioscos y estancos, y los envíos certificados de objetos de valor se pueden realizar a través de las oficinas de correos (*postagentschap*).

Impuestos y devoluciones

El IVA en los Países Bajos es del 21%. Los no residentes en la UE pueden optar a la devolución de impuestos con varias condiciones. Las tiendas que ofrecen la devolución del IVA lo indican con un distintivo. Para validarlo al salir del país, hay que entregar el formulario con el recibo de los bienes y una identificación.

Tarjetas de descuento

Hay varias tarjetas de descuento y bonos para turistas de Ámsterdam. Vale la pena analizar cuál de las ofertas es más ventajosa antes de comprar alguna *online* o en las oficinas de turismo.

La **I amsterdam City Card,** válida para 24 (65 €), 48 (90 €), 72 (110 €), 96 (125 €) o 120 (135 €) horas, ofrece trayectos ilimitados en transporte público, una ruta por el canal y entrada libre o con descuento a la mayoría de los museos y lugares de interés.

La **Tarjeta para Museos (Museumkaart)** ofrece entrada con descuento a más de 400 museos del país durante un año.

Los menores de 30 años pueden disfrutar de descuentos en museos, festivales, moda y más con una **CJP Card.**

ÍNDICE

Los números en **negrita** hacen referencia a las entradas principales.

O

P

R

VOCABULARIO

EMERGENCIAS

¡Socorro!	Help!
¡Pare!	Stop!
Llame a un médico	Bel een dokter
Llame a una ambulancia	Bel een ambulance
Llame a la policía	Bel de politie
Llame a los bomberos	Bel de brandweer
¿Dónde está el teléfono más cercano?	Waar is de dichtstbijzijnde?
¿Dónde está el hospital más cercano?	Waar is het dichtstbijzijnde ziekenhuis?

COMUNICACIÓN BÁSICA

Sí	Ja
No	Nee
Por favor	Alstublieft
Gracias	Dank u
Disculpe	Pardon
Hola	Hallo
Adiós	Dag
Buenas noches	Slaap lekker
mañana	Morgen
mediodía	Middag
tarde/noche	Avond
ayer	Gisteren
hoy	Vandaag
mañana	Morgen
aquí	Hier
allí	Daar
¿Qué?	Wat?
¿Cuándo?	Wanneer?
¿Por qué?	Waarom?
¿Dónde?	Waar?
¿Cómo?	Hoe?

FRASES HABITUALES

¿Cómo estás?	Hoe gaat het ermee?
Muy bien, gracias	Heel goed, dank u
¿Qué tal?	Hoe maakt u het?
Hasta pronto	Tot ziens
No pasa nada/Está bien	Prima
¿Dónde está/están?	Waar is/zijn?
¿A qué distancia está...?	Hoe ver is het naar...?
¿Cómo puedo ir a...?	Hoe kom ik naar...?
¿Habla inglés/español?	Spreekt u Engels/Spaans?
No entiendo	Ik snap het niet
¿Puede hablar...?	Kunt u langzamer praten?
Lo siento	Sorry

PALABRAS HABITUALES

grande	groot
pequeño	klein
caliente	warm
frío	koud
bueno	goed
malo	slecht
suficiente	genoeg
bien	goed
abierto	open
cerrado	gesloten
izquierda	links
derecha	rechts
todo recto	rechtdoor
cerca	dichtbij
lejos	ver weg
arriba	omhoog
abajo	naar beneden
temprano	vroeg
tarde	laat
entrada	ingang
salida	uitgang
aseos	wc
ocupado	bezet
libre	vrij
gratuito	gratis

AL TELÉFONO

Querría realizar una llamada de larga distancia	Ik wil graag interlokaal
Querría realizar una llamada a cobro revertido	Ik wil 'collect call' bellen
Luego lo vuelvo a intentar	Ik probeer het later nog wel eens
¿Puedo dejar un mensaje?	Kunt u een boodschap doorgeven?
¿Puede hablar un poco más alto, por favor?	Wilt u wat harder praten?
Llamada local	Lokaal gesprek

COMPRAS

¿Cuánto cuesta esto?	Hoeveel kost dit?
Querría	Ik wil graag
¿Tiene...?	Heeft u...?
Solo estoy mirando	Ik kijk alleen even
¿Acepta tarjetas de crédito?	Neemt u credit cards aan?
¿Acepta cheques de viaje?	Neemt u reischeques aan?
¿A qué hora abre?	Hoe laat gaat u open?
¿A qué hora cierra?	Hoe laat gaat u dicht?
Esto	Deze
Aquello	Die
caro	duur
barato	goedkoop
talla/tamaño	maat
blanco	wit
negro	zwart
rojo	rood
amarillo	geel
verde	groen
azul	blauw

TIPOS DE TIENDA

anticuario	antiekwinkel
panadería/obrador	bakker
banco	bank
librería	boekwinkel
carnicería	slager
pastelería	banketbakkerij
tienda de quesos	kaaswinkel
tienda de patatas fritas	patatzaak
farmacia (sin receta)	apotheek
tienda de delicatessen	delicatessen
gran almacén	warenhuis
pescadería	viswinkel
frutería	groenteboer
peluquería	kapper
mercado	markt
quiosco	krantenwinkel
oficina de correos	postkantoor
zapatería	schoenenwinkel
supermercado	supermarkt
estanco	sigarenwinkel
agencia de viajes	reisburo

VISITAS TURÍSTICAS

galería de arte	galerie
estación de autobuses	busstation
catedral	kathedraal
iglesia	kerk
cerrado en días festivos	op feestdagen gesloten
ida y vuelta en el día	dagretour
jardín	tuin
biblioteca	bibliotheek
museo	museum
estación de tren	station
billete de ida y vuelta	retourtje
billete de solo ida	enkeltje
información turística	VVV
ayuntamiento	stadhuis
tren	trein
abono de viaje	OV-chipkaart

EN EL HOTEL

¿Tiene una habitación libre?	Zijn er nog kamers vrij?
doble con cama supletoria	een twee persoonskamer met een twee persoonsbed
de dos camas individuales	een kamer met een lits-jumeaux
habitación individual	eenpersoons-kamer
habitación con baño	kamer met bad
ducha	douche
portero	kruier
Tengo una reserva	Ik heb gereserveerd

EN EL RESTAURANTE

¿Tiene una mesa libre?	Is er een tafel vrij?
Querría reservar una mesa	Ik wil een tafel reserveren
La cuenta, por favor	Mag ik afrekenen
Soy vegetariana/vegetariano	Ik ben vegetariër
camarera/camarero	serveerster/ober
carta	de kaart
precio del cubierto	het couvert
carta de vinos	de wijnkaart
vaso/copa	het glas
botella	de fles
cuchillo	het mes
tenedor	de vork
cuchara	de lepel
desayuno	het ontbijt
comida	de lunch
cena	het diner
plato principal	het hoofdgerecht
entrante/primer plato	het voorgerecht
postre	het nagerecht
plato del día	het dagmenu
bar	het cafe
café	het eetcafe
poco hecho	rare
en su punto	medium
hecho	doorbakken

LA CARTA

aardappels	patatas
azijn	vinagre
biefstuk	chuletón
bier, pils	cerveza
boter	mantequilla
brood/broodje	pan/panecillo
cake, taart, gebak	tarta, dulce
carbonade	chuleta de cerdo
chocola	chocolate
citroen	limón
cocktail	cóctel
droog	seco
eend	pato
ei	huevo
garnalen	langostinos
gebakken	frito
gegrild	a la brasa
gekookt	cocido
gepocheerd	escalfado
gerookt	ahumado
geroosterd brood	tostada
groenten	verduras
ham	jamón
haring	arenque
hutspot	puré de patata, zanahoria y cebolla
ijs	hielo/helado
jenever	ginebra
kaas	queso
kabeljauw	bacalao
kip	pollo
knoflook	ajo
koffie	café
kool, rode of witte	col/repollo (blanco o rojo)
kreeft	langosta
kroket	croquetas
lamsvlees	cordero
lekkerbekje	filete de eglefino frito
mineraalwater	agua mineral
mosterd	mostaza

niet scherp	suave
olie	aceite
paling	anguila
pannenkoek	pannequa/crepe
patat frites	patatas fritas
peper	pimienta
poffertjes	buñuelos a base de trigo sarraceno (dulce)
rijst	arroz
rijsttafel	plato indonesio
rode wijn	vino tinto
rookworst	salchicha ahumada
rundvlees	ternera
saus	salsa
schaaldieren	marisco
scherp	picante
schol	solla (pescado)
soep	sopa
stamppot	guiso a base de salchichas
suiker	azúcar
thee	té
tosti	tostada con queso
uien	cebollas
uitsmijter	huevo frito con jamón sobre una rebanada de pan
varkensvlees	porcino
vers fruit	fruta fresca
verse jus	zumo de naranja fresco
vis	pescado/marisco
vlees	carne
water	agua
witte wijn	vino blanco
worst	salchicha/salami
zout	sal

NÚMEROS

1	een
2	twee
3	drie
4	vier
5	vijf
6	zes
7	zeven
8	acht
9	negen
10	tien
11	elf
12	twaalf
13	dertien
14	veertien
15	vijftien
16	zestien
17	zeventien
18	achttien
19	negentien
20	twintig
21	eenentwintig
30	dertig
40	veertig
50	vijftig
60	zestig
70	zeventig
80	tachtig
90	negentig
100	honderd
1.000	duizend
1.000.000	miljoen

TIEMPO

un minuto	een minuut
una hora	een uur
media hora	een half
la una y media	half twee
un día	een dag
una semana	een week
un mes	een maand
un año	een jaar
lunes	maandag
martes	dinsdag
miércoles	woensdag
jueves	donderdag
viernes	vrijdag
sábado	zaterdag
domingo	zondag

AGRADECIMIENTOS

DK quiere dar las gracias a las siguientes personas por su contribución a la edición anterior: Robin Gauldie, Robin Pascoe, Christopher Catling, Helen Peters

La editorial quiere agradecer a las siguientes personas, instituciones y compañías el permiso para reproducir sus fotografías:

Leyenda: a=arriba; b=abajo; c=centro; f=extremo; l=izquierda; r=derecha; t=superior

123RF.com:
atosan 107tl; bloodua 202-3t; Nattee Chalermtiragool 80br; ekinyalgin 173t; NEMO by Renzo Piano Building Workshop, architects / Markus Gann 101b; giuseppemasci 214tr; Keleny 68-9; macfromlondon 118-9b; marina99 121br; mediagram 128-9b; William Perry 85t, 115; phototraveller 81bl; skyfish555 203bl; tasfoto 194t; Dennis Van De Water 135br.

4Corners: Ben Pipe 58-9.

500px: Bart van Dijk 20t, 164-5.

A'DAM Toren: Martijn Kort 182-3b; Dennis Bouman 49clb, 182cra.

Alamy Stock Photo: ANP / Dominique Mollee 35tr; Mieneke Andeweg-van Rijn 210tl; Anyka 41t; Art Collection 2 55cla; Tolo Balaguer 39br; Andrew Balcombe 51crb; Henry Beeker 197br; Ger Bosma 43br; John Bracegirdle 49t; Magdalena Bujak 198tr; Nacho Calonge 53clb; Dutch Cities 209tr; eye35 8-9b, 10ca, 30–31b, 63t; eye35.pix 17tl, 88-9; EYESITE 31br; Paul Fearn 75tl; Peter Erik Forsberg 177br; Nick Gammon 32b; Cyrille Gibot 162-3b; Manfred Gottschalk 212bl; Granger Historical Picture Archive 55bl; Chris Harris 45tr; HelloWorld Images 100bc; Hemis.fr / Maurizio Borgese 65tl, / René Mattes 79crb, 145b, Peter Horree 26cr, 41bl, 55tr, 65t, 136t, 203cr; imageBROKER / Alexander Pöschel 159tr, / Carlos Sanchez 19bl, 154-5; / © Kobra / DACS, London 2018 *Let Me Be Myself* / 36-7t; Image Professionals GmbH / Hänel, Gerald 8bl; Kim Kaminski 52cl; Douglas Lander 60tr; Frans Lemmens 39clb, 192cl, 196; Chon Kit Leong 199ca; Yadid Levy 22bl; 127c; Don Mennig 39tr; Daryl Mulvihill 162t; PAINTING 31cl; Paolo Paradiso 50-1t; Mo Peerbacus 149b; Peter Richardson 57cra; S. Vincent 60tl; Slobbervos 44tl; Marek Slusarczyk 184bl; Pim Smit 62tl, 64tl; Alfred Sonsalla 11t; StockphotoVideo 79br; Jochen Tack 34b; Peter van Evert 193bl; Michiel Vaartjes 183tr; Sonny Vermeer 214-15b; Tromp Willem van Urk 177tl; W.Wiskerke

64tr; World History Archive 56crb, 75ca, 131tr; Bartek Wrzesniowski 47br.

Amsterdam Jewel Cruises: 51cl.

Amsterdam Museum: 77cla, 77cra, Battle of the Slaak on loan foundation Spirit 77crb, Amsterdam Gallery / David, Goliath and His Shield-bearer (1648-50) by Jansz Vinckenbrinck 77cr, Portrait Gallery of the 17th century; Caro Bonink 76-7b; Monique Vermeulen 77br.

Anne Frank Huis: Cris Toala Olivares 113tl, 113tr, 113cla.

AWL Images: Francesco Riccardo Iacomin 186-7; Ian Trower 48b.

BIMHUIS: 43cla; John Post 42-3t.

Bridgeman Images: 75tc.

Café Americain: 12-13b.

Colección del Kunstmuseum Den Haag: Piet Mondrian *Evolution* (1911) Oil on canvas 183 x 257.5 cm 207t.

Concertgebouw: Hans Roggen 45c, 53cl

De Nieuwe Kerk: Erik en Petra Hesmerg 75cr.

Depositphotos Inc: airtony 93tr; rognar 8cl.

Dreamstime.com: A. G. M. 10clb; Mihai Andritoiu 16, 70-1; Andreykr 82br; Antonfrolov 26crb, 93br; Nikolay Antonov 38tl; Asiantraveler 192bl; Atosan 52clb, 76tr; Andrew Balcombe 172b; Izabela Beretka 176bl; Artur Bogacki 98bl; Mihai-bogdan Lazar 86cl; Boris Breytman 137, 195b; Devy 53tr, 192bc; Digikhmer 83t, 207bl; Serban Enache 19t, 140-1; Famveldman 46br; Fedecandoniphoto 46-7t; Inna Felker 104-5t; Harmen Goedhart 18, 122-3; Peter Hoeks 138tr; JP 168cl; Jjfarq 128tl; Joophoek 62tr; Jorisvo 75br; Pavel Kavalenkau 135t; Kisamarkiza 205b, 206b; Klodien 184-85b; Jan Kranendonk 74cl, 87cr, 152clb; Liudmila Laurova 147t; Ethan Le 20bl, 139br, 178-9; Martin Lehmann 28cr; Chon Kit Leong 201t; Kuan Leong Yong 210br; Lornet 24cr; Simone Matteo Giuseppe Manzoni 55tl; Mastroraf 209tl; Fabian Meseberg 41cr; Martin Molcan 148-9t; Massimo Parisi 35crb; Robert-vanthoenderdaal 47cl; Sergey Rybin 22crb; Tatiana Savvateeva 61t; Sborisov 119cra; Alfred Georg Sonsalla 93cra; Jacek Sopotnicki 21; TasFoto 198bl; Alexander Tolstykh 130-1c; Tomas1111 84-5b, 117t; Tonyv3112 49bl, 116b; Anibal Trejo

100tr; Tupungato 26bl, 150br; Dennis Van De Water 40b, 66tr, 132cl; VanderWolfImages 212-3t; Victormro 49cr; Björn Wylezich 11br.

Foam: *Foam Talent 2016, Mercatorplein* 146b.

Getty Images: AFP / Marcel Antonisse 57crb, / Bas Czerwinski 52crb, / Lex Van Lieshout 217tr, / Robin Van Lonkhuijsen 53crb, / Koen van Weel 56-7t; Paulo Amorim 52cla; Archive Photos 55crb; Atlantide Phototravel 17c, 22cr, 108-9; De Agostini / Biblioteca Ambrosiana 54tc; Emmanuel Dunand 13cr; Manfred Gottschalk 209br; EyeEm / Monika Kanokova 34tr; Jasper Juinen 53cr; Yadid Levy 42b; NurPhoto / Romy Arroyo Fernandez 52cra; PHAS 56bl; Michel Porro 28crb; Premium Archive / Anne Frank Fonds Basel 113br; Smith Collection / Gado 57bc; Ullstein bild Dtl. 57br; Westend61 105br.

Getty Images / iStock: ahavelaar 99t; anatols 26tc; AndreyKrav 126-7b; Budanatr 220-21; bradleyhebdon 49br; danilovi 160-1; Deejpilot 150-1t; dennisvdw 102-3; DutchScenery 151crb; E+ / Travel_Motion 6-7; entrechat 51tr; espiegle 67t; freeskyline 24crb; Aleksandar Georgiev 2-3; JacobH 219t; Arie J. Jager 22tc; KavalenkavaVolha 153cra; klug-photo 204tr; MaestroBooks 37br, 57tr; mila103 92bl; Mirrorimage-NL / Kees Verkade © DACS 2018 *Johnny Jordaan bust* 162bl; Nisangha 134b; neirfy 28bl; Pidjoe 24bl, 120cl,168-9b; railelectropower 136bl; Rob3rt82 53tl; Prasit Rodphan 130cb; Siempreverde22 197crb; serts 4; Bastiaan Slabbers 33br; TasfotoNL 216t; Tolga Tezcan 10-1b; tunart 48tl; VLIET 36bl.

H'ART Museum: Eva Bloem 174-175b.

Hotel des Indes: 28t.

Hungry Birds: Pavel Ananich 12clb.

IJ Hallen: Nichon Glerum 184-5tl.

Joods Museum: 94bc; Liselore Kamping 12t, 94br; Ruud van Zwet 24t; Marijke Volkers 94clb.

Lastplak Collective: 37cb.

Mauritshuis, La Haya: Galerij Prins Willem V / Frank van der Burg 206cr, Ivo Hoekstra 204cr.

Museo Judío, Ámsterdam: Courtesy of Anneke Hymmen 38-39b.

Museo Nacional Marítimo de Ámsterdam (Het Scheepvaartmuseum): Eddo Hartmann 13t; Twycer 169tr, 169cr; Marjo van Rooyen 169c.

Museum Het Rembrandthuis: 11cr, 96, 97cr, 97bl.

Museum Ons' Lieve Heer op Solder: 79bc; Rebekka Mell 78bl.

Museum Prinsenhof Delft: 211t; Marco Zwinkels 208bl.

Museum Willet-Holthuysen: 144cr, Caro Bonink 144cra.

NEMO Science Museum: DigiDaan 32-3t, 33cla; by Renzo Piano Building Workshop, architects / DigiDaan 48cra.

Oude Kerk, Ámsterdam: NA – Christian Boltanski. © ADAGP, Paris and DACS, London 2018 *Installation at Oude Kerk, Amsterdam. 24 November 2017 - 29 April 2018* / GJ Van Rooij 93tl.

Paleis Het Loos: Hesmerg 219bc, 219clb, 219br.

Picfair.com: Johannes Tönne 127tl.

Rijksmuseum, Ámsterdam: 129bc, 129cra, 129cl; Erik Smits 30tl.

Rijksmuseum Boerhaave: 199tc, 200br.

Rijksmuseum van Oudheden: Mike Bink 199tl.

Robert Harding Picture Library: Michael Jenner 112bl; Hans Zaglitsch 81tr.

Shutterstock.com: Stephen Barnes 35cl; Melanie Lemahieu 52cr; Kiev. Victor 45br.

Stedelijk Museum: Marc Chagall / Chagall ® / © ADAGP, Paris and DACS, London 2018 *Le violoniste (The Fiddler)*, 1912-13 on loan from the Cultural Heritage Agency 131tl; Gert Jan van Rooij 132-3b.

SuperStock: Art Archive / The aa346722 54crb; Axiom Photographic / Design Pics / Ian Cumming 40cla; imageBROKER 40-1tr; Mauritius / Ernst Wrba 158b; Quint & Lox Limited 54bl, 75cra; World History Archive 57bc.

Van Gogh Museum, Ámsterdam (Vincent van Gogh Foundation): Vincent van Gogh, *The Bedroom*, Arles, October (1888) 130bl; Jan Kees Steenman 13br.

Verzetsmuseum: 174u.

Vondelpark Openluchttheater: 44-5.

Wereldmuseum Amsterdam: Collectie Stichting Nationaal Museum van Wereldculturen. Coll.nr. TM-1389 171br, TM-2357-77 171bl; Jakob van Vliet 171cra; Rob van Esch 170.

Zuiderzeemuseum: 191tr; Frank Bedijs 191cla; Erik en Petra Hesmerg 191tl; Heliante Moningka 190clb.

Solapa delantera: 123RF.com: ekinyalgin bl, Keleny tc; Alamy Stock Photo: imageBROKER / Carlos Sanchez cla; Getty Images / iStock: LeoPatrizi cra, narvikk cb, tunart br.

Portada del plano desplegable: AWL Images: Maurizio Rellini.

Imágenes de cubierta:
Delantera y lomo: AWL Images: Maurizio Rellini.
Trasera: 123RF.com: marina99 cla, William Perry c; AWL Images: Francesco Riccardo Iacomino tr, Maurizio Rellini b.

Cartografía: Lovell Johns Ltd.

Resto de imágenes © Dorling Kindersley Limited

Ilustración:
Nick Gibbard, Maltings Partnership, Derrick Stone, Martin Woodward, Arcana (Graham Bell), Richard Bonson, Stephen Conlin, Roy Flooks, Mick Gillah, Kevin Goold, Stěphan Gyapay, Chris Orr, Ian Henderson, Philip Winton, John Woodcock.

Edición actualizada por
Colaboraciones Elysia Brenner, Gerrard Van Vuuren
Edición sénior Dipika Dasgupta, Alison McGill
Diseño de proyecto sénior Stuti Tiwari Bhatia
Edición de proyecto Tijana Todorinović
Diseño de proyecto Bandana Paul
Documentación fotográfica sénior Manpreet Kaur
Responsable documentación fotográfica adjunto Virien Chopra
Diseño de cubierta Laura O'Brien, Bandana Paul
Cartografía Ashif, Mohammad Hassan
Cartografía sénior Suresh Kumar
Diseño DTP sénior Tanveer Zaidi
Diseño DTP Rohit Rojal
Producción Pankaj Sharma
Producción sénior Samantha Cross
Responsable editorial adjunto Dharini Ganesh
Responsables editoriales Beverly Smart, Hollie Teague
Edición de arte Gemma Doyle
Edición de arte sénior Priyanka Thakur
Dirección de arte Maxine Pedliham
Dirección editorial Georgina Dee

De la edición en español
Servicios editoriales Moonbook
Traducción DK
Coordinación editorial Cristina Gómez de las Cortinas
Dirección editorial Elsa Vicente

MIXTO
Papel | Apoyando a silvicultura responsable
FSC
www.fsc.org
FSC™ C018179

Este libro se ha fabricado con papel certificado por el Forest Stewardship Council™ como parte del compromiso de DK hacia un futuro sostenible. Para más información, visite la página www.dk.com/uk/information/sustainability

Título original: DK Amsterdam
Decimoséptima edición, 2025

Publicado originalmente en Gran Bretaña en 1995 por Dorling Kindersley Limited, 20 Vauxhall Bridge Road, London, SW1V 2SA, UK

Copyright 1995, 2025
© Dorling Kindersley Limited, London
Parte de Penguin Random House

ISBN: 978-0-241-77178-5

Impreso y encuadernado en China